增广沈氏玄空学

[清] 沈竹礽　著
闵兆才　编校

（上册）

华龄出版社

责任编辑：薛　治
责任印刷：李未圻

图书在版编目（CIP）数据

增广沈氏玄空学/（清）沈竹礽著；闵兆才编校．—北京：华龄出版社，2018.6

ISBN 978-7-5169-1223-2

Ⅰ．①增…　Ⅱ．①沈…　②闵…　Ⅲ．①风水-研究-中国-清代　Ⅳ．①B992.4

中国版本图书馆 CIP 数据核字（2018）第 117091 号

书　　名：增广沈氏玄空学
作　　者：（清）沈竹礽 著　闵兆才 编校

出 版 人：胡福君
出版发行：华龄出版社
地　　址：北京市东城区安定门外大街甲 57 号　**邮　　编：**100011
电　　话：（010）58122246　**传　　真：**（010）58124204
网　　址：http：//www.hualingpress.com

印　　刷：三河市金轩印务有限公司
版　　次：2018 年 11 月第 1 版　2018 年 11 月第 1 次印刷
开　　本：787×1092　1/16　**印　　张：**38.5
字　　数：680 千字
定　　价：98.80 元

目 录

上册目录

增广沈氏玄空学卷首

增广沈氏玄空学卷一

增广沈氏玄空学卷二

增广沈氏玄空学卷三

增广沈氏玄空学卷四

下册目录

增广沈氏玄空学卷五

增广沈氏玄空学卷六

增广沈氏玄空学卷首

增广沈氏玄空学序

余以葬事，涉猎地理诸书，觉其说庞杂，有歧之又歧之慨！及读《沈氏玄空学》，江迂生太史《序》曰："峦头征实，古今无伪书；理气课虚，古今多伪诀。"信哉斯言！然后知余向之未始学，学自今始也。窥竹礽先生之学，窃以为先生当世衰学晦之际，得"天人合一"之旨，毅然有澄清天下之志，可谓观止矣！

壬申冬之杭州，晤先生哲嗣[1]瓞民[2]，瓞民亦恂恂尔雅，有先生之风，

校者注 ① 哲嗣：对别人的儿子的尊称。中国传统所谓"哲"，是指人的一种德性，一种能力。"哲"通常与智慧、德性有关。"哲"是称美他人之辞，放在孔子以前人称古先圣王为"哲王"。称人自贻之命为"哲命"，称人之后嗣为"哲嗣"。此外尚有"哲夫哲妇"之名。

② 瓞民：即沈瓞民（1878－1969），名祖绵，字瓞民、迪民，浙江钱塘人，中国近代革命家、辛亥革命元老、国学家。沈瓞民幼承家学，及年长，考入浙江大学堂，毕业后留校任教习。1897 年留学日本早稻田大学学习史地。沈瓞民早年受康、梁思想影响，返国后即在上海创办"时宜学塾"和"识字处"，宣传救亡思想，被清廷列入"乱党"名单予以通缉。客居日本时与孙中山、章太炎、陶成章、黄兴等交往，并参与筹组光复会，又加入同盟会。1921 年，沈瓞民定居苏州，有书斋名"自得斋"，这是他用《中国外患史》一书的版权换得的。当时他还是章太炎国学会的特约讲习。抗战时，他又任新四军地下经济组织"长江商行"董事。及至新中国成立，又先后出任江苏和苏州的省、市政协委员，继又被聘为中国社科院特约研究员。沈瓞民曾长期研究《易经》，著有《三易新论》。其子沈延国（1914－1985）曾师从章太炎，继又入上海光华大学专攻中国文学史，曾与杨宽等编著有《吕氏春秋集解》，交中华书局出版。后亦为章氏国学会讲师兼《制言》编辑，1940 年时曾与章太炎夫人汤国梨在上海筹建太炎文学院，由他担任教务长，并主讲中国文学史。抗战时，他与沈瓞民曾同任新四军"长江商行"董事并兼秘书。沈延国的著作有《邓析子集证》、《逸周书集解》、《周易证释》等，并编校《章太炎全集》，可谓著述等身。

恪守其学而勿替。是书为先生遗著之一，惜未手定而殁。经瓞民与迂生搜集残缺，订定体例，以成斯书，行世以来，久为学者所重视矣。

后瓞民复搜罗先生诸稿，而尚未列入书中者，时有所获，数载之间，顿成巨帙。惜夫迂生已归道山，而瓞民又以从政无闲暇，乃由王君则先赓[①]成之，名其书曰《增广沈氏玄空学》，较原书多泰半。内附有迂生遗著，则先补阐，暨申君筀诗《起星立成图》。于是玄空之说，此书悉备。夫则先、筀诗者，为瓞民之讲友，亦能传先生之学者也。

书将付梓，由朱君嘉琳措资，仅得过半，余更助之，使底于成也。惟今之谈地理者，以峦头为形、理气为法，其实否也。盖峦头以左青龙而右白虎、前朱雀而后玄武，斯固形也；而理气以南午北子、东卯西酉，是亦有形之可据。安能谓理气无形者乎？《易·系传》曰：“形而上[②]者谓之道，形而下[③]者谓之器。”以峦头一山一水犹器也，是谓“形而下”也可；以理气之一山一向是道也，即“形而上”之谓也。惟《易》以形括上下，器则征实，道则课虚。此峦头、理气，实一而二、二而一也。

或以为玄空之挨排，其法非古，殊不知肇自《易纬》[④]，得康成阐发而益详，《〈后汉书·张衡传〉注》节录其说。名儒之篇章俱在，奈何人

校者注 ① 赓（gēng）：连续，继续。

② 形而上：指超越事物的现象、形体的抽象的思想观念、哲学方法，即“道”。形：事物的现象、形体。

③ 形而下：指表现为现象、形体的事物的具体物质形态，是可以捉摸到的东西或器物，即“器”（有形质的物体）。形而上的抽象，形而下的具体。道无质为虚，器有体为实，二者皆不可离形而独居。

④ 《易纬》：《易纬》融道家、大易、数术于一体，是发挥易学哲理的杂著。计有八种（通称“八纬”），十二卷，《四库全书》作为经部易类书的“附录”予以收录，依次是《乾坤凿度》二卷，《周易乾凿度》二卷，《易纬稽览图》二卷，《易纬辨终备》一卷，《易纬通卦验》二卷，《易纬乾元序制记》一卷，《易纬是类谋》一卷，《易纬坤灵图》一卷。由东汉郑玄作注。各书今本均为辑佚，残缺不全。纬对经而言，是对经的另一种角度的阐发，详见“纬书”一项。

病而不求之欤！且紫白之图，始于北魏《正光历》[①]，今之历书，犹师其法而不衰。噫！又何疑哉！书成，乃序其梗概。

中华民国二十二年八月　江苏吴县周师熊谨序

校者注　①　《正光历》：为南北朝北魏后期历法。魏宣武帝元恪以为《玄始历》有疏漏，命造新历法。延昌四年（515 年）冬集议新历，立表实测日影，神龟元年（518 年）著作郎崔光总合屯骑校尉张洪、故太史令张明豫、校书郎李业兴、驸马都尉卢道虔、前太极采材军主卫洪显、殄寇将军太史令胡荣、雍州沙门统道融、司州河南人樊仲遵、定州钜鹿人张僧豫等九家之新历，为一历。以壬子为元，应魏之水德，号《神龟历》。魏孝明帝元诩改元正光，于正光三年（522 年）施行。《正光历》对后代修历影响很大。

重编沈氏玄空学题词

天地壹壶，时抽其秘；识者遇之，俯拾亦易。
白羼谬说，若真若伪；大好峦头，误于理气。
堪舆之学，其来有自；阴阳流泉，立法伊始。
管郭杨曾，承其统系；千载悠悠，毫厘千里。
一行[①]灭蛮，反以祸己；云间[②]好辨，徒多禁忌。
卓哉先生，应运而起；河洛是宗，玄空是寄。

校者注　①　一行：即僧一行（683 年 – 727 年），一行为佛僧法号名，本名张遂。唐高宗弘道元年生于武功县，唐玄宗开元十五年卒于古都长安华严寺。籍贯为邢州巨鹿（今河北省邢台市），一说魏州昌乐（今河南省濮阳市南乐县）。中国唐代著名的天文学家和佛学家，主持修编新历，最主要的成就是编制《大衍历》。他在制造天文仪器、观测天象和主持天文大地测量方面也有颇多贡献。一行少聪敏，博览经史，尤精历象、阴阳、五行之学。开元九年（公元 721 年），根据李淳风的《麟德历》，几次预报日食都不准确，于是唐玄宗命一行主持修编新历。一行与梁令瓒同制黄道游仪，用以重新测定 150 余颗恒星的位置，发起在全国 12 地点进行天文观测，并根据太史监南宫说率领的测量队的测量，算出地球子午线（经线）的长度。著有《大日经疏》，并订《大衍历》等。一行作为科学家，在中国科技史上具有重要的地位；作为佛教高僧，一行传承胎藏和金刚两大部密法。在密宗史上的作用，不只系统组织密教的教义教规，也把两大部融合起来。集科学家与高僧于一身这个特殊身份本身，也说明佛法和科学技术在一定条件下的相融性。

②　云间：即蒋大鸿（1616 年 – 1714 年），名珂，字平阶，又字雯阶、斧山，号宗阳子，门人称其“杜陵夫子”。明末清初的著名堪舆家，亦为有名诗词人。世居江苏省华亭张泽（今上海市松江区张泽镇）。蒋大鸿幼年丧母，中年丧父。初随父安溪公习形家风水。后经多番引证，发觉其中有很多不妥当的地方，但却不知如何改正。后机缘巧合，得无极子传授玄空风水，恍如茅塞顿开。之后再集各家之法，加以融会贯通，先后习吴天柱水龙法、武夷道人阳宅法等。如此十年后，蒋氏开始四处游历，引证所学风水，再十年，才完全掌握玄空风水之真谛，成为中国风水一代宗师。蒋大鸿著有《地理辩正》、《字字金》、《平砂玉尺辩伪》、《天元五歌》、《阳宅指南》、《水龙经》、《天元余义》、《归厚录》、《古镜歌》、《阳宅得一录》、《阳宅三格辨》、《相地指迷》等，对后世影响极为深远，被后人尊称为“地仙”。蒋大鸿的主要弟子有：姜垚（会稽人，字汝皋，号尧章，著《从师随笔》、《青囊奥语注》、《平砂玉尺辨伪总括歌》、张仲馨（丹阳——今江苏省丹阳市人，孝廉）、骆士鹏（今江苏丹徒县人，孝廉）、吕相烈（山阴人，因求蒋大鸿为卜母坟，而与蒋定交，其再从叔吕师濂，弟洪烈亦从之）、武陵胡泰徵、毕世持（淄川人、解元）、姚恒洪、王济善、李衡等人。蒋大鸿所造罗经，后人多用之，称为“蒋盘”。《清史稿》有传。

太乙游宫，元运掌指；顺逆挨排，衰王生死。
得令则取，失令则弃；斡旋世运，承平可冀。
救济之心，毕生是矢；断简零篇，惜成废纸。
家学渊源，赓续可喜；吾敬瓞民，不愧肖子。
遹有吾友，莘农太史；互订成书，不坠厥旨。
乃及下走，得窥一二；如参佛乘，五体投地。
恨乏美质，未能澈底；聊摛俚词，藉伸延企。

壬申冬日　后学奉化江五民[①]

校者注　①　江五民：江五民（1856－1934），又名江迥，字后村，号艮园，浙江奉化人。光绪十四年（公元1888年）举人。著有《艮园文集》十二卷、《艮园诗集》四卷、《艮园诗后集》四卷。

重编沈氏玄空学序

堪舆之学，峦头、理气二者而已。峦头不外龙、穴、砂、水，然非阅历既深，知之亦非易易。至理气之书，派别最多，以蒋氏《辨正》为最玄秘而不可晓。余昔尝从事研求，誓非得玄空真谛不复言地理。习之五、六年，惘无所得，将废弃之，及友人周枚青谓："章仲山《直解》，于玄空最有门径。"江莘农太史①谓："张心言《辨正疏》，于《辨正》最易入门。"余略究二书，凡蒋氏所隐秘者，《章解》未有特别发明；《张疏》别出见解，以"大卦"二字当六十四卦代名词，竟类师门转手，吾仍未能有惬于心。

及后，莘农以竹礽先生《玄空学》见惠，开卷读之，如获南针于五里雾中，辄为狂喜，乃知杨、曾之说，真相地秘书。得先生探其奥而启其钥，其嘉惠仁人君子不浅矣。

书凡四卷，四运之初，由其嗣君瓞民观察及莘农太史共同编辑，已行于世。重编得六卷：第一、二卷为先生遗稿；第三卷为章仲山《宅断》，而先生增其注解；第六卷则纂集各家著述而略有订正；其第四、第五两卷，则莘农与申君笙诗排定《三元九运下卦起星山向图说》，便学者之探索者也。

今年，余获问业观察君"易解"，外间及"玄空语"。以先生撰说留存者尚多，必增辑之，乃成完璧。爰蒐检得若干条，悉交余姚王则先先生从事纂入，年终可以出书，而委余弁以一言。夫先生之书直探河洛，余浅学，何敢赞一词！独是先生之用心，犹梅定九氏之演算，恐人不知。

校者注　①　太史：官名。三代（夏、商、周）为史官及历官之长。西周、春秋时为地位很高的朝廷大臣，掌管起草文书、策命诸侯卿大夫、记载史事，兼管典籍、历法、祭祀等事。后职位渐低，秦称太史令，汉属太常，掌天文历法。魏晋以后太史仅掌管推算历法。至明清两朝，修史之事由翰林院负责，又称翰林为太史。

吾虑狃于谬术者，先有杂驳之论说，横梗胸中；而于此书，或疑其说之新而不敢信，或畏其义之奥而不暇求。即有稍窥其理，而未能触类旁通，并有虑旺山旺水之不多，而难于觅地者。先生之苦心不克见谅于世，而挽回世运之希望，将遥遥无期矣！

不知熟于先生之书者，旺山旺水外，有“替卦”以通其变，有“两向”以补其偏，有“三般卦”以妙其用，有“打劫法”以弭其缺，有“城门一诀”以济其穷。作法綦多，不难按图而索骥。盖其学自易理来，故于杨、曾之说，能澈其指归，而不类蒋云间之不脱术家习气也。然则人不欲知葬说则已，苟知葬为一大事，而欲稍涉藩篱，舍先生之书，将安所归？抑吾更有一说，欲为人言之：“葬为大事，谋之宜早！吾维因循蹉跎，观书无当，以致葬亲有误，罪无可逭[①]！凡有父母者，宜弗蹈我之故辙也。”重编顷尚未出，吾知其有补于前编无可疑者。莘农已矣，未知观察君视吾说为何如？

中华民国二十二年秋　后学奉化江五民

校者注　①　逭（huàn）：免除；逃避。《聊斋志异》：“如逭我罪，施材百具，絮衣百领，肯之乎？”

沈氏玄空学序

相墓之术，曰峦头，曰理气，峦头其体，理气其用，二者不可偏废也。第峦头征实，古今无伪书；理气课虚，古今多伪诀。

三元，三合，聚讼纷纷，势如水火。平心而论，三合家之卑不足道，无待赘言；三元则权舆卦象，根据图、书，其义理实颠扑不破。惟自蒋杜陵著《地理辨正》，玄空真诀秘密不宣，其见知闻知者，惟姜氏汝皋、章氏仲山、温氏明远。姜注《奥语》，章著《直解》，温著《续解》。学者非得挨星之法，即读其书，仍苦无从索解，于是三元伪诀，人自为说，无所折衷。居今日而欲得杨公理气之真相，不忧乎其难哉？

钱塘沈竹礽先生，幼年孤露，稍长，思卜地葬父，博考相墓诸书。其于理气也，初习三合，知其谬而致力三元，以重金购仲山《宅断》于其后裔。既得奥窾，爰著《地理辨正抉要》、《灵城精义笺》、《地理诸书伪正考》，又将仲山《宅断》重加订正，发明其所以然，俾玄空理气学者得门而入。视杜陵之严守秘密，其用心相去霄壤矣。

辛酉夏五，志伊获交先生哲嗣瓞民观察于吴门。壬戌十月，得先生所注仲山《宅断》于宜兴徐氏，录副本，归思之半年，始通其法。癸亥卧病宣城，瓞民来书，谓“丙午，先生寝疾时，遗命将所著书传之其人，以公于世，编辑之役，舍君莫属”。伊于先生在“私淑弟子”之列，夫何敢辞！甲子病愈，稍稍从事，又躬至吴门白下，与瓞民商定体例。数月蒇事[①]，名其书曰《沈氏玄空学》。内分四卷，曰《自得斋地理丛说》，曰《九运挨星立成图》，曰《章仲山宅断详注》，曰《挨星古义》。窃以先生之学，前无古人，如“罗经、挨星、替卦、城门诀、反伏吟、令星

校者注 ① 蒇事（chǎn shì）：事情办理完成。蒇：完成，解决。《宋史・乐志九》：“新庙肃肃，蒇事以时。”清・魏源《再上陆制府论下河水利书》：“加以木桩灰浆工费不赀，断非汛前所能蒇事。”

入囚、生成合十、七星打劫、四十八局”诸诀，均发前人所未发，而论世人秘密之谬，尤使若辈无可置辞。

学者得先生此书而精求之，以之卜地葬亲，可免“上山下水、反吟、伏吟及兼向差错、出卦”之病。即江湖术士得此书之绪余，不致以三合庸术自误、误人，其造福岂有涯涘哉！编成，爰志其缘起于此。

岁在乙丑[①]四月下浣　旌德后学江志伊[②]谨序

附录：

癸亥九月，先生哲嗣飕民观察致伊书云：“先君易箦时，欲以所学传姚江胡伯安，姻伯迟焉不至，因占一课自断，云中元甲子将交未交时，西北方有人定能发明此学。将来此书出世，可为地理学之破天荒。近人造葬，阴阳差错，世将大乱。此书出，学者可免歧误；再能精益求精，理气不谬，国势必兴”云。及伯安至申，先君已逝，手抄所注仲山《宅断》以去。兹将先君遗属，邮君阅之。

书示绵儿：杭州亲友来，咸谓汝为父觅葬地，登山涉水，无时休息，志诚可嘉。父不幸少孤，汝祖母于杭城陷时，投井殉节，求遗骨不获，心常耿耿，何敢妄求吉地，以安臭皮囊！只求四山平稳足矣。惟父前因卜葬先世遗骸，即研究玄空之理，百思不解。叩之稍知门径者，多秘而不宣，动以“天机不可泄漏”搪塞，其实若辈亦一无所知。甚有谓“三元三合须参用”者，骑墙可哂。嗣偕伯安至无锡，以重金购得章仲山《宅断》，漏夜录成。卜居上虞之福祈山，日夜穷思，未明其奥。偶阅《五黄入中宫运图》，开悟后天八卦之理，昔日疑团，一旦尽释。而于生

校者注　①　岁在乙丑：指民国14年，公元1925年。

②　江志伊：即江莘农（1859－1929），人称莘农先生，或称莘农太史，晚年自号迂叟，安徽旌德江村人，旌德新学创始人。自幼随父在浙江奉化读书，19岁补生员（秀才），后回到旌德。光绪二十四年（1898年）中进士，授翰林院编修，顺天乡试同考官，补贵州思南知府。后分别任教于安徽芜湖第二农业学校、省立第五中学。晚年在旌德创办学堂，在江村创办公立养正初等小学堂，设有男女两部，是旌德县开办女子学堂的开始。著有《沈氏玄空学》四卷和《农书述要》十六卷。曾参与修订《金鳌江氏宗谱》。

入、克入、生出、克出、比和（谓为归魂，亦曰复位），亦心目了然。以读《辨正》等书，迎刃而解。惜蒋氏当日，亦多知其当然，不知其所以然者。章氏能明其理，惜严守秘密。华氏有传世之志，惜学太幼稚，无甚阐发。乃将仲山《宅断》逐图诠注，俾世人洞然知天机之所在。今日，西人于声、光、化、电一有所得，不惜原原本本著书公世，真所谓“泄尽天机”者，何尝偶遭天谴！父老矣，生平谈此学，每为人所讦[①]诘[②]，虽欲泄尽天机，人终不信，岂天机竟不使吾泄尽耶！近日旧病复发，知不能久在人世，念朋好中，惟姚江胡伯安增戊尚有同好，刻电召来申，传以此学。惜彼家事繁多，不能即至。占得一卦，得“家人之蹇”，亥水父母爻值旬空，恐非亥年不能昌明。《易林·彖》曰：“五方四维，安平不危；利以居止，保有玉女！”又卜斯学何年可得人行世，得“旅之艮”，卯木父母伏而不见，酉年儿当遇一人，其人亥水，官星亦伏，大约予父子犹未见之也。亥在西北，当于西北方求之。《易林·彖》曰：“良人淑女，配合相保；多孙众子，欢乐长久。”父死之后，汝对于吾之遗书，决不可视为珍秘。有欲借观借抄者，举以予之，切勿效器小者之为。云云。

绵按：辛酉夏五，晤君于苏，君居宛陵，在申之西北；得先君所注仲山《宅断》，在壬戌冬，通其奥窾，实在癸亥。盖无一不与先君所占相合者。先君遗书编辑行世，舍君其谁与归乎？

伊案：高淳东坝，有白云真人，乩坛灵异素著。壬戌四月，伊叩挨星之学，乩云：“地理之学，自有真相，应行专注正轨，免被杂说所惑。挨星非熟精易理、参得其窍不可，机缘未至，吾未便授汝以道也。数年之后，不昧夙因，自有所遇。”七月，又叩之，乩示一诗，有“月白风清际有缘”句。十一月，伊至宜兴，为徐遂初观察之封翁卜葬藕山，封翁即假仲山《宅断》于瓞民者。取书以归，录藏行箧，原本邮还瓞民。癸亥九月，瓞民邮此函，以编辑先生遗书见委。十二月，至东坝复叩于坛，真人乩示云：“所得沈书挨星法，的系蒋氏真传，适符前数，而本坛所示

校者注 ① 讦（jié）：本意是指用言论遮掩自己的隐私，引申义是指用言论攻击别人的短处或揭发别人的隐私。

② 诘（jié）：责问，追问；查究，究办。

‘月白风清’之句，至是亦有奇验。‘月白’二字，暗寓祖绵（瓞民之名）之中；‘风清’二字，按之‘清风徐来’，此书因由徐而来也。不昧夙因者，即许汝能觉其奥也。今欲以此书行世，具见公道，且可补救于时，以免地理家暗中摸索，误人不浅。待汝沉疴脱去，汇集付梓，造福无疆矣。”因果如此，特详志之，以谂世之读此书者！

乙丑夏五　志伊谨记

沈氏玄空学序

甲子三月，予友邓契一居士邀沈君瓞民自苏来宁，相度法云寺道场。越数日，予同年江莘农亦至，相与商决建殿基址，背西面东，而以前拟建殿之地，兴筑佛教慈幼院。予之识瓞民自此始，瓞民邃于形法家，盖承其家学也。嗣是，法云凡有兴建，辄就咨诹。瓞民和易笃厚，谈娓娓不倦，自称莲池大师族裔，于佛门事尤倾诚策画，予敬异之。

今年七月，瓞民自苏寄其先德竹礽先生所著《玄空学》，属叙简端。予于《青囊》诸书未涉津涯，何敢妄有论列，强不知为知！第念莘农从事相墓最久，探玄索幽，融贯诸家，晚年尤多实验，用心力弥勤。曩语予曰："沈书挨星法，的是蒋氏真传。此次编订各稿，心神冥契，谓先生之书，前无古人，自居于私淑弟子之列。"莘农，不苟翾之君子，推崇至此，则是书必能信，今传后无疑矣。

抑又闻瓞民在苏，莲池入梦，于其掌中画一"卍"字，微笑而去。次晨，契一即邀之来宁。法云为念佛放生道场，专"法"、"云"栖此中，殆有一段香火因缘，不可思议云，因并记之。

乙丑九月　江宁魏家骅[①]

校者注　①　魏家骅：魏家骅（1863－1932），字梅荪，又字梅孙，复字梅村，一字景皋，晚号贞士，江苏江宁人，慈善家。民国十八年（1929 年）皈依佛门，又号刚长居士。早年，魏家骅就读于南京尊经书院，清光绪二十四年（1898 年）高中进士，光绪二十九年（1903 年）再中经济科进士，成为"双料进士"。此后他一直官运亨通，任过翰林编修。清光绪甲辰年（1904 年）补山东东昌府知府，官至三品大员。民国时期，又相继担任西南地区法院院长及南京商会会长等职，人称"魏八爷"。魏家骅保护了本地的民族纺织业，其有织机 3000 张，商号"魏广兴"，以产品质量上乘行销全国。魏家骅还担任过"世界红卍字会南京分会"的负责人，具体从事赈灾、救护等慈善活动。1923 年，魏家骅与王一亭等人在南京下关三汊河附近设立佛教慈幼院（又称"法云寺"，高僧印光大师为筹建发起人之一，心净法师任住持），收养孤儿，接济穷人。著有《教务纪略四卷》。

沈氏玄空学跋

自司马温公[①]不信风水，而儒者或卑视堪舆，以为妄人之所为也。然予考《仪礼·既夕礼》有云“筮宅，冢人物土”，郑君注谓“‘物土’为相地”，则相地固圣人之所重也！相之如何？《周礼·小宗伯》有“卜葬兆”之文，郑注“兆，墓茔域”。夫墓茔之域，而称曰“兆”，盖犹今俗所云“风水地”，则相地之术，亦堪舆而已矣。儒者皆诵《论语》，莫不知“葬之以礼”；顾于堪舆，则或毁之，不知其为礼家之事也，毋亦未之深考欤！

泉唐沈瓞民先生，内子之师也。二十年前，先生教授新地理学于沪上，内子为女师范生，从先生受新地理学。先生之新地理学，名满天下，予亦以新地理教学沪上，与先生交友。既而予去沪，先生亦宦游南北，相别盖十有六年。去岁甲子之春，为先母葬事，家君命访堪舆名家。一日，在金陵谒旌德江迂生太史，忽遇先生于旅邸。谈次，先生述家学，

校者注 ① 司马温公：即司马光（1019年－1086年），字君实，号迂叟。陕州夏县（今山西省夏县）涑水乡人，世称涑水先生。北宋政治家、史学家、文学家。西晋安平献王司马孚之后。宋仁宗宝元元年（1038年），司马光登进士第，累进龙图阁直学士。历仕仁宗、英宗、神宗、哲宗四朝，官至尚书左仆射兼门下侍郎。卒赠太师、温国公，谥文正。为人温良谦恭、刚正不阿；做事用功刻苦、勤奋。以“日力不足，继之以夜”自诩，其人格堪称儒学教化下的典范，历来受人景仰。宋神宗时，司马光因反对王安石变法，离开朝廷十五年，主持编纂了中国历史上第一部编年体通史《资治通鉴》。《资治通鉴》全书共二百九十四卷，通贯古今，上起战国初期韩、赵、魏三家分晋（公元前403年），下迄五代（后梁、后唐、后晋、后汉、后周）末年赵匡胤（宋太祖）灭后周以前（公元959年），凡一千三百六十二年。作者把这一千三百六十二年的史实，依时代先后，以年月为经，以史实为纬，顺序记写；对于重大的历史事件的前因后果，与各方面的关联都交代得清清楚楚，使读者对史实的发展能够一目了然。司马光著作甚多，除了《资治通鉴》，还有《通鉴举要历》八十卷、《稽古录》二十卷、《本朝百官公卿表》六卷。此外，他在文学、经学、哲学乃至医学方面都进行过钻研和著述，主要代表作有《温国文正司马公文集》、《涑水记闻》、《潜虚》、《翰林诗草》、《注古文学经》、《易说》、《注太玄经》、《注扬子》、《书仪》、《游山行记》、《续诗治》、《医问》、《类篇》等。《训俭示康》收入高中语文课本。

始知先生精堪舆也。

先、母宅兆，以先生指示玄空法，幸获安厝。而先生复教予此学，予竟得窥见一二。呜呼！此先生之盛德，予岂敢忘哉！予尝读《地理辨正》，数载不解，自先生指示，而后知有管钥在。先生盖传其尊人，亦竹礽公之学。公为学甚博，堪舆之书无所不读，而理气卒以“玄空”为正。予每遇先生，先生谈堪舆辄胪举各家，论其得失，源流清晰，如目录家之分别部居，盖先生家学如此，此所谓通学也。

夫儒者妄堪舆，皆由不深考其故，而惑于江湖术士，囿于一曲之所为耳。使其遇通学，则亦何妄哉！今年夏，先生以迂生太史所编次《沈氏玄空学四种》邮示，皆竹礽公之遗著也。先生不以予为不可教，而属为之跋语。顾予于先生家学仅窥见万一，予何敢置辞？惟以竹礽公泄天地之秘，俾葬亲者得由此以尽其礼，亦孔教之功臣也，则不能不以告天下儒者。

夫玄空之学，洛书之学也，明堂之学也。用洛书于明堂，义见《大戴礼记·盛德》篇，其文有云：“明堂者，凡九室。二九四、七五三、六一八。”又云：“明堂，天法也。”又云：“天道不顺，生于明堂不饰。”儒者而明此义焉，则堪舆之不外乎礼，亦思过半矣。予敢告天下儒者曰：“《沈氏玄空学》，葬礼之所必以也，愿天下儒者共学之！”

岁在乙丑八月潮日　上海再传后学姚明辉[①]顿首拜识

校者注　①　姚明辉：姚明辉（1881 年－1961 年），号孟埙，江苏省嘉定县南翔镇（现属上海市）人。曾先后就读于上海求志书院、龙门书院、广方言馆。清光绪二十七年（1901 年）起，历任上海澄衷学堂教员、教科书编纂员。光绪三十年（1904 年）起，历任上海南洋中学和龙门师范教员，兼中国图书公司地理编审员。光绪三十三年（1907 年）当选为上海县教育会第一副会长兼城厢学董。宣统元年（1909 年）起，任南京两江优级师范地理部主任、教授，兼宁海师范教员。民国元年（1912 年）起，历任江苏省立苏州、扬州、淮安等地师范学校校长和筹办员。民国四年（1915 年）起，历任国立武昌高等师范学校国文史地部副主任、代理校长。1920－1945 年，历任上海暨南大学、大同大学、大夏大学、持志大学、上海大学等校教授及正风文学院院长。抗战胜利后，专事学术研究。1957 年 6 月受聘为上海文史馆馆员。1961 年在上海寓所病逝。姚明辉曾编著多种中外地理教科书及文史、地方志、音韵学等著作。已出版的有《中国近三百年国界图志》、《中国民族志》、《＜汉书·艺文志＞注解》、《中国发明地图百证》、《反切源流考略》、《声韵学说明详解》、《学记集义训诂》、《＜禹贡＞注解》、《上海乡土地理》、《蒙古志》及高小、中学、师范地理教科书等。

沈氏玄空学四种序

自公刘[1]迁豳，“相阴阳，观流泉”，后世形家之说以兴。然但察地形，未观天象，其于体用，终难兼赅。夫既曰“阴阳”，复曰“流泉”，固明明尽仰观俯察之能事。古人文辞简质，惜后之学者未能心领神会耳。

玄空之学，握阴阳之枢，发图、书之秘，古今知者，不过数人。明蒋大鸿氏著《地理辨正》，仅存玄空之名，未传玄空之用，遂致异说纷纭，莫可究诘。虽有好学深思之士，废寝忘餐，终难索解。此皆蒋氏误解“天机不可泄漏”一语，有以致之。

钱塘沈竹礽先生，工诗文，善书画，尤擅堪舆之术。尝以重金购得章仲山《宅断》，苦思力索，未能骤明。偶因读《易》，悟“洛书五入中宫”之理，遂豁然贯通。取阅《宅断》及《地理辨正》诸书，无不迎刃而解。先后成《章仲宅宅断详注》、《地理辨正抉要》、《灵城精义笺》、《地理诸书伪正考》等书，皆发前人不传之秘，导后学正路之由，继往开来，足垂不朽！

先生尝论先、后天卦位合十，通中央戊己之数，各成十五。孔子所谓“五十学易”者，即此是也。又论“变者河图，不变者洛书”，此等创解，前无古人，非读书得间，洞见本原者，曷克臻此！今哲嗣瓞民观

校者注 ① 公刘：生卒年不详，姬姓，名刘，“公”为尊称。姬刘创建了部落国家，是古代周部落的杰出首领，姬刘是不窋（zhú）之孙，鞠陶之子，生子庆节，周文王的祖先，由北豳（bīn）（今甘肃省庆城县、宁县）迁豳（今陕西省彬州，旬邑县西南一带）。公刘是中国农耕文化的开拓者，其功迹《诗经·大雅·公刘》作了专篇叙述。《诗经·大雅·公刘》第五节云：“笃公刘，既溥既长。既景乃冈，相其阴阳，观其流泉。其军三单，度其隰原。彻田为粮，度其夕阳。豳居允荒。”（意思是：忠厚我祖好公刘，又宽又长辟地头，丈量平原和山丘。山南山北测一周，勘明水源与水流。组织军队分三班，勘察低地开深沟，开荒种粮治田畴。再到西山仔细看，豳地广大真非旧。）周人定居下来后，很快便富强了起来，奠定了周人最终推翻商朝建立周朝的物质基础。故《史记·周本纪》认为“周道之兴”始于公刘。《诗经》的这段关于“公刘相地”的描述，被认为是中国“风水学”的雏形，也是最早的风水文字记载。

察先汇刊《自得斋地理丛说》、《九运挨星立成图》、《章仲山宅断详注》、《挨星古义》，凡四种，余待续梓行。见玄空之学，昌明于世，挽回气运，非先生之力，其孰能之至？先生生平事略，具见表、传，盖古之振奇人也。

乙丑八月上弦　古越王暮谨序

沈氏玄空学四种序

玄空之学，肇自河洛，其传最古，而用尤神，然非深明易理者，未易窥其堂奥。自晋郭景纯演经立义，玄空之名大著。唐邱延翰①、杨筠松②先后继起，传授有自。宋吴景鸾、元张定边亦各有传书。迨明蒋大鸿，虽得玄空正传，著《地理辨正》，然其注《天玉经》以为“天机秘密，不可泄漏”，大失昔贤著书垂教之本旨。章仲山《辨正直解》，亦未尽披露，遂致伪说并起，莫衷一是，几使玄空之学，不绝如线，良可慨也！

校者注 ① 邱延翰：字翼之。按《山西通志》：“邱廷翰，闻喜人。永徽（650－655）时有文名。游泰山，于石室中遇神人，授玉经，即《海角经》也。洞晓阴阳，依法扦择，罔有不吉。开元（713－741）中为县人卜葬地，理气交见，太史奏曰：‘河东闻喜有天子气’，朝廷忌之，使断所扦山，诏捕之，大索弗获，诏原其罪，诣阙，下陈阴阳之说，以《天机》等书进呈，秘以金函玉篆，号《八字天机》，拜亚大夫之官，祀三仙祠。”（以上出自《古今图书集成》）邱延翰撰有《拨砂经》一卷，《铜函记》一卷，《五家通天局》一卷，《金镜图》一卷，《海角经》一卷，《唐蒙求》三卷。根据中国堪舆宗师的传承脉络，可以如此推断，邱延翰才是中国东南地区的堪舆祖师，而名盛一时的杨筠松实为其徒。鉴于此，可以说邱延翰是中国历史上第二代堪舆祖师，第二代堪舆学的伟大传承者（第一代为郭璞）。

② 杨筠松：杨筠松（834 年－900 年），俗名杨救贫，名益，字叔茂，号筠松，别号玄赤，唐代窦州（今广东省高州市马贵镇）人，著名风水宗师。其父亲杨淑贤生三子：长子筠翌，次子筠宾，三子筠松。杨筠松幼年聪颖过人，学习诗书，一览无遗，十七岁登科及第。后为唐僖宗朝国师，官至金紫光禄大夫，掌灵台地理事，为唐朝著名地理风水学家。唐广明元年（880 年），黄巢破京城，筠松离京出走，先入昆仑山，后到虔州（江西赣州），以地理术行于世，民间称“救贫先生”。著有《疑龙经》、《撼龙经》、《一粒粟》、《青囊奥语》、《天玉经》、《都天宝照经》、《天元乌兔经》、《葬法倒杖》、《立锥赋》《黑囊经》等。其著述为后世风水家所推崇。唐光化三年（900 年）三月初九日，杨筠松病逝于虔州，终年 67 岁，葬于虔州于都寒信峡药口坝。杨筠松抛弃方位本身既有吉凶的信条，因地制宜，因形选择，观察来龙去脉，追求优美意境，特别看重分析地表、地势、地物、地气、土壤及方向，尽可能使宅基位于山灵水秀之处，逐渐演化发展，形成风水“形法理论”，“峦头之法”。形法理论“肇于赣州杨筠松、曾文辿、赖大有、谢子逸辈，其说为主于形势，原其所起，即其所止，以定向位，专指龙穴砂水之相配”，故又名赣派风水。形成觅龙、察砂、观水、点穴等考察山水、踏勘地形的四个程式。近现代而至当代的风水学者，都践行杨筠松的风水理论，尊他为中国堪舆祖师。

钱塘沈竹礽先生，抱经世才，未能大用，退隐沪渎，著述自娱。平生为学，好深湛之思，为文宗桐城[①]；诗则由盛唐上溯魏晋；兼工绘事，得元人高逸[②]之致。

校者注 ① 桐城：即桐城派。桐城派是我国清代文坛上最大的散文流派，亦称“桐城古文派”，世通称“桐城派”。它以其文统的源远流长，文论的博大精深，著述的丰厚清正，风靡全国，享誉海外，在中国古代文学史上占有显赫地位，是中华民族传统文化中的一座丰碑。正式打出“桐城派”旗号的，是道光、咸丰年间的曾国藩。戴名世、方苞、刘大櫆、姚鼐被尊为桐城派“四祖”，师事、私淑或膺服他们的作家，遍及全国19个省（市）计1211人，传世作品2000余种，其影响延及近代。戴名世是桐城先驱，方苞为桐城奠基人。方苞、刘大櫆、姚鼐被尊为“桐城三祖”。桐城曾被誉为“文都”，虽然后来桐城派的作家并不都是桐城人，如梅曾亮、管同、曾国藩、张裕钊、林纾等，但桐城籍作家仍占很大比重，著名的的有被称为“小方、戴、刘、姚”的方东树、戴钧衡、刘开、姚莹及方宗诚、吴汝纶、马其昶、姚永朴等。桐城派的基本理论是从方苞开始建立的。他继承归有光的“唐宋派”古文传统，提出“义法”主张：“义”即言有物，“法”即言有序。言有物，说文章要有内容；言有序，说文章要有条理跟形式技巧。他对于文章，要求的是“雅洁”，反对俚俗。桐城派的文章，内容多是宣传儒家思想，尤其是程朱理学，语言则力求简明达意，条理清晰，“清真雅正”。他们的许多散文都体现了这一特点。桐城派理论体系完善，创作特色鲜明，作家众多，作品丰富，称雄清代文坛长达200余年，在国内外都产生了广泛而深远的影响。

② 高逸：高雅脱俗，俊逸跌宕。《四库全书总目·别集五·和靖诗集》：“其诗澄澹高逸，如其为人。”

尝谓有清一代，文如方[①]、姚[②]，诗有渔洋[③]、初白[④]诸家，均可独立

校者注　① 方：即方苞（1668 年 – 1749 年），字灵皋，亦字凤九，晚年号望溪，亦号南山牧叟。汉族，江南桐城（今安徽省桐城市凤仪里）人，生于江宁府（今江苏省南京市六合留稼村）。清代散文家，桐城派散文创始人，与姚鼐（nài）、刘大櫆（kuí）合称“桐城三祖”。方苞自幼聪明，4 岁能作对联，5 岁能背诵经文章句，6 岁随家由六合迁到江宁旧居居住，仍保留桐城籍。24 岁至京城，入国子监，以文会友，名声大振，被称为“江南第一”。大学士李光地称赞方苞文章是“韩欧复出，北宋后无此作也”。康熙四十五年（1706 年）考取进士第四名。康熙六十一年（1722 年），充武英殿修书总裁，雍正九年（1732 年）迁翰林院侍讲学士，雍正十一年（1733 年），提升为内阁学士，任礼部侍郎，充《一统志》总裁。方苞治学宗旨，以儒家经典为基础，尊奉程朱理学，日常生活，都遵循古礼，方苞被称为“桐城派的鼻祖”。

② 姚：即姚鼐（1731 年 – 1815 年），字姬传，一字梦谷，室名惜抱轩（在今桐城中学内），世称惜抱先生、姚惜抱，安庆府桐城（今安徽省桐城市）人。清代著名散文家，与方苞、刘大櫆并称为“桐城派三祖”。乾隆二十八年（1763 年）中进士，授庶吉士。乾隆三十八年（1773）入《四库全书》馆充纂修官，次年秋借病辞官。旋归里，以授徒为生，先后主讲扬州梅花书院、安庆敬敷书院、歙县紫阳书院、南京钟山书院，培养了一大批学人弟子。姚鼐文宗方苞，师承刘大櫆，主张“有所法而后能，有所变而后大”，在方苞重义理、刘大櫆长于辞章的基础上，提出“文理、考据、辞章”三者不可偏废，发展和完善了桐城派文论，为桐城派散文之集大成者。姚鼐一生勤于文章，诗文双绝，书艺亦佳。著有《惜抱轩文集》16 卷、《文后集》12 卷、《惜抱轩诗集》10 卷等。

③ 渔洋：即王士祯（1634 年 – 1711 年），原名王士禛，字子真，一字贻上，号阮亭，又号渔洋山人，世称王渔洋，谥文简。山东新城（今山东省桓台县）人，常自称济南人。清顺治十五年（1658 年）进士，康熙四十三年（1704 年）官至刑部尚书，颇有政声。清初杰出诗人、文学家，继钱谦益之后主盟诗坛，与朱彝尊并称“南朱北王”。诗论创“神韵”说，于后世影响深远。早年诗作清丽澄淡，中年转为苍劲。擅长各体，尤工七绝。好为笔记，有《池北偶谈》、《古夫于亭杂录》、《香祖笔记》等。康熙朝书画家宋荦称王士祯“书法高秀似晋人”。近人称其书法为“诗人之书”。博学好古，又能鉴别书画、鼎彝之属，精金石篆刻。王士祯一生著述达 500 余种，作诗 4000 余首，主要有《渔洋山人精华录》、《蚕尾集》、《居易录》、《渔洋文略》、《渔洋诗集》、《带经堂集》、《感旧集》、《五代诗话》等。

④ 初白：即查（zhā）慎行（1650 年 – 1727 年），清代诗人，浙江杭州府海宁袁花（今浙江省嘉兴市海宁市）人，当代著名作家金庸（原名查良镛）先祖。初名嗣琏，字夏重，号查田；后改名慎行，字悔余，号他山，赐号烟波钓徒，晚年居于初白庵，所以又称查初白。为“清初六家”之一。康熙四十二年（1703 年）进士，特授翰林院编修，入直内廷。康熙五十二年（1713 年），乞休归里，家居 10 余年。雍正四年（1726 年），因弟查嗣庭讪谤案，以家长失教获罪，被逮入京，次年放归，不久去世。查慎行诗学苏轼、陆游，尝注苏诗。自朱彝尊去世后，为东南诗坛领袖。著有《他山诗钞》。

千古。即以画论，若四王吴恽[①]，亦皆名播艺林，传诸久远。后人殚精竭虑，能越其范围，恐盛名终为所掩。故先生于诗、文、绘事外，每思别树一帜。

少好地理，从事最久。初习三合，渐觉其非。后因研究易理，遂悟玄空心法，著《地理辨正抉要》、《灵城精义笺》、《地理诸书伪正考》、《章仲山宅断详注》，皆发前人所未发，譬之孤经绝学，厥功甚伟。生平著作甚富，行世者仅李文忠[②]所刊《泰西操法》六卷，《地雷图说》二卷，《过山炮图说》二卷。其余诗文杂著，均藏于家。

校者注 ① 四王吴恽（yùn）：即王时敏、王鉴、王翚（huī）、王原祁、吴历、恽寿平六位清初画家的合称，画史上称为“清六家”。清代正统画派。四王：是指清初以王时敏为首的四位著名画家，他们在艺术思想上的共同特点是仿古，把宋元名家的笔法视为最高标准，这种思想因受到皇帝的认可和提倡，因此被尊为“正宗”。“四王”以山水画为主，各自画风略有区别，又以师承关系，分为“娄东”与“虞山”两派，影响了后代三百余年。王时敏（1592 年－1680 年）：字逊之，号烟客、西庐老人等，江苏太仓人。王时敏的传世作品有《仿山樵山水图》、《层峦叠嶂图》、《秋山图》等。王鉴（1598 年－1677 年）：江苏太仓人。字玄照，后改字元照、园照，号湘碧，明代著名文人王世贞曾孙。代表作有《长松仙馆图》、《仿巨然山水》、《仿王蒙秋山图》等。王原祁（1642 年－1715 年）：字茂京，号麓台、石师道人，江苏太仓人，王时敏孙。代表作有《清溪绕屋图》、《西岭云霞图》等。王翚（1632 年－1717 年）：字石谷，号耕烟散人、剑门樵客、乌目山人、清晖老人等，江苏常熟人。被称为清初画圣。祖父王载仕、父亲王鲞龙均善绘画。作品有《康熙南巡图》（与杨晋等人合作）、《秋山萧寺图》、《虞山枫林图》、《秋树昏鸦图》、《芳洲图》等。吴历（1632 年－1718 年）：清代著名画家。本名启历，号渔山，桃溪居士，江苏常熟人。代表作有《山中苦雨诗画卷》、《湖天春色图轴》、《兴福庵感旧图卷》等。恽寿平（1633－1690）：初名格，字寿平，以字行，又字正叔，别号南田，一号白云外史、云溪史、东园客、巢枫客、草衣生、横山樵者，江苏武进人。常州画派的开山祖师。恽南田诗、书、画皆造诣深厚，有“南田三绝”之誉。代表作为《清恽寿平画墨牡丹图》。

② 李文忠：即李鸿章（1823 年－1901 年），晚清名臣，洋务运动的主要领导人之一，安徽省合肥县东乡（今瑶海区）磨店乡人，世人多称“李中堂”，因行二，故民间又称“李二先生”。本名章铜，字渐甫或子黻（fú），号少荃（泉），晚年自号仪叟，别号省心。李鸿章是淮军、北洋水师的创始人和统帅、洋务运动的领袖、晚清重臣，建立了中国第一支西式海军北洋水师。官至东宫三师、文华殿大学士、北洋通商大臣、直隶总督，爵位一等肃毅伯。其一生中参与一系列重大历史事件，包括镇压太平天国运动、镇压捻军起义、洋务运动、甲午战争等，代表清政府签订了《越南条约》《马关条约》《中法简明条约》《辛丑条约》等一系列不平等条约。日本首相伊藤博文视其为“大清帝国中唯一有能耐可和世界列强一争长短之人”，德国海军大臣柯纳德称其为“东方俾斯麦”，慈禧太后视其为“再造玄黄之人”。与曾国藩、张之洞、左宗棠并称为“中兴四大名臣”。死后追赠太傅，晋一等肃毅侯，谥文忠。李鸿章的作品，收录于桐城吴汝纶主持编纂的《李文忠公全书》（亦称《李文忠公全集》），全书一百六十五卷，六百余万字。

哲嗣飏民观察，曾为华居停主人，故得捧读先生遗著。今观察汇刊先生《玄空学》四种，为《自得斋地理丛说》、《九运挨星立成图》、《章仲山宅断详注》、《挨星古义》，都凡四卷。并得江莘农太史为之编次，足称善本。书成，观察属华校勘并索序言，又何敢辞？窃谓先生负奇才异能，安于下位，未竟其志，立言传世，足垂不朽，其存心之公与望世之治，昭然若揭，倘仅以方技目之，则浅之乎测先生矣！

旃蒙赤奋若壮月　绍兴后学傅华谨序

沈氏玄空学序

《易》曰："河出图，洛出书，圣人则之。"古人每多连类而及之辞，其实河图、洛书二者迥殊，旧解谓"河图即八卦，洛书即九畴"是也。盖八卦以辨方位而宅中图大，九畴以组社会而开国承家，本不可混视也。

或曰："河洛皆古国名，《竹书纪年》犹有河伯、洛伯，盖河、洛二国所出之图、书。"然非也。古图籍例以发端题名，八卦发端乾坤二卦，位当最下。乾卦（——）为龙，坤卦（— —）为马，故曰"龙马负图"，简称曰"龙图"。乾又以一画开天，即是"天一生水"，燧人、伏羲皆起黄河沿岸，故曰"河图"。若《洪范·九畴》发端于初一，曰"五行之水"，水为北方玄武龟，故曰"龟书"。禹兴于洛，故曰"洛书"。然而河洛、图书，咸发端于水，则水为万物生生之源，此与希腊大勒士言"水为宇宙之本质"、今堪舆家最重一白贪狼，又古今东西哲家所见略同也。此吾人对于河洛图书正当之解释也。

然自赵宋而还，习非成是，至以五行生成数为河图，以太乙下行九宫法为洛书。堪舆家不能远征，则亦相与沿用之，而成专门名词，其实皆河图八卦之事而已矣。尝考《尸子》，称"燧人仰观辰星，下察五木以为火，五木用寄五行"。五行者，四象加中央是也。又考《管子》，称"宓戏氏造六峜以迎阴阳，作九九之数以合天道"。案："峜"当为"画"之古文奇字。六画者，即伏羲重卦之证也。八卦犹止三画，若为六画，则已成六十四卦可知也。矧伏羲既能作九九八十一之数，岂有不能画八八六十四卦之理哉？至九九之数，则即《周髀算经》所谓"古者包牺立周天历图，圆出于方，方出于矩，矩出于九九八十一者"是也。

《周髀》又言："凡为八节二十四气。"此亦与《尸子》谓"伏羲画八卦列八节”之说合。又言：“冬至昼极短，日出辰而入申；夏至昼极长，日出寅而入戌。冬至从坎，阳在子，日出巽而入坤；夏至从离，阴在午，日出艮而入乾。”此与《淮南子·天文训》谓“子午、卯酉为二绳，丑寅、辰巳、未申、戌亥为四钩，东北为报德之维，西南为背阳之维，东南为常羊之维，西北为蹏通之维。……日行一度，十五日为一节，以生二十四时之变。斗指子则冬至，加十五日指癸则小寒，加十五日指丑则大寒，加十五日指报德之维则立春，加十五日指寅则雨水，加十五日指甲则惊蛰，加十五日指卯则春分，加十五日指乙则清明，加十五日指辰则谷雨，加十五日指常羊之维则立夏，加十五日指巳则小满，加十五日指丙则芒种，加十五日指午则夏至，加十五日指丁则小暑，加十五日指未则大暑，加十五日指背阳之维则立秋，加十五日指申则处暑，加十五日指庚则白露，加十五日指酉则秋分，加十五日指辛则寒露，加十五日指戌则霜降，加十五日指蹏通之维则立冬，加十五日指亥则小雪，加十五日指壬则大雪”云云之说，亦无不合。惟《周髀》之乾、坤、艮、巽四维，而《淮南》则易以报德之维、背阳之维、常羊之维、蹏通之维，名谓不同耳。此考诸古，而今堪舆家所用罗盘之二十四山向，远来自上古三代者一也。

又考古《医经》，论病源用八方对冲。一、九相对，故子午冲而寒热可以互胜；三、七相对，故卯酉冲而温凉可以互胜；二、八，四、六相对，二坤热土，八艮寒土，四巽温土，六乾凉土，坤巽得温热之气则皆湿土，艮巽得寒凉之气则皆燥土，湿土渐于辰旺于未，燥土渐于戌旺于丑，故辰戌丑未冲而燥湿可以互胜。《灵枢·九宫八风篇》及《素问·五常政大论》云：“委和之纪，……眚于三。”凡五段。及《六元纪大论》云：“乙丑、乙未岁，……灾七宫。”凡十五段。文义盖如此。此考论古，而今堪舆家所用挨星之“一二三四五六七八九”，远来自上古三代者二也。

大抵古者学以世授，燧人、伏羲皆风姓，黄帝时犹有风后，故魏博士淳于俊称“伏羲因燧人河图而画卦”。《乾凿度》云：“昔燧人氏仰观斗极，以定方名，庖牺因之而画八卦。黄帝受命，使大挠造甲子，容成次历数。五行九宫之说，自此而兴。是可知河图、八卦、九宫一贯之事，皆原于斗极斗位。北方水纪，肇彰河图，分之而为八卦，加中央则即九宫也。夫卦字从卜，以验吉凶。宫象栋宇，义取宅居。”《诗》云：“相其阴阳，观其流泉。”《大戴礼·明堂篇》云：“二九四、七五三、六一八。”此皆上古以八卦九星奠都作室之证也。

盖斗极建于上，而气化之流行于下，无往而不在也。故物各有一天地，不独人身一小天地也。虽人死化而为异物，犹自有其一天地在也。此则八卦九星不独可施诸生人之家屋，并可用诸死人之坟墓，其理甚彰彰也。

《周官》有墓大夫，《孝经》曰：“卜其宅兆而安厝之。”书阙有间，其详不可得，而闻《汉志》始著《宅书》，东京肇有葬法。虽承学之士盛称郭景纯、杨筠松，以下诸大师要皆修明古先圣之遗绪者而已。

逊清三百年间，考订学之盛大，有欧洲古学复兴之象。而堪舆之术，有杜陵蒋大鸿著《地理辨正》一书，为言玄空学者之圭臬。青囊、玄空，皆后世所名。然玄位北方，上斥斗极，则亦犹古之义也。惟是蒋氏之学，本有可议，而沿其派者，浸伤舛陋。

余幼承庭训，粗睹径涂，顷年为《〈汉书·艺文志〉讲疏》，竟继撰《〈隋书·经籍志〉讲疏》，益于此道，希冀洞识源流。当任东南大学教授时，因李审言前辈得识沈子飏民观察，出其先尊翁竹礽先生遗著多种，余受而读之，不胜惊服。竹礽先生堪舆之学，博大精深，可谓集此学千年来之大成者，岂第上掩蒋氏而已！飏民告余，谓其尊翁惟杨筠松无间，然其余则多有微辞，或大声指斥，而于蒋氏尤甚。诚哉是言也！

尝思经生治汉学，而能明堪舆为蒋氏诤友者，吾乡先达有张皋文先生，著《青囊天玉通义》。最近有廖君季平前辈，季平著书，更多独于三元九运之说，祖述刘歆《三统历》，然非也。

余谓今堪舆家所用三元九运法，出奇门遁甲。俞理初《癸巳类稿》已言之。九星本先由时间而后布濩于空间，今堪舆家之为三合法者，拘囿于方位，宜其不如三元法之奇验也。

且以今用罗盘言之，《灵素》、《纬候》诸古籍所载，只普通板盘。一盘而为玄空之法者，则更加以运盘、山盘、向盘三般卦，而后吉凶可断，斯则真所谓专门之术已。

盖言古者必有验于今，玄空家法既已应验如神，则奇门九宫本属一家事也。今竹礽先生大明玄空诸家之学，更发明城门、替卦诸诀，言近代诸师所不能言，并著《地理诸书伪正考》，尤为治堪舆学之门径书。竹礽先生以为由此而可救世乱，致太平，且不屑秘密，广传诸人，此其设心之公忠，尤岂从来堪舆诸师所能及哉！

抑吾闻巢居知风，穴居知雨，人类原始皆尝经巢穴生涯而来，其先知何遽不若鸟兽虫蚁哉！然而余观世界文明之发源地，必在河流。若埃及之尼罗河，若印度之辛头河、殑伽河，若巴比伦尼亚之底格里斯河、哀甫拉底河，皆以天时地理之乐易，故其民族之所为居，遂亦不发生何等特殊之方术。

独吾中国不然，其文明之发源地在黄河流域，以其风沙之荒寒，土地之硗确，山川之广漠，重以他蛮族侵陵之频烦，遂不得不排万难，而冥冥中逼迫吾民族之所以为居者产生世界无二之奇术。一若其得之也艰，故享之也久。此则八卦九宫之所由来也欤！

惟有八卦九宫，故阴阳二宅每一奠居，辄绵延子孙千年百年，是以中国民族之蕃衍皆从上而下，其祖先千百年之遥犹有谱牒可稽，而与他国民族之蕃衍辄从四旁横溢而来，其祖先多不可稽考者大不同。夫从上而下之民族，无以名之，名之曰“嗣”。民族从旁四溢而来之民族，无以名之，名之曰“流”。民族二者之较，不难立判。

盖人情莫不念其祖先，尤莫不爱其种姓，仁人孝子，必由此始。黄帝、老子曰：“天道无亲，常与善人。”是故堪舆者，中国之国粹，而实有史以来千圣百贤传心之学也。今当此世界大通之际，竹礽先生乃适逢其会，大昌明此学，重以其喆嗣瓞民先生善继志述事，家学渊源，悉公同好。宁非天佑吾民族，笃生圣哲仁孝之士，将有大造于中国前途之征哉！

中华民国十四年夏历腊月　寓白门武进顾实[①]拜序

校者注　①　顾实：顾实（1878年－1956年），字惕生，江苏武进（今江苏省常州市）人，古文字学家，诸子学家，现代著名学者、教授，有著作多种。早年攻习法科，曾在国立东南大学执教。后在无锡国专任教，教授中古文学。通多国语言，“读日本书，犹本国书也。习英法德三国文字，粗能检读”。喜研先秦史籍，又理西方学术，“究心于古今地理沿革，其后习东西洋史，又探究西北地理”。其著述兼涉史、子、集三部，主要著述有《汉书艺文志讲疏》、《隋书经籍志讲疏》《穆天子传西征讲疏》、《墨子辨经讲疏》、《庄子天下篇讲疏》、《大学郑注讲疏》、《中庸郑注讲疏》、《论语讲疏》、《杨朱哲学》、《中国文字学》、《说文解字部首讲疏》、《六书解诂及其释例》、《重订古今伪书考》、《中国文学史大纲》等。但“刊者十不盈一，盖慎之也”。顾实与丁福保、王献唐、马叙伦、徐宗泽、瞿良士、瞿凤起、张元济等人交往很多，在学问上互相切磋，相得益彰。曾与陈中凡等人共同主编《国学丛刊》。

沈竹礽先生玄空学遗著题词

蒋智由[①]

天地有元气，山川发其机；正以诞圣智，杂为蠕走飞。
形势森尊卑，拱卫俨皇儿；众水前朝宗，顾留相因依。
哲人明其故，结构窥精微；造化开窍奥，德诚感升戏。
豳原与崧高，载之上古诗；其言睿且正，众术徒糅卮。
治乱演天运，如冬夏嬗移；地德资厚生，乾坤乃分司。
古有名形家，堪舆事异宜；绝彼天地通，重黎与我期。
晚说事牵引，沾沾粘胶黐；宜一扫刮绝，独自窥两仪。
务广或旁涉，不庸瞟支离；沈侯烂沈博，深思无不采。
参阐贞元理，河洛穷划劙；孤往搜冥眇，精力亦云疲。
自成一家言，方俟百世知；想当得心时，赏奇释狐疑。
令子恭遹家，开楹扬光基；累累群籍名，玉检衔金匙。
尝惜汉艺文，今存一何稀；期付剞劂尽，无使琳瑶亏。
蒋章苦铨薄，自逃秘密为；公学过其侪，大公蔑我私。
庶赓杨曾迹，上又管郭窥；何有一切法，大钧独我师。

校者注 ① 蒋智由：蒋智由（1865 年－1929 年），中国近代诗人，原名国亮，字观云、星侪、心斋，号因明子，浙江省诸暨市紫东乡浒山村人。早年留学日本，参加过光复会等革命团体，后思想逐渐保守。蒋智由出身寒素，早年求读于杭州紫阳书院，能诗善文，工书法。清光绪二十三年（1897 年）以廪贡生应京兆乡试举人，授山东曲阜知县，因怀救国、革新之志，故未赴任。甲午战后，同情、支持康有为、梁启超变法。力言变法，“志欲救天下，起国家之衰敝”。戊戌变法失败，曾写《卢骚》诗，有“力填平等路，血灌自由苗”之句。光绪二十八年（1902 年）冬，与蔡元培、叶瀚等在上海建立号称“第一革命团体”的中国教育会，参加光复会，任爱国女校经理。旋自费渡海赴日本，任《新民丛报》主编。光绪三十三年（1907 年）和梁启超发起组织政闻社，曾担任《浙江潮》编辑。曾任《政论》主编，鼓吹君主立宪，反对同盟会的革命主张。辛亥革命后，拥护歌颂共和政体，参加文体改良的“诗界革命”。晚年寓居上海，愈趋保守。他与黄遵宪、夏曾佑被梁启超并列为“近代诗界三杰”。蒋智由诗集有《居东集》、《蒋观云先生遗诗》。

敬题竹礽丈玄空学遗著

世间万事忘机好，了了天心共见之；
心折先生豪隽极，但开风气不为师。

或句：
熟精地理通天理，补种心田即福田；
欲乞金针度流俗，德门何地不牛眠！

乙丑八月　费树蔚[①]初稿

校者注　①　费树蔚：费树蔚（1883 年－1935 年）字仲深，号韦斋，又号愿梨、左梨、左癖、迂琐，江苏省吴江县同里镇人，柳亚子先生表舅，中华民国政治人物、诗人。费氏为吴江望族，其祖父费元镕，字伯瀛，号东洲，道光举人，休宁训导；其父亲费延釐（1835 年－1893 年），字芸舫，同治四年（1865 年）二甲进士，散馆授编修，官至左中允，督学河南，盛年引退，始卜宅于苏城长庆里。费树蔚早年即有经世之志。自始不屑学帖括，喜读近代名人传记，过目诵心，19 岁中秀才。吴大澄奇其才，将七女儿吴本静嫁给他。曾官河南州牧，后由张一麐（lín）（即张仲仁）荐入袁世凯幕府。因与袁世凯长子袁克定同为吴大澄女婿，很得宠信。光绪三十三年（1907 年）袁世凯赴京入军机处，费随同前往。宣统元年（1909 年）应徐世昌之邀入邮传部，任员外郎，兼理京汉铁路事。翌年（1910 年），丁母忧归回苏州。1911 年辛亥革命，江苏巡抚程德全在苏州起义，费力持地方秩序，并集资创办公民布厂，以救助苏城贫民。民国四年（1915 年）7 月，费任北洋政府政事堂肃政史。袁世凯僭号称帝，他直言劝谏，未采纳，11 月，遂隐退南归回到苏州。费回苏后，时与张一麐、金松岑、李根源等人以诗文相质，“遇不平事则义愤填膺，奋发急难不稍避”，与张仲仁等热心从事地方公益事业，而被一时称为“吴中二仲”。1917 年，费氏为主持正义、保护历史文化遗存而参与诉讼的“禁山新案”，诉讼历经数年，终于胜诉。1918 年，费创办苏州电气厂，并出任董事长。1922 年，当吴江遇灾，费发起组织“悯农团”，并创设江丰农工银行，以微利贷资，使灾民能恢复生产自救。创办信孚银行，任董事长。还出任苏城年终饥寒维持会长等。1924 年，费当选为苏州总商会特别会董。1925 年与黄炎培、史量才等发起筹组太湖流域联合自治会。1932 年，“一・二八”淞沪抗战爆发，他与张仲仁、刘正康（曾任苏州总商会会董）等组成治安会，组织了大宗棉衣、药物、罐头食品等物资，慰问前方将士支援抗战，可见他的一片爱国之心。费树蔚曾任信孚银行董事长，吴江红十字会会长。1951 年，在柳亚子先生的倡议下编印《费韦斋集》，收集费氏诗词 3000 余首。

钱塘沈竹礽先生传

太仓　唐文治[①]

呜呼！粤匪之难，蹂躏遍十数行省，江浙罹祸尤酷。贼踪所至，四出侵暴，鲜得幸免。惟一、二有道之士，能于丛莽荆棘、雨雪风霜、枪林白刃之中，冒万死出一生，以底于安全。如予所闻沈君其人者，非偶然也。

君名绍勋，号竹礽，浙之钱塘人。父观淮，字竹坪；妣氏陈。继妣氏徐，钦旌节烈，为君之所生妣。君生三岁而孤。

咸丰十一年冬，杭城陷，君时年十三，闻城破，母子相持泣。贼踪

校者注 ① 唐文治：唐文治（1865 年－1954 年），字颖侯，号蔚芝，晚号茹经，清同治四年（1865 年）农历 10 月 16 日生于江苏太仓，民国元年（1912 年）定居无锡。著名教育家、工学先驱、国学大师。光绪十八年（1892 年）中进士，官至清农工商部左侍郎兼署理尚书。后退出政坛，潜心从事教育事业。曾任“上海高等实业学堂”（上海交通大学前身）及“邮传部高等商船学堂”（大连海事大学、上海海事大学前身）监督（校长），创办私立无锡中学（无锡市第三高级中学前身）及无锡国专（苏州大学前身）。1954 年 4 月唐文治先生在上海病逝，享年 90 岁。著作有《茹经堂文集》、《十三经提纲》、《国文经纬贯通大义》、《茹经先生自订年谱》等。唐文治先生的办学思想是“尚实”。为了使学生免受“学而优则仕”的旧教育思想影响，他常常勉励学生，要以“求实学、务实业为鹄的”，做“造就学成致用，振兴中国实业”的专门人才。同时，重视体育也是他办学思想的重要组成部分。唐文治先生十分重视人文精神的教育，他把西方先进经验大胆拿来，为我国培养科技人才所用；同时在培养人才过程中坚持民族自尊，以我国悠久传统文化的精华来培养学生，并把两者结合起来，塑造热爱祖国、道德高尚、人格健全、身体健康、掌握先进科学技术、为振兴中华贡献力量的一流人才。唐文治先生独创了一种吟诵诗歌的方式，后人称之为“唐调”，已入选无锡市级非物质文化遗产。唐文治父亲唐受祺，原名锡鬯（chàng），字若钦，别字兰客，晚号恂叟，曾任塾师；母亲胡氏。唐文治娶妻郁氏，后收姨表妹黄彬琼为继室。共有四子一女，其中二子唐庆平夭折，长子唐庆诒（妻子为著名教育家俞庆棠）曾任交通大学外文系主任；三子唐庆增是知名经济思想史家，曾任复旦大学经济系教授；四子唐庆永，银行家；小女儿：唐庆婉，殇。孙子唐孝威，核物理学家，曾任浙江大学物理系教授、中国科学院院士；孙女唐孝纯，曾任美国前总统老布什的中文教师。陈以鸿曾评价唐先生：“老夫子一生光明磊落，正义凛然，木铎觉人，金针度世，在中年双目失明的情况下，作出了非凡的贡献，为后人树立了一个知识分子的光辉榜样。”徐忠宪：“云山苍苍，江水泱泱，先生之风，山高水长。”交通大学曾评价唐先生：“有三达尊，兼三不朽；晋百年寿，为百世师。”

迹得之，挟君去，不得返顾。途遇乳媪某，告之曰："主母从井死矣。"君大号，欲追询一语，贼持刀胁之，噤不能发。自是奔窜迁徙，遍尝诸苦。

同治元年正月，辗转至松江，为洋将华尔所拯，编入童子队，随常胜军习洋操。华尔守松江，克慈溪，君皆与焉。华尔之妇姚长于鄞，故桐城籍，遇君尤厚。顾君自念数年茹苦不死者，徒以孤故也，今从军，设不幸，何以自解于向之闻母殉而不返？会华尔阵亡，乃至上海，就钱丛，操奇赢，顾时以不得家耗为憾。什一所入，节衣啬食，为觅母骸地，前后十年间，凡七至杭，罄其赀，卒不得，辄痛哭返，引为终天恨。

华尔之卒也，遗产颇饶。姚氏援西国例，以沪上法租界沿浦地值资百万，悉以贻君，君力辞不受。姚卒，君经营其丧，送榇至宁波，于遗产丝毫无所私。君家未遘难前故殷富，徐节母尝以田契债券寄托某戚家，兵燹后为人侵夺吞没殆尽，君亦不之询。生平著作甚富，随华尔战后，以所阅历著《泰西操法》六卷，《地雷图说》二卷。李文忠公抚吴时，刊于苏州。又有诗文杂著都若干卷，藏于家。

配吴，继配谢，皆先君卒。续继配袁，有子二，长祖绵，次祖芬。祖绵字飏民，被服儒雅，邃于舆地之学，有古君子风。一日袖其先人行状，顿首请传于予，因撮其荦荦大者，备后之志乘者采焉。

论曰："辞受取与之间，士君子之大节也，非辨析乎义利之精者，鲜不眩惑。"当姚氏以华尔遗产授君，脱君稍有依违，不难坐拥厚资，以分丹穴之利。乃岸然不屑，宁溷迹市廛以终身，彼其廉节，有挽近士大夫所难能者矣。以十余龄孤子，极琐尾流离之况，卒卓卓有所建树，以贻厥后，吁，有以也夫！

钱塘沈竹礽先生墓表

兴化　李　详[①]

治世无奇才，以非所须则不生；至乱世，而才之奇者横轶突出，往往出人闻见之外。然其中有遇与不遇，天若制之、若不制之。夫不遇与遇者，值其势足以相摄，而托命于遇者之口，非忌则抑，才虽奇，迄不得申其一、二，才则挫矣，奇固在也，则不可以不述。

钱塘沈君竹礽，年十三，遭咸丰十一年杭州再陷，一门殉者七人，母氏预焉。君落贼中，洋将华尔，破贼于松江之延喜浜，拔君出，养以为子，教君英语及兵法、测绘之学，复延师课以中国文字。华尔之夫人姚氏询其家世，尤深怜君。君宿慧习，知战事。

同治元年，随华尔攻克嘉定，旋复青浦。君先登，又以偏师助宁绍

校者注　①　李详：李详（1858－1931），字审言，一字慎言，中年号百药生，字窳（yǔ）生、愧生，晚号齳叟，江苏兴化（今江苏省泰州市兴化市）人。学者、国学大师。李详幼时父母双亡，家境贫寒，但聪颖好学，尤善读《左传》、《昭明文选》。17岁开始授徒。光绪十一年（1885年）考取秀才，光绪二十六年（1900年）赴南京科考未中，旋应蒯光典之聘，坐馆授其二子学业。翌年，受聘于道台谢元福，为其整理藏书，分别部类，编定目录，得以博览群书，学问大进。光绪三十二年（1906年），端方任两江总督，创办江楚编译馆书局，聘李详为帮总纂，协助总纂缪荃孙工作。宣统元年（1909年），在安庆存古学堂教授史学、文选。宣统三年（1911年），江楚编译馆书局改为江苏通志局，聘李详为分纂。民国2年（1913年）初，至上海，在“楚园”校刊《聚学轩丛书》等书。旋回南京，被江苏通志局总纂冯煦聘为协纂，并负责江都、甘泉、仪征三县人物志、儒林、文苑各传等。民国12年（1923年），李详应聘为南京东南大学中国文学系教授。翌年辞职。民国14年，与友人秦更年等赴上海搜集汪中父子全部著作，汇刊为《江都汪氏丛书》。民国17年（1928年），蔡元培任中央研究院院长后，他和陈垣、鲁迅、胡适等12人被聘为特约著述员；同年，又主持纂修《兴化县志》。李详擅长骈文，考据、金石、目录亦无所不通。其生平著作，以笺注之学为多，以及札记等。他一生以自学砥砺而成才，以博雅通识而著称。1931年5月李详病卒于兴化故居，享年73岁。李详一生靠自学成才，由农村塾师而至大学教授、中央研究院特约著述员，除纂修地方志外，还留下很多著作。主要著作有《槐生丛录》5卷，《〈楚辞〉选注》1卷、《＜世说新语＞笺释稿》、《＜颜氏家训＞补注》、《＜文心雕龙＞补注》、《陶斋藏石记释文》、《文选萃精说义》、《学制斋文集》等近20余种，多收入江苏古籍出版社1989年出版的《李审言文集》。

台道张景渠，克复镇海、宁波，以巡检注选。自浙回，与潘鼎新约攻金山，潘师尚距金山十许里，君已克县城，特迓潘，归以首功。复随华尔出吴淞，攻克刘河，与李恒嵩军再克青浦，改以县丞用，加六品衔。其后华尔攻下浙之慈溪，中炮陨，君负其尸归，殓葬于松江。

二年，姚夫人亦卒，君如失怙恃。姚未卒时，以遗产授，值可百万，君却去。姚卒，哭泣如礼。后改隶白齐文军，白颇怀反侧，君规以正，弗听。白事泄，戈登领其众，聘君译兵法，训练新募之勇，战比胜，君年甫十六耳。

从戈登会程学启攻苏州，说下贼中六王在前，君先克浒墅关。苏既下，李文忠用程学启计，杀六降王。戈登诮文忠无信，谢去，君随之。文忠属人阴留君，不可。犹强令君译《泰西操法》六卷、《地雷图说》二卷、《过山炮图说》二卷，饬筹防局印行。

文忠后官直隶，思君前事，起君赴北洋差遣。于光绪十五年檄赴威海卫、旅顺，查核海军军器良窳[①]，令据实以闻。君察海军器械均法国厂制，法商因缘为奸利，不如新式者，其病匪一，作《图说》上之。又言："日本向德厂购置大宗军火，汲汲兴复海军。某前在上海见彼国兵轮所用速率快炮，均德国新式，其水雷尤为坚利。我北洋各轮装配炮位，既旧且少，以势力论，敌日尚不能，何况英德？且日本密迩北洋我要隘，各口距彼佐世保港，一苇可杭。况自台湾、琉球、朝鲜各役以来，狡焉思逞，一旦有事，北洋首当其冲，彼利我钝，胜负不待蓍龟。"文忠颇韪其说，时方移海军费报效颐和园工程，无力改旧。

至甲午海军尽熸[②]，说乃大验。君上此说时，虑为忌者所中，以智自免。复请开浚辽河上流，通松花江支流之伊通河，自牛庄至俄属西伯利亚各地，庶几一水可达，立变盛京为富庶之区，需费有限，获利无穷。文忠年耄畏事，亦不能用。君自是一意为商贾，无复用世心矣！

君虽隐于贾，日以读书遣兴。自伤沈氏自宋迄今，代为钱塘冠族，

校者注　①　良窳（yǔ）：精粗；好坏。窳：粗劣、懒惰、瘦弱之意。

②　熸（jiān）：战败，覆没；熄灭；消遁，消失；失陷；终尽。

遭乱失学，仅知父祖以上三代名讳。其后乃稍稍知先人名迹著述，奔走十余年，揭零丁市上，得省一、二亲族，从访先人墓址，稽其所在，创为《钱塘沈氏家乘》。其《自序》一篇，则君于乱离之后，述家风，陈世德，九死获济，不绝如线。世复知有钱塘沈氏家世者，君之功也。

君此书错综史法，为世系世德，济美扬芬，世尊艺文遗迹。先茔征存九目而统以录名，授其子祖绵，足成之，皆据古今书籍及名人诗文，证成其实，不为溢美。校之州郡私谱，厚诬先人，不可上于史官者，君书为独胜。此君之余事，而寓其才之奇一也。

君私痛华尔夫妇早亡，特撰一传，附之《家乘》，戒其子孙岁时祭祀，勿绝血食，以报养育之恩。其不忘本如此。君讳绍勋，字竹礽，卒于光绪三十二年六月，得年五十有七，配吴、谢、袁三氏，皆封淑人。子二，祖绵、祖芬，今惟祖绵存。

予谓君以弱龄从戎，如童终军，不矜其名，似屠羊说[1]、鲁仲

校者注 ① 屠羊说：典出《庄子·让王篇》。大哲学家庄子用屠羊说（读音“悦”）再三不肯做官的超凡举动，阐释老庄的哲学思想和处世之道。屠羊说本来是楚昭王时楚国国都一个卖羊肉的屠夫，叫说，人称屠羊说，事实上他是一位隐士。“说”是古字，古音通“悦”字。当时，因为伍子胥为了报杀父兄之仇，帮助吴国攻打楚国，楚国败亡，楚昭王逃难出奔到随国。屠羊说便跟着昭王逃亡，在流浪途中，昭王的许多问题，乃至生活上衣食住行，都是他帮忙解决，功劳很大。后来楚国复国，昭王派大臣去问屠羊说希望做什么官。屠羊说答复道：楚王失去了他的故国，我也跟着失去了卖羊肉的摊位，现在楚王恢复了国土，我也恢复了我的羊肉摊，这样便等于恢复了我固有的爵禄，还要什么赏赐呢？昭王再下命令，一定要他接受，于是屠羊说更进一步说：这次楚国失败，不是我的过错，所以我没有请罪杀了我；现在复国了，也不是我的功劳，所以我也不能领赏。屠羊说，后比喻拒名、拒利之人。清代中兴名臣曾国藩曾写诗引用屠羊说的典故以诫其弟（曾国荃）傲慢坐大，诗曰：“左列钟铭右谤书，人间随处有乘除。低头一拜屠羊说，万事浮云过太虚。”

连[①]；功成而逊迹，则如范少伯[②]、葛稚川[③]。其报华尔夫妇生活之恩，

校者注 ① 鲁仲连：鲁仲连（约公元前305－前245），又名鲁连，尊称"鲁仲连子"，或"鲁连子"，战国时齐国（今山东省聊城市茌平县王老乡望鲁店）人。战国末年齐国稷下学派后期代表人物，著名的平民思想家、辩论家和卓越的社会活动家，战国时名士。善于出谋划策，常周游各国，为人排难解纷不受酬报。赵孝王九年（前257），秦军围困赵国国都邯郸。迫于压力，魏王派使臣劝赵王尊秦为帝，赵王犹豫不决。鲁仲连以利害说赵、魏两国联合抗秦。两国接受其主张，秦军以此撤军。20余年后，燕将攻占齐国的聊城。齐派田单收复聊城却久攻不下，双方损兵折将，死伤严重。鲁仲连闻之赶来，写了一封义正辞言的书信，射入城中，燕将读后，忧虑、惧怕，遂拔剑自刎，于是齐军轻而易举攻下聊城。赵、齐诸国大臣皆欲奏上为其封官嘉赏，他一一推辞，退而隐居。《汉书·艺文志》载有《鲁仲连子》14篇，今佚，仅有清朝马国翰辑本。当年平原君想封赏鲁仲连，鲁仲连坚辞不受；又赠给鲁仲连千金，鲁仲连仍是坚辞不受。最后，弃金钱如粪土，视富贵如浮云的鲁仲连，甩下一句："对于天下人来说，最可贵的品质，是为人排患解难，却从不索取回报。如果有所取，那就是商人的勾当，我不愿做。"说后就飘然而去。应该说，从整个事件来看，鲁仲连表现出了齐之高士的爱国、清廉、仗义的高尚德操，显示了自己过人的胆识、高超的智慧和鞭辟入里、简洁含蓄的论辩艺术，真可谓智勇双全、德才兼备。晋代的左思曾以"功成不受赏，高节卓不群"的诗句，赞美鲁仲连；唐代的李白在《古风十九首之十》中极力推崇鲁仲连"却秦振英声"的壮举；周恩来总理也在《大江歌罢掉头东》中借用"难酬蹈海亦英雄"的鲁仲连遗事，抒发了无产阶级革命家的战斗豪情。可以这样说，一代又一代的"鲁仲连"们，承袭"鲁仲连"的精神，把我们这个勤劳勇敢，善良聪慧的民族，不断地推向繁荣富强，不断地推向幸福和光明。

② 范少伯：即范蠡（公元前536年－公元前448年），字少伯，华夏族，春秋时期楚国宛地三户（今河南省淅川县滔河乡）人。春秋末著名的政治家、军事家、经济学家和道家学者。曾献策扶助越王勾践复国，功成名就之后急流勇退，化名姓为鸱夷子皮，遨游于七十二峰之间。期间三次经商成巨富，三散家财。后定居于宋国陶丘（今山东省菏泽市定陶区南），自号陶朱公。范蠡为中国早期商业理论家，楚学开拓者之一，被后人尊称为"商圣"，"南阳五圣"之一。世人誉之："忠以为国，智以保身，商以致富，成名天下。"后代许多生意人皆供奉他的塑像，称之财神。

③ 葛稚川：即葛洪（284－364年），东晋道教学者、著名炼丹家、医药学家。字稚川，自号抱朴子，汉族，晋丹阳郡句容（今江苏省句容县）人。三国方士葛玄之侄孙，世称小仙翁。他曾受封为关内侯，晚年隐居于广东罗浮山，既炼丹、采药，又从事著述，直至去世。他的医学著作《肘后备急方》（意思是可以常常备在肘后，带在身边的应急书），为中国古代中医方剂著作，是中国第一部临床急救手册，共8卷，70篇。葛洪在中年时，晋元帝及晋咸帝都曾赐召他高官厚爵，都被他拒绝了。后来，他厌于在家中总被人催请做官，又听说了交趾（今越南北部）一带有炼丹的原料，就主动要求到那里去做县令。皇帝以为这很辱没他的才能，但他并非为了高官厚禄，而是为了方便取得炼丹的原料。上任时，在他经过广州的时候，刺史邓兵留住了他，提供给他炼丹的原料，于是他就隐居在罗浮山，从事炼丹术。葛洪《肘后备急方·治寒热诸疟方》："青蒿一握。以水二升渍，绞取汁。尽服之。"此方是帮助屠呦呦（1930年12月30日生于浙江宁波）先生拿下诺贝尔奖的古籍原方。北京时间2015年10月5日下午5点30分，瑞典卡罗琳医学院在斯德哥尔摩宣布，中国女药学家、中国中医科学院中药研究所首席研究员屠呦呦与威廉·坎贝尔和大村智获2015年诺贝尔生理学或医学奖。这是中国科学家因为在中国本土进行的科学研究而首次获诺贝尔科学奖，是中国医学界迄今为止获得的最高奖项。理由为她发现了青蒿素，这种药品可以有效降低疟疾患者的死亡率，挽救了全球特别是发展中国家的数百万人的生命。

别立宫宇以祭，又合于魏王修之论四孤。独怪当时公私文牍称述华尔者，略不及君。文忠亦人豪，无能坐君重席，以收烛武之效，意斯时淮军统将布满畿甸，惩以异籍新附，参预其列，否则以资浅蔑之。然则奇才之生乱世，信宜早见，一为人下，必枉其才。如君之不遇，可鉴也。祖绵往乞予文传君，历二年，许未就。今撷其大者书之，觉胸中所忆者，惟杜牧之[①]之《燕将录》在，其才力雄骏，曾不能得其仿佛也。

校者注　①　杜牧之：即杜牧（803 年 – 约 852 年），字牧之，号樊川居士，汉族，京兆万年（今陕西省西安市）人。杜牧是唐代杰出的诗人、散文家，是宰相杜佑之孙，杜从郁之子。唐文宗（即李昂，唐朝第十四位皇帝）大和二年 26 岁中进士，授弘文馆校书郎。后赴江西观察使幕，转淮南节度使幕，又入观察使幕，理人国史馆修撰，膳部、比部、司勋员外郎，黄州、池州、睦州刺史等职。因晚年居长安南樊川别墅，故后世称“杜樊川”，著有《樊川文集》。杜牧的诗歌以七言绝句著称，内容以咏史抒怀为主，其诗英发俊爽，多切经世之物，在晚唐成就颇高。清代洪亮吉说杜牧“文不同韩、柳，诗不同元、白，复能于四家外诗文皆别成一家”（《北江诗话》），杜牧人称“小杜”，以别于杜甫“大杜”。杜牧与李商隐并称“小李杜”。《燕将录》为杜牧所作《樊川文集》中节选的传记。《燕将录》从一个侧面反映了唐王朝藩镇割据严重，藩镇之间、藩镇与朝廷之间争战不休的社会现实。

增广沈氏玄空学卷一

自得斋地理丛说

钱塘　沈竹礽先生著
男　　祖绵瓞民校订
旌德后学江志伊编次
余姚后学王则先补编

缘　起

或问吾师：于地理学如何入门？

答曰：予年十六，即读地理书，后至杭，在丁氏八千卷楼、余姚黄氏五桂楼、宁波范氏天一阁、卢氏抱经楼，凡藏是类之书，莫不毕读。然于玄空家言，虽读而未得其诀，不独格格不入，且墨守三合诸说，视蒋氏为洪水猛兽。生平慕郦道元[①]、徐霞客[②]之为人，性好游，凡吾国各

校者注　①　郦（lì）道元：郦道元（472 年 – 527 年），字善长，范阳涿州（今河北省涿州市）人。南北朝时期北魏官员、地理学家。郦道元撰《水经注》四十卷，既是一部内容丰富多彩的地理著作，也是一部优美的山水散文汇集。郦道元从事野外工作力求实证的方法和成果，标志着中国古代地理学进入了一个新阶段。

②　徐霞客：徐霞客（1587 年 – 1641 年），名弘祖，字振之，号霞客，南直隶江阴（今江苏省江阴市）人。明代地理学家、旅行家和文学家，他历经 30 年考察撰成的 60 万字地理名著《徐霞客游记》，被称为“千古奇人”。北京大学教授、中国徐霞客研究会副会长于希贤先生认为：徐霞客一生所追求的就是人与大自然的和谐共处。

行省、各藩部，靡不有车辙马迹，所未至者，惟卫、藏[①]耳。

辛未冬，家居为先君子觅葬地，得地于中台山之阳，壬山丙向，形局之完美，实所罕见，集大江南地师，除宗蒋大鸿一派外，罗至八十余人相之，佥[②]云“吉壤”。无何，为某宦以重金购去，怅怅久之。是年冬，某氏葬其父母，开金井时（杭谚谓空棺之次曰金井），往视之，见穴晕太极图，分明如画。情更抑郁。葬后，某宦父子，因案落职，发遣卒子途，家日零落。于是集杭城地师复相之，均云吉壤，且不犯神煞，百思不解其故。

后余姚胡伯安姻兄增戊游杭，行箧中有《姜垚秘本》，云：“一运之壬山丙向、丙山壬向，犯反吟伏吟，葬之祸立至。”于是，置酒集地师三十余人讨论之，均莫明其理，而二运以下之反伏吟，书中绝不提及，佥云“偶中而已”。予昔日轻视玄空理气之说，至是少杀[③]，取蒋氏书读之，仍无所知。

同治癸酉，予年二十六，乃与伯安之无锡访仲山后裔，居数月，不肯轻泄一字，许以重金，得借观仲山所著《宅断》。尽一日夜之力，与伯安抄竣。穷年苦思，终不得解。一日读《易》，玩洛书图五入中宫之理，豁然贯通。后读仙井胡世安《大易则通》、光山胡煦《周易函书》，益知卦爻错综之义，遂将仲山《宅断》一一注释。连年购阅易说、易注百七十余种，乃知汉宋之派别，将昔日所注《宅断》，重行更正，复放笔著《地理辨正抉要》、《灵城精义笺》、《地理诸书伪正考》。

总之，三合之盘并未有误，误于后人不知天机，死执五运之盘，以为运运如此，置八卦摩荡之理不顾。好奇者又增加名目，为江湖谋食之

校者注　①　卫藏：吐蕃时期曾设“卫藏四茹”，一向被视为吐蕃本部。元朝、明朝称为乌思藏，乌思指前藏，藏指后藏。清朝以来称为卫藏，乌思在清朝改称为卫。卫：又称前藏，东起怛达拉山，西到岗巴拉山。大致相当于现今的拉萨市、那曲市、阿里地区，山南市和林芝市西部（林芝、工布江达、米林、朗县四县）；藏：又称后藏，由岗巴拉以西，直到尼泊尔交界。大致相当于现今的日喀则市（北方小部除外）。

②　佥（qiān）：皆、全部；众人、大家的代称。

③　少杀（shǎo shā）：稍差；稍衰。明·胡应麟《少室山房笔丛·经籍会通二》：“凡道家之书，始于周，盛于汉，极于晋唐；凡释氏之书，始于汉，盛于梁，极于隋唐，而皆少杀于宋之南渡。”

具，将杨公真理气一笔抹煞。

蒋大鸿得无极子之传，著《辨正》一书，使《天玉》、《宝照》诸经旨复明于世，厥功甚伟。惟误解“天机”之义，以为不可泄漏，未将“挨星真诀”笔之于书，贻误后人亦匪浅鲜耳。

志伊谨案：先生著述，自丙午归道山后，多为门弟子分携以去。是编由哲嗣瓞民观察，从先生笔记及往还尺牍中搜集而成，零金碎玉，尤可宝贵。兹特分类编次，俾读者开卷了然。此条为先生自述致力之由三合、玄空，判若霄壤，特列简首，以为《缘起》，学者作先生之自序读可也。

胡伯安曰：先生年三十以前，于《易》尚主汉宋之别；三十以后，曾对余小子云：“《易》拘汉宋，《易》理永不明矣。”戊子，先生已购《易》得一千一百余种。是年六月十二日，先生初度[①]，余往祝之，阅购《易》书目已一千七百余种。阅此，正先生年未三十也。

论玄空

或问：何谓玄空？

答曰：“玄空”二字，传亦久矣，诸子百家解此二字甚多，皆未的当。扬子[②]《法言》[③]曰：“玄者，一也！”此系的解。至“空”之一字，

校者注　①　初度：指生日之时。出自《离骚》：“皇览揆余初度兮，肇锡余以嘉名。”后称生日为“初度”。初度无论只作生日用，还是又指一岁之开始，都是就虚岁说的。

②　扬子：即扬雄（公元前 53 年 – 公元 18 年），字子云，汉族。西汉官吏、学者。西汉蜀郡成都（今四川省成都市郫都区）人。扬雄少年好学，口吃，博览群书，长于辞赋。年四十余，始游京师长安，以文见召，奏《甘泉》、《河东》等赋。成帝时任给事黄门郎。王莽时任大夫，校书天禄阁。扬雄是继司马相如之后西汉最著名的辞赋家。所谓“歇马独来寻故事，文章两汉愧扬雄”。在刘禹锡著名的《陋室铭》中“西蜀子云亭”的西蜀子云即为扬雄。扬雄曾撰《太玄》等，将源于老子之道的玄作为最高范畴，并在构筑宇宙生成图式、探索事物发展规律时，以玄为中心思想，是汉朝道家思想的继承和发展者，对后世意义可谓重大。

③　《法言》：扬雄是出于补救当时统治思想危机之心，写成《法言》一书。史称《法言》为扬雄模仿《论语》而作，至于取名《法言》，则本于《论语 · 子罕篇》：“法语之言，能无从乎？”《孝经 · 卿大夫章》：“非先王之法言不敢道。”法有准则和使物平直的意思，所以法言就是作为准则而对事情的是非给以评判之言。扬雄在《法言》中认为，孟子在他的时代为捍卫孔子学说作出了重大贡献，他要学习孟子，在汉代担负起捍卫正统儒学、批判诸子异说的任务。

尤为难解，然空非真空，空中亦有所凭藉。天竺学者言："色不异空，空不异色。色即是空，空即是色。受想行识，亦复如是。"则空非凭藉于五蕴不可也。既凭藉五蕴，是空即有物矣！此西方圣人与东方圣人之理同也。然空之凭藉即窍也，窍有九，故曰"九窍"。是玄空二字，自一至九之谓，然一至九非定数也，有错综参伍，存乎其间，故以"玄空"二字代之。

论天心

九宫之中心为"天心"，此二字由来已久。《乐纬》[①]云："象天心，定礼乐。"壶子[②]曰："伏羲法八极作八卦，黄帝作九窍，以定九宫。"此"窍"字，即"心"字之意，亦即"玄"字之意。

唐人诗已有"讲易见天心"之句。其实天心即"日月为易"之意，一阴一阳之谓也。后人以戊己代之，今人改天心为天星，误矣！盖圣人作《易》，以象日月；孔子作《传》，而曰"乾坤成列，易立乎其中矣"。此"中"字，即"心"字。老子号此心"为玄牝之门，是谓天地根"，云房谓此心"为生门死户"。老子又云："玄之又玄，众妙之门。"是谓玄学之始，其实《易》也，心也，窍也，中也，玄也，是不二法门。

校者注 ① 《乐纬》：《乐纬》是汉代无名氏撰谶纬类典籍。儒家的"六经"（《易经》、《诗经》、《书经》（即《尚书》）、《礼经》、《乐经》、《春秋》），加上《孝经》都有纬书，总称"七纬"。其中《乐经》的纬书就是《乐纬》。《乐纬》是"七纬"中很特殊的一种纬书，因为其他纬书都有很明确的经书与之相配，如《易经》有《易纬》、《尚书》有《尚书纬》、《诗经》有《诗纬》等，而唯独《乐纬》的《乐经》，从东汉以来就众说纷纭。相传东汉以来《乐纬》共有三种，即《动声仪》、《稽耀嘉》和《叶图征》。词语奇诡，内容神秘。宋以后残佚。"乐"，即《乐经》。"纬"，常与"谶"并列，名异而实同。顾颉刚《秦汉的方士与儒生》："谶是预言，纬是对经而立的。……这两种名称好像不同，其实内容并没有什么大分别。实在说来，不过谶是先起之名，纬是后起的罢了。"可见，"纬"和"谶"一样，都是指以占卜征验为特征的神学著作。因该书是承《乐经》而作的儒术与神学相结合的作品，故名《乐纬》。

② 壶子：又称壶丘子，战国时期郑国人，老子后学，列子之师。壶子是继老子之后，战国时期道家学派的代表人物之一。

论罗经

或问：罗经之二十八宿、二十四山、九星有所本乎？

答曰：有。江西信州学有石本《六经图》，“仰观天文图”注云：“伏羲氏仰观天文，以画八卦，故日月星辰之行度运数，十日、四时之属，凡丽于天之文者，八卦无不统之。”按图中斗振天而进，今之贪、巨、禄、文、廉、武、破、辅、弼本之。以冬至日起，日绕斗、牛、女、虚、危、室、壁、奎、娄、胃、昴、毕、觜、参、井、鬼、柳、星、张、翼、轸、角、亢、氐、房、心、尾、箕而行，此二十八宿之证也。

又“俯察地理图”注云：“俯察地理以画八卦，故四方、九州、鸟兽、草木、十二支之属，凡丽于地之理者，八卦无不统之。”按图中以离为南，坎为北，兑为西，震为东，此四方也。又以坎为冀，艮为兖，震为青，巽为徐，离为扬，坤为荆，兑为梁，乾为雍，中为豫，此九州也。坎北壬子癸；艮居东北，在丑寅之间；震东甲卯乙；巽居东南，在辰巳之间；离南丙午丁；坤居西南，在未申之间；兑西庚酉辛；乾居西北，在戌亥之间，而二十四山定矣！此二图均用后天。

曾廉泉春沂问：在杭领教数月余，始知三合之误。盘上卦气干支，出于唐时信州石刻。兹得《六经图》，已无疑义。惟蒋盘中诸字，红阳黑阴，干则阴阳相间，丝毫不爽。至乾、巽、艮、坤四卦，先天卦数，乾一、巽五、艮七、坤八，则乾巽艮虽为阳，而坤则明明为阴；后天卦数，乾六、巽四、艮八、坤二，以数论则无一字不为阴，而蒋盘为阳，此一大疑问也。至地支各字，既非阴阳相间，往往阴字为阳，阳字为阴，各书均未明言。近日宗三合者，皆非之，究竟其理安在？

答曰：大哉问也！此理至今无人道破，予曾著说论此，然偏于易理，不能为不知者道。今姑以易理之浅显者言之。夫盘之体，河图也；运之用，洛书也。用替卦，则挨星也。

今先言干：天一生壬水，地六癸成之，则壬为阳、癸为阴，故一六共宗而居北。

地二生丁火，天七丙成之，则丙为阳、丁为阴，故二七同道而居南。

天三生甲木，地八乙成之，则甲为阳、乙为阴，故三八为朋而居东。

地四生辛金，天九庚成之，则庚为阳、辛为阴，故四九为友而居西。

天五生戊土，地十己成之，则戊为阳、己为阴，故五十同途而居中。

即所谓阴阳相间，丝毫不爽者也，若未明此理，即属皮毛之谈。

至乾、巽、艮、坤四卦，蒋盘字字属阳，此系河洛之大用。

盖一六共宗，合之为七，奇也，故乾属阳。

二七同道，合之为九，奇也，故坤属阳。

三八为朋，合之为十一，奇也，故艮属阳。

四九为友，合之为十三，奇也，故巽属阳。此四卦属阳之理明矣！

再言支之阴阳：有以为阴阳相间者，有以为子午卯酉四正为阳，寅申巳亥：辰戌丑未四隅为阴者，其实皆非也，世人之误在此。世之言命理者，犹知支内藏干，而讲盘理者乃未之知，可怪也。昔予作《二十四山生成合十表》，以明挨星之用，然人终不易领会。

今以支中藏干证之：如子午卯酉四正，子藏癸、午藏丁、卯藏乙、酉藏辛，四干皆阴也，对待亦合十也。

寅申巳亥，寅藏甲丙戊、申藏庚壬戊，巳藏丙庚戊、亥藏壬甲戊，无一字非阳，亦无一字不合十也。

若辰戌丑未，辰藏乙戊癸、戌藏辛丁戊、丑藏癸辛己、未藏丁己乙。以支论，辰戌原系阳土，与戊比和。丑未原系阴土，与己比和；然受乙癸辛丁及癸辛丁乙之分变，使之无力而纳于阴中，以尽天地化育之妙，《易》之用大矣哉！

胡伯安曰：先生苦口婆心语，以浅近出之，其识议实超出汉宋诸儒易学之上，真天地间第一妙文。

祖绵谨案：寅申巳亥四字：

寅顺比甲，隔八到丙，故寅藏甲丙；甲丙阳也，故寅为阳。

申顺比庚，隔八到壬，故申藏庚壬；庚壬阳也，故申为阳。

巳顺比丙，隔八到庚，故巳藏丙庚；丙庚阳也，故巳为阳。

亥顺比壬，隔八到甲，故亥藏壬甲；壬甲阳也，故亥为阳。

若辰戌丑未四字：

辰逆比乙，隔八到癸，故辰藏乙癸；乙癸阴也，故辰为阴。

戌逆比辛。隔八到丁，故戌藏辛丁；辛丁阴也，故戌为阴。

丑逆比癸，隔八到辛，故丑藏癸辛；癸辛阴也，故丑为阴。

未逆比丁，隔八到乙，故未藏丁乙；丁乙阴也，故未为阴。

惟寅申巳亥、辰戌丑未八字，星命家所用遁藏，内有戊己；罗经中戊己无定位，辨明天门地户之生死，皆藉戊己之流通而已。

或问：罗经所载星宿度数，究有用否？

答曰：丛辰之说，三代以前已有之，然未有如今日之繁多也，岂知天文是天文，地理是地理，二者不能相混！《易》与《周官》、《春秋传》，均不言丛辰，有以为汉时谶纬家所伪造者，其说可信。盘中度数，不若用西洋。至天文家，所谓三垣、二十八宿、二百八十三座星官、一千四百六十四星、万一千五百二十微星，然以远镜窥之，天河已恒河沙，于今数，岂能某山某向与天星相照？子思子[①]谓："上律天时，下袭水土。"律天时者，即知元运之谓也。不曰"天星"，而曰"天时"，"时"之一字，何等明白！赖太素[②]《催官篇》所引丛辰之名，不过一种好奇

校者注 ① 子思子：即孔伋（公元前483－前402），鲁国人，姓子，氏孔，名伋，字子思，尊称"子思子"、"述圣"。孔子之孙、孔鲤之子。中国战国时期著名的思想家，儒家的主要代表人物之一。受教于孔子的高足曾参，孔子的思想学说由曾参传子思，子思的门人再传孟子。后人把子思、孟子并称为"思孟学派"，因而子思上承曾参，下启孟子，在孔孟"道统"的传承中有重要地位。《子思》为子思及其门徒所作。

② 赖太素：原名赖风冈，字文俊，自号布衣子，故也称赖布衣，又号称"先知山人"，江西省赣州市定南县凤山冈人，父亲赖澄山，是江西有名的地理师。生于宋徽宗年间（公元1101－1126年间），九岁即高中秀才。曾任国师之职，后受秦桧陷害，长期处于流落生涯中。赖布衣的足迹几乎踏遍祖国大地，凭着精湛的堪舆理论与技术，一路怜贫救苦，助弱抗强，留下了许多神话般的传说。赖布衣先生数十年间曾在广东沿海一带"寻龙探穴"，为民消除灾害，祭相占卜，深得人心，人们尊称其为"风水大侠赖布衣"。曾在福建建阳为官，因生性不羁，后弃职从游。曾由福建攀仙霞岭至越州，访禹陵，慕越州山水始定居山阴，隐居绍兴三年，探觅堪舆地脉，留下《绍兴大地八大衿》及《三十六矜》；在广西容县隐居数年，留下《金峤山金斗赋》，惹得两广地师寻找数百年未果。传说赖布衣所著《青乌序》刚脱稿，就被南华帝君的使者白猿取走，经一百多年后传给了刘伯温，刘伯温凭它辅佐朱元璋成就了帝业。据传，香港、广州、英德等城市都是由赖布衣勘定选址。赖布衣被尊称为赣南四大堪舆祖师之一（杨筠松、曾文辿、廖瑀、赖文俊）。赖布衣故乡的"布衣祠"被列为重点文物保护单位和旅游景点，前来瞻仰的香港同胞络绎不绝。撰有《催官篇》，收录在《四库全书》中。

之作，藉以欺人，一言道破，不值一笑。读吾宗梦溪老人《笔谈》云："天事本无度，推历者无以寓其数，乃以日所行分天为三百六十五度有奇。"予广其义曰："地理无度，测地者无以寓其数，乃以地所旋日分为三百六十五度有奇而已。"

或问：三垣二十八宿，书多引用，一旦废去，未免可惜。

答曰：三垣者，紫微、太微、天市是也。二十八宿者：

东方苍龙七宿：角、亢、氐、房、心、尾、箕；

北方玄武七宿：斗、牛、女、虚、危、室、壁；

西方白虎七宿：奎、娄、胃、昴、毕、觜、参；

南方朱鸟七宿：井、鬼、柳、星、张、翼、轸。

宋吴景鸾[①]《玄空秘旨》虽略有提及，仍以卦理为断，是垣局星度不过如食物之鸡肋，弃之亦不足惜也。

或问：天文、地理二图以证罗经所本，何以用时，方向又须转移？

答曰：后天卦即五入中宫之盘也，气运不同，须颠倒求之。如二运，坤二入中宫，三到乾，四到兑，五到艮，六到离，七到坎，八到坤，九

校者注　① 吴景鸾：字仲祥，江西德兴人。北宋时期著名的堪舆大师。父授青囊术于陈抟。庆历间诏选阴阳者，郡学举景鸾。入京，入对称旨，授司天监正。未几，因奏言过直，有"坤风直射，厄当国母离宫；坎水直流，祸应至尊下殿"之语，上不悦，下狱。寻以帝晏驾遇赦。后徽、钦二帝北狩，卒果如其言。后弃仕途，修真于天门西岸，曰"云山洞"，著有《理气心印》（《吴公解易》）、《玄机赋》、《玄空秘旨》等多部经典文献。吴公之术屡为皇家所弃，是因为他学的风水术与当时的皇家所倡导的五音葬法相违背，依其法赵氏角姓应葬丙山壬向大利向，北高南低的地形，去过河南巩义市宋陵的游客都会惊奇：八个陵墓全是前高后低，倒着葬的！所以他所言的"青乌之书不闻，倒辨山岗；郭璞之经安见，顺迁地理"，宋廷根本不理睬。吴景鸾《辨牛头山陵表》："臣闻主圣则臣良，父慈则子孝，臣之于君，子之于父，倘有未善，敢不尽言。臣幼承父师之训，长阅圣贤之书，粗识天经，颇谙地理，谬蒙圣眷，俾忝国师，凡有忠谋，讵容隐默。臣伏见邢中和者，未辨地理，妄指山龙，虚诞恐坏于皇图，讹伪或危于国祚。青乌之书不闻，倒辨山岗；郭璞之经安见，顺迁地理。臣切说牛头山，献纳图形，龙脉偏枯，山岗撩乱，山不高于旺相，水不败于鬼乡。白虎峥嵘，青龙低陷。箭风剑水，暗射交冲，三劫贼山，照临凶位，八煞恶水，流入刑方。玉堂缺陷，宝殿空虚。坤风直射，厄当国母离宫；未水倾流，祸应至尊下殿。巳方杀见，午地劫冲，乙巳之年，随方兵起，丙午之岁，逐处祸生。剑刃长凝于赤血，人民尽染于瘟疫，户口逃亡，军兵反叛。陛下若兴此地，财输北阙，位失南朝。伏乞睿智，废牛头山之山陵，兴中干之胜地，则祸消灾灭，凶变危除，社稷永安，皇图巩固。臣妻孥俱在，弟侄皆存，幸际昌时，叨逢圣主，痛思先帝大行上皇，殊恩汪渥，敢不启竭愚衷，俯陈鄙见。陛下不纳臣言，乞将臣与邢中和，同拘囚禁，以竣应验，然后知臣非敢诈伪，以干恩宠。臣不避斧钺，冒犯天威，昧罪奏闻。"

到震，一到巽。余运依此类推。《经》云："识掌模，太极分明必有图。"此言五入中宫，即洛书也。然每运入中不同，一运一入中，二运二入中。余运仿此。

或问：《灵城精义》末云："有已传之三盘，有不传之三盘。"此何解？

曰："已传之三盘"，即五运洛书之盘；"不传之三盘"，乃每运令星入中之盘，随运而易，所谓"玄空"是也。蒋大鸿盘中所列之九星（可作二十四山各字读之），即五运之盘。乾卦三字皆武，五黄在中，顺挨也；巽卦三字亦武，挨逆也。欧阳纯谓"乾起贪于巽，巽起贪于乾"，令人百思不解。不过以"贪"为九星之首，代表九星而已。

谢声棠问：三合盘中缝两针之理。

答曰：杨公当时造此盘，实为凡庸言，其诀亦失传，以致今日附会：正针立向，中针拨砂，缝针纳水。昔人已知拨纳砂水之非，然未能辨正其谬。此两盘实系左兼右兼也。正针乾山巽向，中针即指乾兼亥之理，缝针即指亥兼乾之理，并非言向也。学者明此，则穿山七十二龙，盈宿六十龙，一百二十分金，始有理可推矣。总之，盘理"下卦"、"起星"，截然分为两途。正针用于下卦也，中、缝二针用于起星也。不明此理，以之拨砂纳水，则砂与水无一不在空亡之中矣！有谓"中、缝二针，系一进一退"，其说亦合。或谓"此盘系明季江西术士杨大年手制"，实误。

曾廉泉问：盘中有用《连山》、《归藏》者，究合否？

答曰：《易》之用在后天，关键在二八易位。所谓二八易位者，乃离至乾为九二七六、坎至巽为一八三四，易位则离至乾九八七六、坎至巽为一二三四，其神妙不测如是。学者谓《连山》、《归藏》与《周易》为三《易》，各不相同。某以为宓羲（指伏羲）画卦后只有一《易》，《连山》首艮，《归藏》首坤，细绎其理，不过二八易位，一种变化而已。罗泌《路史·炎帝纪》谓："始万物，终万物，莫盛于艮。"艮，东北之卦也，故里艮而为始，所谓"连山易"也，故亦曰"连山氏"。艮在东北，系后天方位，则炎帝时已有后天矣。古人谓先后天同时并出，可知后天不自文王始，《连山》亦非夏《易》，乃二八易位致用而已。宋时，凡民间所藏阴阳五行之书，悉入内府，不得私藏。想罗氏时犹有流传，此说非伪造可知。今日《连山》、《归藏》尚有佚本，究莫辨真伪。盘中列之，真可谓无知妄作！

或问：蒋盘，冬至何以居寅之半，有讹否？

答曰：冬至子之半，尽人知之，今蒋氏盘中所载之节气，即太阳躔度过宫，是用于选择也。如子一宫为玄枵，子宫十五度立春，太阳过癸到子躔玄枵之次之类。

或问：二十八宿，可合二十四山否？

答曰：当初颇合。坎宫：危、虚、女；离宫：张、星、柳；兑宫：毕、昴、胃；震宫：心、房、氐，四正之卦共得十二宿。

至四维卦，每卦得四宿，共十六宿，合之为二十八宿。如乾宫为：娄、奎、毕、室；巽宫为：亢、角、轸、翼；艮宫为：牛、斗、箕、尾；坤宫为：鬼、井、参、觜之类。今因岁差之故，度已改矣。

论紫白

或问：紫白图入用之初，见于何书？

答曰：《老子》"知其白，守其黑"，是《老子》引《内经》语也。此"白、黑"二字，已含坎一坤二矣。《太白经》云："行黄道，归乾户，煞气一临，生气自布。"则五黄居中，乾为天门，已昭昭然矣。并可悟飞吊之理。故丹家以黄道为往来之路，足见万物化生，皆藉戊己之力。因戊己为黄道之至宝，若无戊己，虽有黄道，则阳自为阳，阴自为阴，孤与独而已，又何能长生万物哉！

袁香溪问：《大戴礼·明堂》说"二九四、七五三、六一八"，其挨排之法，以何字入中，始不误？

答曰：此即五入中之数也，二九四句，七五三句，六一八句，不可读错，横列之如下图是也。

四	九	二
三	五	七
八	一	六

或问：紫白之说，不足为训。

答曰：《越绝书·外传纪军气编》云："算于庙堂，不知彊弱。一寅五午九戌，西向吉（火克金吉），东向败（木生火败），亡无东。二卯六未十亥，南向吉（木生火吉），北向败（水生木凶），亡无北。三辰七申十一子，东向吉（水生木吉），西向败（金生水败），亡无西。四巳八酉十二丑，北向吉（金生水吉），南向败（火克金吉），亡无南。"此其用兵日月数，吉凶所避也。读之可知一至十二均属月数，书中又指此日字，不独月紫白可悟，日紫白亦可推矣，且《孙子》亦有庙算之说。

或问：幕讲僧[①]《金口诀》[②]"一元紫年九……"云云，甚难索解。蔡岷山、朱小鹤、周梅梁所注，各执一词，宜何从？

答曰：此五运之逆盘也，《易》言阴阳参错之妙，千变万化，惟"颠倒"二字可以尽之。予所见注此诀者，不下八、九家，实无一语得当，反将明白晓畅之文，滋生疑窦，皆不明易理故耳。试以五运逆飞图明之：

校者注 ① 幕讲僧：又名"目讲僧"，元末明初著名风水地理师，其生平不详；据《宁波府志》记载："目讲僧，不知何许人，隐其姓氏，或云元进士，晦迹于僧。或云为陈友谅参谋，反败逃匿为僧。明末来鄞，善堪舆术，为人卜葬无不奇验。"又云："吾当以目讲天下"，故皆称为"目讲僧"；逝年不详，记载为卒于鄞县（今浙江宁波一带）；凡鄞地邑中大家官家，其先进坟墓未有不出其手。《浙江通志》的记载和《宁波府志》对目讲僧的记载，基本一致，均称"目讲僧"不知道是哪里人氏，只知道他在明朝初年来宁波，其人精通地理堪舆之术，所作坟墓无不奇验，当地富绅官宦的坟墓无不由他寻龙点穴的，目讲僧以堪舆流寓为生，死在宁波一带。民间也有流传为元末陈友谅的老部下，也有说是张定边的，总之，对其人之传可谓众说纷纭。

② 《金口诀》："一元子午九，九居贪狼轮。八则坤申动，七当甲乙心。六气巽风扇，中五定廉贞。四通乾亥利，三在金酉真。二值艮牛辅，辛亥许同论。"（大意是：一元子午九：即一运以子山龙为当令，要与九离对待；九居贪狼轮：即九运山龙午当令，要与子对待。八则坤申动：指八白运要坤申水为对待；七当甲乙心：指七运以甲乙方为对待之合十天心。六气巽风扇：指六运以巽四为对待天心；中五定廉贞：指五运前十年寄巽，后十年寄乾，则前十年以乾为天心，巽山龙当令，后十年以巽为天心，以乾山龙当令。四通乾亥利：指四运以乾亥为天心，巽四山龙当令；三在金酉真：指三运以酉为天心，庚酉辛宜为水口。二值艮牛辅：指二运以艮为天心，坤山龙当令；辛亥许同轮：此一诀犹为秘中之秘，尽泄玄空大卦城门之法，二运可借辛亥二方为城门。）郑熊在《蕉窗问答》中又云："天元龙法定如何，仲女南回望北夫。更有八郎朝二母，东邻镇日看西湖。只今与汝人元法，四六交朝生意确。若然二八两头关，五郎从此投胎着。地元何处觅佳音，一望玄空摄紫神。老母开箱私少子，大兄启健出西金。更有流神正脉歌，交差珠黍卦邪魔。清纯九曜司喉舌，陆地横行奈尔何。"郑氏之诀与幕讲禅师之秘诀大致相同。

巽 六	午 一	坤 八
卯 七	己戊 五	酉 三
艮 二	子 九	乾 四

如图，先读“中五定廉贞”句，此即五黄入中也。巽为地户，逆飞起巽；乾为天门，顺飞自乾。

“六气巽风扇，四通乾豕位”二句，一气读之，巽为四绿，辰巳属之，巽风也；乾为六白，戌亥属之，亥豕也。巽乾易位，岂非“四通六扇”乎？

“七当甲乙心，三居金酉真”二句，一气读之，卯为三碧，居甲乙之中；酉为七赤，居庚辛之中。卯酉易位，岂非“七当甲乙，三居金酉”乎？

“八则坤猿动，二值艮牛辅”二句，一气读之，坤为二黑，未申属之，申猿也；艮为八白，丑寅属之，丑牛也。艮坤易位，岂非“猿动”而为“牛辅”乎？

“一元紫午九，九居贪狼轮”二句，一气读之，一元即一白，为壬子癸，为贪狼；九紫为丙午丁，为弼。今子午易位，岂非“一为九紫，九轮贪狼”乎？

惟“辛亥许同伦”句，古今以为疑问。有谓有讹字者，有谓作如是解者，均属不合。盖五运逆行，三到酉，四到乾，四三一气，岂非“许同伦”乎？蔡岷山辈读书不多，师心自用，妄加注释，未明易理故耳。

予作此解，学者墨守前哲之说，笔墨往来，不啻百数，予终坚执成见，反复喻之。知我罪我，听之而已。

《地学心传十二种》，系明初刻本，亦载此诀，与俗本不同。诀曰：“一元紫午九，九居贪狼轮。八则坤猿动，七当甲乙心。六气巽风扇，中五定廉贞。四通乾豕利，三在金酉真。二值牛艮辅，辛亥许同邻。”是较俗本为善矣。

则先谨按：《金口诀》之不易索解，顾名思义，显为先人所秘宝，今先生以“五运逆飞图”明之，语语中肯，历来秘守之隐谜，一朝为之勘破。

又按：唐宥在先生云：“见有秘本作排五黄解，甚合。”盖一白入中，五黄在离九；九紫入中，五黄在坎一。作如是解，亦足与先生之说并传不朽。更有作零神方位解，其说亦合，缘零神亦为玄空要诀耳。

论父母子息

《经》云：“父母阴阳仔细寻。”即言子息不可兼父母，地不可兼天，天、人虽可兼，然亦有父母、子息之别。

子午卯酉、乾坤艮巽之西，起壬一字、丑一字、甲一字、辰一字、丙一字、未一字、庚一字、戌一字，此八字皆向左行，皆是四个一，即《天玉经》“江东一卦从来吉，八神四个一”也。

子午卯酉、乾坤艮巽皆向右行，此八位亦是四个一也。

癸在子之东，亦向右行，故癸亥辛申、丁巳乙寅八神皆向右行，亦是四个一也。甲庚壬丙、辰戌丑未为子午卯酉、乾坤艮巽之逆子，不与父母同行；惟乙辛丁癸、寅申巳亥为子午卯酉、乾坤艮巽之顺子，与父母同行，即《天玉经》“江西一卦排龙位，八神四个二”也。

夫逆子即地元一卦，顺子即人元一卦。顺逆不同，故有可兼、不可兼之别。可兼者，子可兼癸；不可兼者，子不可兼壬。每卦皆然。然子午卯酉、乾坤艮巽可兼乙辛丁癸、寅申巳亥，而寅申巳亥、乙辛丁癸却不可去兼子午卯酉、乾坤艮巽。以父母可兼子息，子息不宜兼父母故也。若辰戌丑未地元龙，固不可混入人元为用，而辰戌丑未山向，有乾坤艮巽之水来去，又为可用。缘乾坤艮巽为辰戌丑未之父母，又为夫妇宗也。天元一卦包三卦之用，故可兼人、地，而子午卯酉不可兼甲庚壬丙者，以父母不可去兼逆子，惟逆子可去父兼母耳。

志伊谨案：温明远云：“如一运以坎为旺，坤震为同元一气，是为兄弟，坎之中爻为父母，边爻壬癸为子息，坤震卦内之边爻为兄弟之子息，来山来水要与父母阴阳一气，纯而不杂。山龙来脉以主山入首处为父母，八方之星辰为子息。水龙来脉不一，以照穴有情、权力独胜之水为父母，八方之枝浜小水为子息。如子午兼癸丁之向，坤震卦内亦要收“申乙”子息之爻神，不可杂“未甲”地元子息之气。水之来路虽多，总要归一元三吉之气。三吉之中，又要分清天地人三卦之纯一不杂。若一杂出元卦内之山水，非惟挨排之玄空五行不能生，而且受克无疑矣。所谓父母子息者，非定位坎坤震之一元三吉，乃玄空流行排出之父母子息也！学者参观此说自明。

则先谨按：立向之兼与不兼，或兼左兼右，当视山川性情之趋势，应直达者（用）下卦，应补救者（用）起星，而要以乘时得令、合生旺之局为依归。

沈公是篇论父母子息，趋重于“父母兼顺子”，乃就原则立论。其曰“父母不可兼逆子”，防差错也。又曰“惟逆子可去兼父母，以天元宫位有水来去者为可用”，盖欲资中气之辅助也。中气、边爻力有等差，故有子、母之分。

《青囊传》曰：“乾坤二卦为母，六卦为子。”此八卦之子母也。诸卦自为母，三爻为子，此一卦之子母也。然子母为一事，立向又为一事。凡立向，贵乎清纯，不独地元龙为然，天、人两元亦无不然。然有时正向不能取得旺星，而用替或转成三吉、五吉，则补救之向尚矣！学者但当知子母力量之有别，而于或正或兼，不必拘泥乎，原则要在形峦、理气交相配合而已。

又按：此章文字，沈公系采诸欧阳纯《风水》一书，非公手笔也。《宝照经》云：“子字出脉子字寻，莫教差错丑与壬。”此言坎宫壬子癸三山。壬为地，子为天，癸为人，子、癸同属阴，故子字出脉转癸字可用，转壬字即阴阳差错矣！丑则出卦，同在一卦差错尚不可，况出卦乎！

论夫妇合十

合十云者，圣人得天地之中，同声相应，同气相求，云从龙，风从虎，有生有形，各从其类之义也。《经》云："共路两神为夫妇。"夫妇即合十之谓。世俗但知一白坎与九紫离对，二黑坤与八白艮对，三碧震也七赤兑对，四绿巽与六白乾对，颠之倒之，均得合十，而不知坎宫藏一二三，离宫藏七八九。壬为三，丙为七；癸为一，丁为九，合之皆十也。乾宫藏四五六，巽宫亦藏四五六。巳为四，亥为六；戌为四，辰为六，合之皆十也。艮宫藏七八九，坤宫藏一二三。申为一，寅为九；未为二，丑为八，合之皆十也。震宫藏一二三，兑宫藏七八九。甲为一，庚为九；辛为七，乙为三，合之皆十也。此一卦三山配夫妇之法也。

或问：先天卦为坤乾，后天卦为坎离，何也？

答曰：天地之始，水火而已。坎，水也，而中有一阳戊土；离，火也，而中有一阴己土。坎离交，戊入离中成乾，故位乎上；己入坎中成坤，故位乎下。乾之后天，离也；坤之后天，坎也。坎一离九合为十，中藏戊己五，共成十五。类推之，乾六巽四，坤二艮八，震三兑七，合而为十，通戊己之数，均成十五。先天后天，其揆一也。

或问：洪范之说，似与九宫无涉？

答曰：圣人神道设教，惟假物以明理，而不拘于物；立象以尽意，而不泥于象。非神而明之之人，其孰能与于斯？《洪范·皇极》之建，在戊己二字。戊己地也，环天人之会而建其极，故《九畴》之数，亦生成合十，枢于"中五"之皇极，而天人交贯于其中者也。

或问：生成之数，究有根据否？

答曰：《易》曰："天一，地二；天三，地四；天五，地六；天七，地八；天九，地十。"乃五行生、成数也。然学《易》者有以为穿凿，惟《子华子[①]》言之凿凿。其云："天地之大，数莫过于五，莫中于五。盖五为土数，位居中央，合北方水，一则成六；合南方火，二则成七；合

校者注　①　子华子：春秋末期晋国人，一说战国时魏人。著有《子华子》一书。尽管《汉书·艺文志》中未见著录，但是《庄子》、《列子》、《吕氏春秋》等战国时的著作，都有关于子华子的记载，亦见于《孔子家语》。因此可以肯定子华子确有其人，他生活在庄子之前，与孔子同时代。他重视养生，主张"补不足"、"损有余"、"以智养生"、"存诚操养"，其"六欲皆得其宜"、"动以养生"等观点，至今仍有重大的实用价值。就其养生特点而言，主要体现在"六欲皆得其宜"、"动以养生"两个方面。

东方木，三则成八；合西方金，四则成九……。”云云。后人以《子华子》为伪书，然其文古雅，即伪亦汉时人语也。

袁香溪丈问：万物土中生，万物土中死。二语究合于《易》否？

答曰：盈天地万物，莫不与《易》相通，此即“天数五，地数五，五位相得而各有合”。“合”之一字，即为生死之关键。如乾坎合一六，六去一为五；坤兑合二七，七去二为五；巽离合四九，九去四为五；震艮合三八，八去三为五，与中央戊五相合，则天地数咸五矣！此死中求死也；然乾去五为一，与坎一同，离、兑、艮亦复如是，此生中求死也。

则先谨按：沈公此说，发河洛之精蕴①，今之治玄空者，殆能知八国间配合生成与寄宫矣。然究未明“生、成数之错综②参变③，不离于五；天数地数合之，亦各为五”之义，五为戊己土，是故万物不能逃于土也。

祖绵谨案：此说为汉宋人谈《易》所未梦见，阅先子此答，恐阅者未能了悟，爰列二图以明之。

五为四减九，友为九四

巽 四	离 九	坤 二
震 三	中 五	兑 七
艮 八	坎 一	乾 六

二七同道，七减二为五

三八为朋，八减三为五

五为一减六，宗共六一

如图，成数去生数，则八卦方位得天数五、地数五，合之得二十五。

校者注 ① 精蕴：指精深的含义。宋·文天祥《赠莆阳卓大著顺宁精舍三十韵》：“后来得《西铭》，精蕴发洙泗。”明·王守仁《传习录》卷下：“先生致知之旨，发尽精蕴，看来这里再去不得。”

② 错综：交错综合。《易经·系辞上》：“参伍以变，错综其数。”孔颖达疏：“错谓交错，综谓总聚，交错总聚，其阴阳之数也。”

③ 参变：参考而有所变通。

巽四	离九（九减五为四）	坤二
震三	中五	兑七（七减五为二）
艮八（八减五为三）	坎一	乾六（六减五为一）

如图，生、成之数均能变成生数，对待各得五，合八方与中央，得二十有五。

问：生、成合十，究有何等功效？

答曰：天地之数，与五行气通，此五与十之数，数以数神，神以数显。一阴一阳之谓道，二气交感化生万物，生生不已，而变化无穷焉！而其所以生者，实戊己之功用，合十者皆藉戊己之力。气运得此，则触类旁通，运运贞吉矣！

志伊谨案：玄空最忌者，上山下水；最喜者，到山到向。所谓“旺山旺向，寅葬卯发者”是也。先生于《论四十八局》，言之最详。然自二运至八运，天、地、人三元均有旺山旺向，而一、九两运独无，实为缺憾。今考夫妇合十，则一、九运有乾巽、巳亥，二、八运有丑未，三、七运有子午、癸丁，四、六运有庚甲。三元九运中，全局合十者，共得十四山向，是可补旺山旺向之缺憾矣，愿学者择而用之可也。

论阴阳零正

零正，即阴阳之谓，章氏《心眼指要》略露端倪，《温注》较为详尽。盖当元之令神为正神，与正神对待者为零神。如：

一运以一白为正神，九紫即为零神；

二运以二黑为正神，八白即为零神；

三运以三碧为正神，七赤即为零神；

四运以四绿为正神，六白即为零神；

六、七、八、九各运以此类推。

惟五运以五黄为正神，零神之辨最难，因戊己无定位。五黄中，前十年寄坤，以八白为零神；后十年寄艮，以二黑为零神也。

或问：山顺水逆，是排山当用顺，排水当用逆，然否？

答曰：否。每见学者不察，如此排法甚多，其实顺、逆二字，即释零、正两神。山顺者即正神，水逆者即零神。山上排龙，在一运，宜一二三、四五六、七八九，此所谓顺也。水里排龙，在一运，宜九八七、六五四、三二一，此所谓逆也。设排山处有水，排水处有山，即为上山下水。

谢声棠问：零正两神，不知究合《易》否？

答曰：所谓零正，无非对待而已矣。如坎一以离九为零神，此取后天之对待也，其实先天之河图亦然。河图，一二三四之生数，为上元四山之正神；而六七八九之成数，为上元四水之零神。下元以六七八九之成数，为四山之正神；以一二三四之生数，为四水之零神。盖一入中，坎宫为六，离宫为五，其中即为零正之原理。坎离相同，零正可辨矣！

志伊谨案：温明远云："零正即阴阳，正神即当元之旺神，零神即出元之衰神。如上元一运以一为正神，九为零神。下元以九为正神，一为零神。此以阴阳对待为零正也。山上排龙，要旺星排到实地、高山，即为'正神正位装'；向上排龙，要旺星排到水里、低处，即为'拨水入零堂'。'认取来山脑'者，以明零正二途，高低衰旺，山水各得耳。"又云："正神指山上排龙者，如一运子山得六，为乾属阳，顺排七到乾，八到兑，九到艮，七八九为上元之衰气，此方宜低、宜水，不宜高山、实地。子山必午向，得五属阴，逆排到向上是一，有水即吉水，亦要曲动不直，谓之'水来当面，须深远悠长而后成龙'。余方得二三，谓之同元一气，若向中所排一二三之旺星到实地、高山，即谓之'水里龙神上山'，不吉。所以山上排龙，由山排到本元之旺星为正神，是方要实地、高山；水里排龙，由向排到本元之旺星为零神，是方要低洼、有水，而零正无差矣。”学者参此，即可了然。

则先谨按：零正方位，为排龙、排水之固定地盘，但因运而异而已。山向飞星，既随运流转，亦因向变迁，乃变化无定者也。二者本截然两事，然相资而为用，以无定飞星加临于固定零正，则相得而益彰。夫山上旺星喜遇高山、实地，而与正神同一宜忌，故加临其上，则所谓“正神正位装”。

零神方位，独取河流、低洼，而水里排龙亦忌旺星挨到高山、实地，故宜“拨水入零堂”也。是故飞星与零正相得，其力愈雄厚；反之，而与零正相背，纵得旺山旺向，而无形中究不免减色耳。

论下卦

《经》曰：“二十四龙管三卦”，即运星为一卦，山向飞星各一卦，故曰“管三卦”，此挨星之法也。

又“祖宗却从阴阳出……”三句[①]，言挨星之法甚明。如二运出乾山巽向，坤二入中，卯到乾，子到巽。卯阴为逆盘，子阴亦为逆盘，中宫飞入乾山为二，二到山矣。中宫飞入。巽向为二，二到向矣。乾巽之阴阳，不求之乾巽，而求之于子卯。《蒋注》令人不解。

“二十四山分五行……”一节，金匮华湛恩著有《天心正运》一书，言此节甚明。凡“生入、克入，生出、克出，比和”，均列表详言之。后人见拙注章氏《宅断》，不明者可读之。

或问：《天心正运》所举之法，章氏不肯轻泄一图，何耶？

曰：《直解》中虽不列图，然讲得明明白白，且《心眼指要》卷二，载有五图，大致已备，其《传心变易图》，即五入中宫之盘，第二层即五飞入乾顺挨者也。第三层即二十四山。第四层即五飞入巽，逆挨者也。

上列一九图即五运之子午、午子盘也，二八即五运之丑未、未丑盘

校者注 ① 另两句为“阳从左边团团转，阴从右边转相通”。此三句出自《青囊序》。

也，三七即五运之卯酉、酉卯盘也，四六即五运之戌辰、辰戌盘也。四图之中，一图即《飞星掌诀》也。条理分明，惜学者未细察耳。

或问：《天玉经》“江东一卦从来吉”一段，吾师以一四七为江东卦，三六九为江西卦，二五八为南北卦，仍不明了，未知另有他法可证明否？

答曰：此邓梦觉之说也。学者须神而明之，不可拘执。所谓一四七者，以江东一卦属阳，顺行，自一而四而七，仍包括二三五六八九；江西一卦属阴，逆行，自三而六而九，仍包括四五七八一二。南北一卦，五入中，艮坤为生死之门，其实仍包括乾巽坎离震兑。今将此三项分别言之。

江东、江西，飞星时所用；南北，挨星时所用。辨不清白，犹不能得其玄妙。《蒋注》云：“夫此东、西、南北三卦，有一卦止得一卦之用者，有一卦兼得二卦之用者。”细细研究，东西二卦即是飞星，南北二卦即是挨星。不过蒋氏未肯尽言耳。《章注》谓：“南北、一卦之说八神，即坎坤震巽、离艮兑乾也。”共一卦者，共此一卦而为九也。此“共”字，实系戊己在中，而挨星排列之次序。《章注》明白已极，惜学者不察耳。

“江东一卦从来吉，八神四个一”，此二句“江东一卦”即地元卦，在坎宫为壬，壬属阳，顺行。“八神”者，即“壬、丙、甲、庚、丑、未、辰、戌”。此“八神”者，左不能兼人，右不能兼天，只有一卦可用，故曰“四个一”者，两个对待之谓也。

“江西一卦排龙位。八神四个二”，此二句“江西一卦”即天、人两卦也，在坎宫为子癸，子癸为阴，逆行。“八神”者，即“子癸、午丁、卯乙、酉辛、艮寅、坤申、巽巳、乾亥”。此“八神”者，彼此可以兼用，因阴阳同类也，一卦而得两卦之用，故曰“二”。

“南北八神共一卦，端的应无差”，此二句章氏解之甚明。“八神”者，坎、坤、震、巽、离、艮、兑、乾。“共”字，即指五入中。“端”为“端居”之“端”字解，“的”为“中的”之“的”字解，明明言五入中也。

总之，《地理辨正》诸家之注，往往粘皮带骨，而应注者反略，如《青囊序》开宗一句云："杨公养老看雌雄"，此"养老"二字，注者均未道及。养，盛也，旺也；老，衰也。"养老"即盛衰之谓。字字咬得精细，夫然后可读此书。《天玉经》开宗明义即解替卦、挨星、飞星之用，《奥语》开宗明义即解替卦。《都天宝照经》系杨公再传弟子所著，传授心法而已。

或问：每运之五黄，有作戊阳顺挨，有作己阴逆挨，各运不同，何也？

曰：此以入中之运为的，。如一运壬子癸入中，壬为阳，则五即戊阳；子癸为阴，则五即己阴。二运未坤申入中，未为阴，则五即己阴；坤申为阳，则五即戊阳。推之三四六七八九运，莫不如是。阳则顺行，阴则逆行，其变化如此。范宜宾辈不知此理，竟谓"隔四位取阴阳"，谬矣！

或问：九星之说，仍有疑虑。

曰：九星分二种：一配卦，人人能知之；至配二十四山，参伍错综，人不易解。挨排之法，仍以五黄入中，顺行至乾为六，为武曲；逆行至巽亦为六，为武曲。读欧阳纯《风水》一书"二十四山配九星表解"，自然明白，欧阳可采者惟此。

或问：公位房分有诸？是否以龙虎诸砂为主？

曰：公位房分，覆人古墓，知确实无疑，全以卦气为准。予注仲山《宅断》，言之甚详，若以龙虎砂为用则否。

或问："挨飞星图"每易排错，有何法可使不误？

答曰：前屡言艮坤为生死之门，五入中逆行，艮坤为二八；四入中，艮坤为一七；三入中，艮坤为九六。顺行则反是，俗所谓"一四七、二五八、三六九"也。汝辈并此"紫白图"尚不能解，因喜读伪书，不肯在易学上探原故耳。凡五黄运之玄关在坤艮，余运则在戊己之中。

或问：辰戌分界之说，可信否？

曰：范宜宾分阳分阴，实误于此。因元旦盘五黄入中，顺飞六到乾，乾卦三山戌乾亥，戌阴也，乾亥阳也；逆飞六到巽，巽卦三山辰巽巳，辰阴也，巽巳阳也。乾为天门，巽为地户，顺逆挨星，由此起原，而“辰戌”为起原之起原，故曰“辰戌分界”。

论起星

或问：替卦之法，《辩正》中何以未提及？

答曰：《宝照经》“子癸午丁天元宫……”一节，章氏《直解》明白可悟，余亦多散见。

双山双向者，即兼左兼右也。凡兼向必须用替星，非特出卦兼为然，即阴阳互兼，亦当用替，而用替又宜看兼之多寡，如兼一、二分者，无须寻替；若兼三、四分者，当用替星。

若向上无水者，前十年作本向论，后十年作替星论。

如向上有水不拘，前后十年均要从替星流转之方推断，然皆自飞星加挨，论占凶也。

若正兼二向无替可寻，即将正向某字飞一盘，又将兼向某字飞一盘，合两盘以观水路之吉凶可也。

志伊谨案：替卦者，起星也。如仲山《宅断》“宁波府基”图，八运坐癸向丁兼丑未，丁上挨星是三，到三为乙，乙之挨星为巨门，故向上挨星不用三，而用二入中，乙为阴，故以巨门入中逆行。又先生自定一穴，其《笔记》云：“庚山甲向，四运大利，万一用于三运，内向仍用庚甲，外向可兼申寅，用替卦。因甲上挨星为一，一即壬，壬挨巨门，即以二巨入中，顺行三到乾。以本穴城门在乾，为一吉也。惟至四运当旺时，外向仍宜改正庚甲。”观此，可知替卦之妙用矣。

则先谨按：三运庚甲，用替，城门在丑辰，乾方有水，为当元旺水。兹云“本穴城门在乾”，殆即“配水得法为城门”之义，阅者幸勿拘泥。

《青囊奥语》言挨星甚明，世俗不解，动将贪、巨、禄、文、廉、武、破、辅、弼九星师心改易，未免无知妄作矣！

《蒋注》谓：“四卦之末，各缀一字，曰壬曰癸。此又挨星秘中之秘，可以心传，而不可显言者也。”学者参考欧阳纯《风水》一书，即可了解。《温注》亦可采。

则先谨按：《天玉经·内传》云："干维乾艮巽坤壬，支神坎震离兑癸。"故先生简称"四卦之末，各缀一字，曰壬曰癸"云。

胡伯安问：《青囊奥语》开宗明义四句[1]之义？

答曰：予生平不以欧阳纯《风水》一书为然，惟所载《无极子授蒋氏挨星图》，使学者有所领悟，其书即未可厚非。《奥语》首四句，杨公仅举二十四山之半，后人不解其理，妄加改窜，前已历举其弊矣。兹承下问，不厌烦琐，绘成图说，理极浅易，阅者不难了然。

（甲）"坤壬乙，巨门从头出。"对宫即"艮丙辛，位位是破军"。坤壬乙即二一三，此上元甲子之统卦气也。艮丙辛即八九七，此下元甲子之统卦气也。艮坤为生死之门，此二句以"艮坤"二字冠之者，以天盘包括地、人两盘也。其成理玩图即知之。

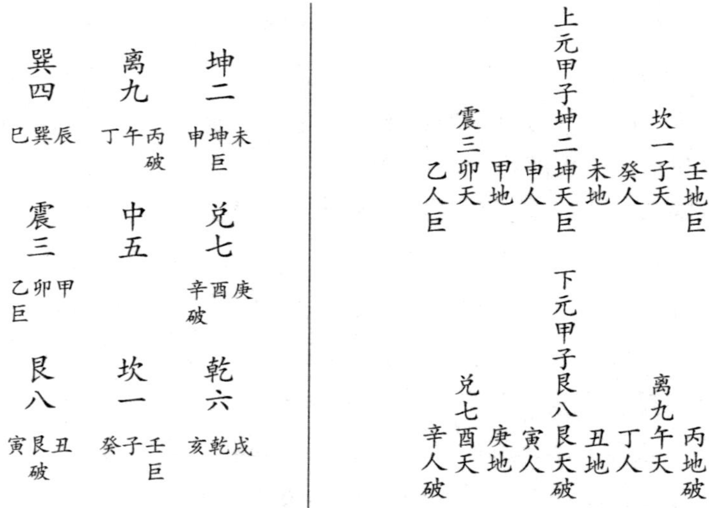

（乙）"巽辰亥，尽是武曲位。"此句不言对宫，而对宫戌乾巳亦是武曲，因中五顺飞至乾为六，逆飞至巽亦为六故也，此中元甲子之统卦气也。巽辰亥，即四五六。五为戊己，无方位，上十年旺于戌，下十年旺于辰。戌乾巳同例。乾巽为天地门户，悟此可知中央之妙用，盘之成

校者注　①　《青囊奥语》开头四句："坤壬乙，巨门从头出。艮丙辛，位位是破军。巽辰亥，尽是武曲位。甲癸申，贪狼一路行。"

理，玩此图，思过半矣。

胡伯安曰：巽挨武者，因四五六逆为六五四，余六宫不能通过，其说见欧阳纯《风水》一书。

巽 四 巳巽辰 武武武	离 九 丁午丙	坤 二 申坤未
震 三 乙卯甲	中 五	兑 七 辛酉庚
艮 八 寅艮丑	坎 一 癸子壬	乾 六 亥乾戌 武武武

中元甲子中五依辰
辰地武
巽四巽天武
巳人
戌地
乾六乾天
亥人武

中元甲子中五依戌
戌地武
乾六乾天武
亥人
辰地
巽四巽天
巳人武

（丙）“甲癸申，贪狼一路行。”杨公不言对宫，而对宫为庚、丁、寅，均属右弼，此一地包括二人而言也。

观此则二十四山之挨星得十有八，所余惟未、丑、子、午、卯、酉六山矣。

巽 四 巳巽辰	离 九 丁午丙 弼	坤 二 申坤未 贪
震 三 乙卯甲 贪	中 五	兑 七 辛酉庚 弼
艮 八 寅艮丑 弼	坎 一 癸子壬 贪	乾 六 亥乾戌

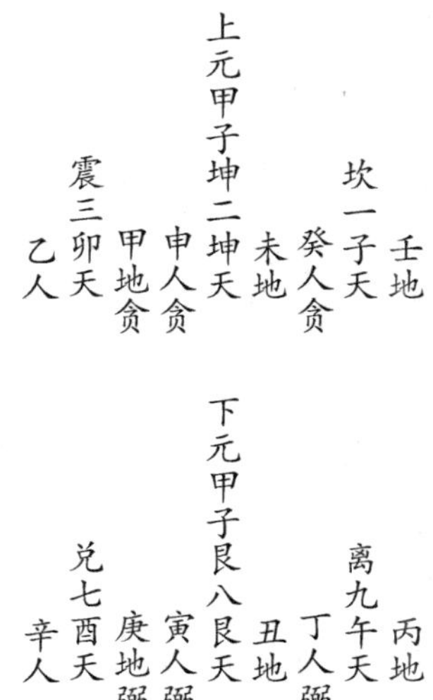

（丁）未、丑、子、午、卯、酉六山，杨公一字不提，于是挨贪挨巨，莫衷一是。夫子午阴之终始，子中藏一二三，午中藏九八七，故子挨贪，午挨弼，而卯酉未丑之挨巨、破更了然矣。

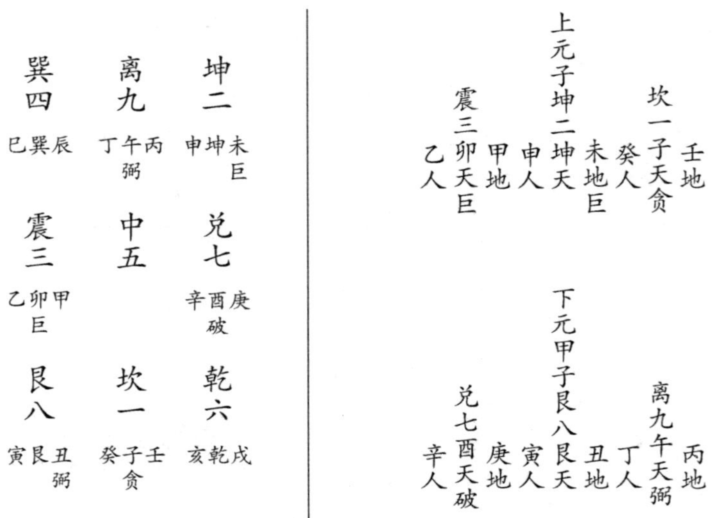

以上二十四山之挨星尽矣。知挨星之根本，即知替卦之妙用。姜氏谓旧注以“坤壬乙，天干从申子辰三合为水局，故曰‘文曲’；艮丙辛，天干从寅午戌三合为火局，故曰‘以上二十四山之挨星尽矣。知挨星之根本，即知替卦之妙用。姜氏谓“旧注以坤壬乙，天干从申子辰三合为水局，故曰‘文曲’；艮丙辛，天干从寅午戌三合为火局，故曰‘廉贞’之类为谬。又以‘长生为贪狼，临官为巨门，帝旺为武曲’亦谬。”诚然，惟将天机“不可泄漏”四字横亘胸中，留十二山不肯说明，其谬尤甚耳。

胡伯安又问：乾、巽、子、午、卯、酉、丑、未之挨星，尚未明了，乞示。

答曰：乾巽两卦为天门地户，顺逆行时乾巽为对待，观姜注“坤壬乙非尽巨门，而与巨门为一例……”四句自明。至子中藏癸，癸即贪；午中藏丁，丁即弼；丑与酉均藏辛，辛即破；未与卯均藏乙，乙即巨。明此，始能用替卦矣。

胡伯安曰：此条须与《论罗经》内“答曾廉泉”一段参观之。

夏禹甸曰：《宝照经》："取得辅星成五吉"，《蒋注》："辅星，即是九星左辅右弼，盖有二例"云云。其第一例，令人明"紫白图"者皆知之；第二例，即庸师所用一行伪术，蒋氏辨之是也。惜未将正法表出。吾今揭之，曰其法有二：

一挨辅星之法，即替卦；

一挨立向消水之用，即收山出煞，其法亦与替卦同。

挨得之星，于分金时，如与六十四卦成反吟伏吟者，另移位置，细绎《蒋注》、《章解》自明矣。

挨星口诀：

子癸并甲申，贪狼一路行。壬卯乙未坤，五位为巨门。

乾亥辰巽巳，连戌武曲名。酉辛丑艮丙，天星说破军。

寅午庚丁上，右弼四星临。本山星作主，翻向逐爻行。

廉贞归五位，诸星顺逆轮。凶吉随时转，贪辅不同论。

更有先贤诀，空位忌流神。翻向飞临丙，水口不宜丁。

运替星不吉，祸起至灭门。运旺星更合，百福又千祯。

衰旺多凭水，权衡也在星。水兼星共断，妙用更通灵。

祖绵谨案：有谓此诀非玄空真传，其实此诀实系的传，惟细心观察，所谓星者，系随时而在之星，非呆板之星也。下卦起星，截然分为两事，其诀"翻向逐爻行，诸星顺逆轮"。又曰"运替星不吉，运旺星更合"之句，将"坤壬乙一诀"完全泄漏无遗。

袁香溪丈问：飞星配卦，参伍错综，不独习地理所未见，即学《易》者，亦所未见。惟张心言《疏》中有八纯卦，排尽九运二十四山向，无有此卦，不知有否？五黄之天地盘又遇替卦寄宫，仍照原运否？乞示知。

答曰：八纯卦在替卦中有之。如八运辰山戌向、左兼右兼为八纯卦。至替卦寄宫，一爻已变，卦气不同。如《宅断》六运壬丙兼亥巳，"周姓祖墓"图，壬替巨，替巨则卦气已变为坤矣。故卦爻不与壬山丙向同，其八国之卦象错综变化，已同二运之壬山丙向矣。替卦之寄宫，以山向飞星中宫为的。五运亦然。

则先谨按：二运之甲庚用替，其八国字字与二运之壬丙单向相同，亦寄宫参变之妙用也。

替卦之说，《宝照经》言之凿凿，《经》所谓“兼贪”、“兼辅”，章仲山《直解》所谓“直达补救”是也。

至《经》云“巳丙宜向天门上”，巳属巽，丙属离，天门乾也。此一句言巳兼丙之山，可向乾也。

“亥壬向得巽风吹”，亥属乾，壬属坎，巽风也。此一句言亥兼壬之山，可向巽也。

由此观之，是巽可兼离，乾可兼坎，即出卦兼向之义也。

或云：“出卦兼向，惟四九一六二七三八则可。”其实此指五黄运言耳。夫卦气运运不同，而流行之气亦随之而易，惟合时则吉，背时则凶而已。若板执五黄之说，以为运运皆然，其流弊与用三合盘何异？

如“巳丙宜向天门上，亥壬向得巽风吹”，此两句重言“向”字，即重在“向首”一星，盖用替卦之法，无非取他星以补救向首而已。

祖绵谨案：仲山《阴宅秘断》第十六图“稽中堂祖墓”，子午兼壬丙，坐山挨星是八，乃山上飞星不用八，而用七入中，盖寻替当求同元，子午兼向天元龙也。八之天元为艮，“艮丙辛，位位是破军”，故以七入中。玄空重流行之气，艮属阳，故顺行耳。此以山用替也。

第三十八图“周姓祖墓”，壬丙兼亥巳，向上挨星是一，一即壬，壬之挨星为巨，故即以二入中。

又阳宅第十七图“宁波府基”，癸丁兼丑未，三到向，乃不用三，而用二。盖三之人元即乙，乙挨巨，故以二入中。此以向用替也。

有山、向两用者，如阳宅第三，第四图，壬丙兼亥巳，一到山，九到向，乃不用一九，而用二七，此山、向均用替也。

有兼向不用替者，如阴宅第五图“钱姓墓”，辛乙兼酉卯；十五图“经姓墓”，巳亥兼壬丙；第四十八图“某墓”，辰戌兼巽乾，均不用替。阳宅中兼向不用替者尤多。大抵向上有替可寻则用向，向上无替可寻则用山，山、向均有替可寻则山向两用。其兼向不用替者，必仅兼一、二分，无须寻替者也。兹言用替，重在“向首”一星。举一反三，学者毋以词害意可也。

山水性情，各有不同。凡真龙结构之地，不能毫厘差错，故天元龙之来脉，必以天元龙之向葬之。人、地二元龙，同此一定之理，无可假借者也。

志伊谨案：《宝照经》云：“子癸午丁天元宫，卯乙酉辛一路同。若有山水一同到，半穴乾坤艮巽官。”即是此义。盖子癸者，谓近癸之半子，如子龙右旋，穴必坐乾向巽。“半”者，谓近亥半乾，近巳半巽也。龙在子，则正格城门在午，变格城门在卯。盖龙与穴必经四位，向与水口亦必经四位，如此则一卦纯清矣！天元如此，人地两元可知。此数语为造、葬第一关键，学者宜深味之。

地吉而时不吉，则待时而葬之。（“时”者，即旺山旺向之四十八局也。）程子所谓“非时不葬”是也。细玩“时”之一字，其中意义可不言而喻矣。然有一种勾搭小地，往往龙气驳杂，虽非其时，苟配合卦爻理气得法，葬后亦能获福，如仲山《宅断》所载“嵇中堂祖墓”是也。

用替卦之法，即《奥语》开宗明义“坤壬乙”四句。此四句将全盘二十四字已露其半，余十二字隐而不见。解此者，聚讼纷纷，皆未明河洛之理，以意为之耳。欧阳纯《风水》一书，虽将二十四字一一揭出；于楷《地理录要》，载有歌诀。惜乎未言其义，使学者仍无正轨可循，而欧阳氏所载配卦图，尤似是而非，反生读者无穷障碍。

昔胡伯安尝以此理来询，予绘成图说，作书答之。（书见前。）学者可解欧阳氏之替星与于楷之口诀矣。惟乾巽二宫，字字挨武，咸以为疑。盖此二宫者，与中五之令星进一退一而已。天文家谓为天门地户，顺行则乾为六，逆行则巽亦为六，故对宫易位而起星。

例如，乾宫“戌乾亥”三字，戌四也，若五入中，由戌逆行，至辰为六，故辰挨武。乾藏六五四也，亥六也，五入中，顺行为六，故乾亥均挨武。巽宫“辰巽巳”三字，辰六也，五入中，由辰逆行，至戌为六，故戌亦挨武。巽藏四五六也，巳四也，五入中，易位起星，故巽巳亦均挨武。此挨星，名为替卦。然二十四山向，非字字均能用替也。今列表如下，以明之：

下表能用替者，共十三字。不能用替者，共十一字。至五黄加临之地，则皆属廉贞。戊则顺行，己则逆行。然飞星仍五黄入中，亦不能作用替论。

坎宫	壬巨　子贪　癸贪	此一卦惟壬可用替
离宫	丙破　午弼　丁弼	此一卦惟丙可用替
震宫	甲贪　卯巨　乙巨	此一卦三字均可用替
兑宫	庚弼　酉破　辛破	此一卦惟庚可用替
乾宫	戌武　乾武　亥武	此一卦三字均不用替
巽宫	辰武　巽武　巳武	此一卦三字均可用替
坤宫	未巨　坤巨　申贪	此一卦惟申可用替
艮宫	丑破　艮破　寅弼	此一卦三字均可用替

凡用替卦，用向首一字。历观人家茔墓，知平洋最验。城门一诀，尤为替卦中之一关键。能将穴上所见之水适合城门，往往发福，惟反伏吟不可不辨耳。至不能替而用替者，例如，四运中，庚山甲向兼酉卯，甲上挨星为二，本二入中，今用替卦，二即未挨巨，仍二入中，无所谓替也。虽到山到向，反不能作旺山旺向论。因差错之病仍在其中，不如专用庚甲之为得也。

又四运，甲山庚向兼卯酉，庚挨六，本六入中，用替卦，六即戌，戌为武，仍六入中，与庚甲兼酉卯正同。

又如，二、八两运，未山丑向；五八两运，丑山未向；三七两运，戌山辰向；五运辰山戌向，出卦兼，或阴阳互兼。若用替卦，其挨星正在不可替之字，均作阴阳差错论、出卦论，不能作到山到向论也。本运令星双到山，或双到向，有用替卦，适到山到向借合一局者，如六运之壬山丙向，兼亥巳，或兼子午，是至兼贪兼辅，宜察向上来去之水断之。兹列一图，以供学者研究：

六运壬山丙向兼亥巳子午

向

三 一 五	七 六 一	五 八 三
四 九 四	二 二 六	九 四 八
八 五 九	六 七 二	一 三 七

山

一、如图，山上飞星入中，仍用二不变；

二、向上挨星为一，一即壬，壬挨巨，故二入中；

三、以二入中，顺行六到丙，为一吉也；

四、出卦兼，阴阳互兼，挨排法同。

用替卦向首所到之星，虽非本运旺星，而水口正合城门旺星，或得生成合十者亦吉。用替之最异者，莫若五运之戌山辰向，八运之辰山戌向，出卦兼或阴阳互兼，山向飞星皆字字相同，此之谓无变化无生息，葬之有凶无吉。此用替卦之大略也，学者神而明之，始可以达用矣！

用替即爻之变，予于斯道，虽得真传，然未深入堂奥，如城门打劫、反伏吟诸法，皆渎竹礽之著述而始明。今又得此篇，昔日怀疑于“坤壬乙一节”，今始了然明白矣。竹礽为学无师承，专心致志，昕夕[①]研求，阐明此理，穷源竟委[②]。语云：“思之思之，鬼神通之。”极深研几，自有发挥光大之一日。吾谓竹礽于斯学，直足上追邱、杨，岂阿谀所好哉？

戊戌冬月，浔阳蔡金台识于宣南寓次。

校者注 ① 昕夕（xīn xī）：朝暮；谓终日。宋·沈括《贺年启》：“祈颂之诚，昕夕于是。”《明史·雒于仁传》：“（于仁）《酒箴》曰：‘耽彼麯糵，昕夕不辍。’”清·俞樾《茶香室三钞·巫娥月妹》：“故寓其旁，昕夕歌舞。”

② 穷源竟委：比喻彻底搞清楚事情的始末。穷、竟：彻底推求；源：水流的源头；委：水的下流。西汉·戴圣《礼记·学记》：“三王之祭川也，皆先河而后海，或源也，或委也，此之谓

务本。”

志伊谨案：侍御蔡公于玄学，受之麻城张暇亭。光绪甲辰，予介族兄筱涛水部作书，先容执晚生礼，衣冠往叩，侍御严守秘密，深闭固拒，不露只字。前读先生与侍御书，极言守秘密之谬，惜侍御之终不能用耳。先生此书，于玄空诸诀，披肝露胆，朗若日星，俾学者免暗中摸索之苦，以视世人自珍独得之秘者，其相去何如耶。

黄邃谨案：《奥语》“坤壬乙一节”，《四库目录》谓“自来术家罕能详其起例”，迨蒋氏《辨正》出，始略露端倪。章氏作《直解》，亦有下卦、起星之言。下卦之例，虽经华氏刊传，而起星之法，尚秘而未宣。遂至异说纷纭，莫衷一是。此篇尽抉藩篱，直泄阃奥。举例既极详尽，说理尤事贯通，一洗向来私家隐秘之风，擅列圣心传之妙。邃于斯道略窥门径，证诸所闻，合若符契。其蒋氏所谓“止有一法，更无二门”者欤？读竟为之忭舞[①]，使于兰林有知，定当击碎唾壶[②]也。

论向水

凡卜地：先观山、洋堂局完美；次将令星与蒋氏元旦盘（即五运五黄入中之盘）互相对照，求其生克若何。（俗所谓小玄空者即指此。）

次排山向之令星，求其到山到向否；（《华氏天心正运》各图即如此。）次别盘中零神、正神之若何；次飞城门一盘运星若何，因城门亦随运变迁者也；次以立向消水之用，辨正其可兼不可兼之故。然后用分金定其收山出煞，则大致不差矣。

或问：山向俱到，城门旺气亦到，收山脱煞，按照节气。择地如此之难，可有简便之法否？

答曰：龙真穴的，宜取向上旺星，但城门一吉亦可用，惟令星当旺时，仍须修建之耳。

校者注 ① 忭（biàn）舞：欢喜得手舞足蹈。忭：本意为欢喜、快乐。无其他引申义。

② 击碎唾壶：形容对文学作品的高度赞赏。唾壶：古代的痰盂。出自《晋书·王敦传》：“以如意打唾壶为节，壶边尽缺。”晋朝时期，大将军王敦每次喝完酒后总是吟咏曹操的诗句：“老骥伏

枥，志在千里。烈士暮年，壮心不已。”一边吟咏一边用如意敲打唾壶，壶口都给敲破了。

凡立向之道，要先辨明来龙天、地、人三元之局，次则排定上、中、下三元之运，然后宜兼贪或兼辅。但贪辅者，向上来去之水，非向上之字也。且向上之星与山上之星不同，如一白运，山上宜上元当令之星到坐山，向上宜衰令之星到水口为吉。每运皆然也。

凡一、九两运，立向最难[1]，更无可兼。一白运，午、子（向）勉强可用；九紫运，惟正庚向为上吉。盖九紫是下元之末，地元之底，如其兼错，未免杂乱反衰。而正庚向者，以九紫之下有二黑，火见土也，能得向上乾方有水是一白水，不但有制，又通上元之生气，故吉。

《经》曰：“正山正向流支上，寡夭遭刑杖。”此言支向必须干水，干向必须支水，始为合法。故子午卯酉山向，要乾坤艮巽来去之水；

乙辛丁癸山向，要寅申巳亥来去之水，为清纯不杂。

如乾坤艮巽山向兼寅申巳亥者，不得子午卯酉来去之水，而得乙辛丁癸来去之水，亦为可用。

子午卯酉兼乙辛丁癸者，亦如此。

地元甲庚壬丙山向，必辰戌丑未来去之水；辰戌丑未山向亦然。

如辰戌丑未兼乾坤艮巽者，子午卯酉来去之水亦可用。（凡看水之法，无论来去，仍论元运。）

凡贪狼有二：一为每运起贪狼，如一白运，一入中，即贪狼入中，二到乾，即巨门到乾，此用于挨星者也；一为二十四山系于纳甲之下互起贪狼，实为兼向替卦之用，如甲申之为贪狼是也，而时师则误用于立向消水者也。

“二十四山双双起，山向须分别”者，以甲庚壬丙、乾坤艮巽、寅申巳亥为阳出脉，乙辛丁癸、子午卯酉、辰戌丑未为阴出脉。以阳放在水上，阴放在山上，是为顺子一局。若阳放在山上，阴放在水上，是为逆子一局。此一山两用，四十八局双双起，即“阴用阳朝，阳用阴应”之法也。《蒋注》甚明，惟未得其诀，易生疑窦耳。

校者注 ① 一、九两运，立向最难：因为一运和九运没有旺山旺向之局，所以说这两运立向最难。公元2004年至2023年处于下元八运，公元2024年至2043年处于下元九运。

或问：临山时，宜执定用何术始不误？

答曰：替卦与出卦之别，到山到向与上山下水之别，到山到向与反吟伏吟之别，通与塞、空与实、顺与逆之别。若大地融结，堂局紧严，果能发福乎？不能也！祸福关键在衰旺吉凶。凡龙真穴的，正结之地，当出帝王；若犯其凶，则为项羽、王莽；当出圣贤，若犯其凶，则为少正卯、李贽。近世葬地，非出卦即差错，非上山下水即反吟伏吟，劫运将临，祸甚于猛兽洪水，可不惧哉！

或问：公墓之说，能用于中国否？

答曰：《周礼》墓大夫之制，即公墓也。近人惑于庸地师之说，往往停柩不葬，浮厝者累累，不如于都会市集择隙地辟为公墓。其法以八卦分界线处，各辟道路，阔二丈四尺。于二十四山分界线处，亦辟道路，阔一丈六尺，路之两旁，植以嘉木，中央作圆形，建屋五楹，为葬者奉祀之所。四围缭以墙垣，其内外各植不凋之木，按元运之兴盛葬之，其子孙受此荫庇，亦可产正人君子。较之听命于庸地师，实有霄壤之别。惟墓之尺寸及造法均须一定，否则参参差差，如义冢一般，令人可厌。地下阴沟，更当疏通，可免水蚁之患，亦安厝之善策也。

论城门

“水交三八”，即指城门。如巽山乾向，四山环抱，独子方有缺口，水口亦在子，此地即可用城门诀法。

如子方，一运挨星为六，六乃乾阳，不用；

二运挨星为七，七为酉阴，以七入中宫，逆飞，二到子，为旺星到城门；

三运挨星为八，八乃艮阳，不用；

四运挨星为九，九为午阴，以九入中宫，逆飞，四到子，为旺星到城门；

五运阴子仍为阴子，以一入中宫，逆飞，五到子，为旺星到城门；

六运挨星为二，二乃坤阳，不用；

七运挨星为三，三为卯阴，以三入中宫，逆飞，七到子，为旺星到城门；

八运挨星为四，四乃巽阳，不用；

九运挨星为五，五为己阴（九为午为阴，故五入中，亦用己阴也），五入中，九到子，为旺星到城门。

总之，城门一诀，四山缺口多者不能用，但用此诀，亦须将生克挨排，小心为要。余类推。城门一诀，诸书解角无透澈者，惟温明远《注》："无非要将当元得令之星排到城门"云，予穷思其言，始悟得此法。

或问：四十八局，自分运逐一挨排，然后深信不疑，未知另有他诀否？

曰：惟有城门一诀："凡挨星令星上山下水者，皆阳入中，顺行；令星到山到向者，均阴入中，逆行。故城门遇阴入中，即可将旺星排到。"如葬时正逢兵乱，可排城门一诀。若旺星到城门，亦可草草下葬，否则，不如择空旷之地，以当旺之山向暂厝，尚能保人家之安吉也。

或问：《玉尺》之四大水口，蒋氏已辟其谬矣，顷见吾师断某氏墓，重言四大水口之妙，岂蒋氏亦有误欤？

答曰：蒋氏不误，予更不误。今日三合家所云："辰戌丑未四大水口，只要用于五运，即不误矣。"因五运此四字均属阴，以城门一诀断之，字字当令，岂非全美！予昨断之墓，即五运所扦，故云"四大水口，处处当令"。若他运，则不合用矣。

或问：辰戌丑未四大水口，五运用之不误，已明其理。然则寅午戌、申子辰、巳酉丑、亥卯未三合之水局，五运中亦可用乎？

答曰：否，否！寅申巳亥，在五运中字字阳也。子午卯酉、辰戌丑未，在五运中字字阴也，何以能合？蒋氏辨四大水口，开宗明义即云："夫四大水口，有至理存焉。"可悟五运中之四大水口——辰戌丑未也，子午卯酉也，乙辛丁癸也。明明白白，不过蒋氏隐而不显耳。

志伊谨按：温明远云："水法曲折，湾环重重，交错于二十四山之内，大水收入小水，合成三叉，为水之城门。"立穴定向，以城门为重，盖城门为穴内进气之关键，若以玄空五行生旺之星排到城门，即吉。他处稍得衰星，亦可转祸为福。若城门轮到衰死之星，即不免凶矣。!

或问：城门一吉，究有若干年运?

答曰：龙真穴的，当旺即发，运过即败，且发时较旺山旺向为甚，惟出运以后（出运者，如二运用城门一吉，至三运则阴阳差错矣），适逢旺山旺向，趁此时建碑修理之，仍可接替。若出运后，山向不利，不能修理者，终有咎征。韩崑源精峦头，不精理气。二运初在茅家埠，卜一子山午向地，西湖在巽方放光，圆明如镜，穴前午峰特起，葬后科甲蝉联，丁财大旺，以巽水正合城门一吉也。一交三运，不二年，其家中落。足下在杭试一访之，当可悟城门诀也。

或问：吾师前解三合为神煞之用，可谓至理名言，惟宋以后，言水法者均用之，其理定有根据，乞示。

答曰：水法千言万语，无非城门。城门维何？即向首一星之旁二卦也。如天元龙之山向旁二卦天元爻中见有水光，即为城门。若与时相合则吉，与时相违则凶。凡有龙真穴的，山与向虽不利，而城门正逢古星，亦可下葬。惟城门运星一退，其家即衰。若山、向正逢旺运，城门又吉，则旺上加旺。如今日三合家所谓“申（人）子（天）辰（地)”、“巳（人）酉（天）丑（地)”、“寅（人）午（天）戌（地)”、“亥（人）卯（天）未（地)”会局者，实能明城门之理，特未谙城门之用耳。如子山午向，以巽坤二卦为城门，于是误以支龙（世以子为支龙)，必须收申辰之支水，又从而进之，脉自子转申而墓于辰，水自申止子而墓于辰。岂知子山午向一见申辰之水，即犯驳杂，而龙气不纯矣！此予所谓“明其理，而未谙其用”也。能谙其用，必曰“午向以巽坤为城门，丙向以未辰为城门，丁向以申巳为城门”矣。巳酉丑者，酉山卯向以巽、艮二卦为城门。寅午戌者，午山子向以乾艮二卦为城门。亥卯未者，卯山酉向以乾坤二卦为城门也。而后人更加入坤壬乙等，更大谬。昔莹彻专用此水局，浙东所葬各地莫不败绝。

或问：照神若何?

答曰：照神，即城门也。如酉山卯向，以艮为城门，即“三八为朋”

也。子山午向，以巽为城门，即“四九为友”也。卯山酉向，以坤为城门，即“二七同道”也。午山子向，以乾为城门，即“一六共宗”也。此为正城门。若取偏格，如卯山酉向，在九运中乾方天盘为一，一亦可作城门论。乾之地盘为六，与天盘之一合成“一六共宗”，是方有三叉水映照，亦作有势力之城门论。盖一之天元即子，子阴入中逆行，并得旺星到乾故也。余类推。

或问：司马头陀有其人否？其所著《水法》亦言三合，与申子辰等不同，其法可用否？

答曰：《江西通志》载有《司马头陀传》，名曦，唐时人，其《水法》实《城门诀》也。不过隐约其词，学者不易领会耳。其言曰：“乙甲艮兼丁丙巽，辛庚坤与癸壬乾。”乙甲中含卯字，即酉山卯向以艮为城门。“兼”字原文作“连”。

丁丙中含午字，言子山午向，以巽为城门；

辛庚中含酉字，言卯山酉向，以坤为城门；

癸壬中含子字，言午山子向，以乾为城门。

三合者，运合、山合、向合，城门也。此所谓三合，实非今日三合家之三合。

至“乾宫正马甲方求，借马原来丙上游……”一节，盖指水为马，指山为禄。“乾官正马甲方求”者，言乾山巽向，城门在震宫也。“借马原来丙上游”者，言城门有二，左为正马，右为借马，言离方有一城门也。

“巽庚癸兼乾甲丁……”一节，“兼”字系“对”字之误。“巽庚癸”者，言巽山乾向，城门在兑、坎二宫。“乾甲丁”者，言乾山巽向，城门在震、离二宫也。以下类推。

至“乾山巽水出朝宫……”一节，言天元龙须天元一气，不可杂人、地两元。

“知妙道……”一节，即《玄关同窍歌》。他书有单行本，加此文理亦通，实言城门之功用，其余并不关紧要，阅之自能领悟也。

论七星打劫

《天玉经》云："识得父母三般卦，便是真神路。北斗七星去打劫，离宫要相合。"

《蒋传》云："识得三卦父母，已是真神路矣！犹须晓得北斗七星打劫之法，则三般卦之精髓，方得而最上一乘之作用也。"

章氏《直解》云："父母是经四位之父母，三般是坎至巽，巽至兑，兑至坎，颠倒颠之三般。北斗者，随时立极之气也。七星者，由现在而逆推到第七也。此处五行正与立极之气相反，最易发祸。要相合者，要使发祸者变而为发福。"

其说何等明白！尹一勺辈不明此法，纷纷推测，于打劫精髓无关。惟温氏《续解》云："既明玄空三般大卦，经四位起父母之秘，再能以山水形气生克制化之理通之，岂非最上一乘之作用乎？由现在推到第七者，一逆数至四，四逆数至七，皆七位也。二五八、三六九同例。（伊案：同例者，离与乾震，坎与巽兑，均有一四七、二五八、三六九之三般卦到也。）此处五行与立极之气相反，最易发祸者，如上元一运，立极之玄空五行，岂能与中元四运、下元七运立极之玄空五行相合？元运相反，形气变更，发祸可必转能发福者，要在所立之山向，处处合占耳。"其说足与章氏相发明。

总之，真能打劫者，仅有坎离二宫。《经》云"离宫要相合"者，此也。如坎宫之子癸，离宫之午丁，山、向飞星，五运则到山到向，一、九运则打劫。壬丙、丙壬，五运则上山下水，一、九运虽有二、一到山、向，却不能作未来之气论，以犯反伏吟故也。若二八、三七、四六等运，其飞星均一顺一逆。顺则由离而坎，逆则由坎而离。

一种流行之气，均能由现在之运以劫未来之气。例如，飞星盘一运之子午、午子，均有二字到山或到向，二者未来之气也。在一运中能劫而用之。二运则壬丙、丙壬，子午、午子、癸丁、丁癸，均有三字到山或到向，三者，未来之气也，在二运中，能劫而用之。余运照此类推。

然须察经四位方隅之空、实，以断劫夺未来之气之通塞，故当按形局而用理气。稍有不合，即易发祸。盖阴阳二宅，南北方向最多，有此造化之功以补之，真玄之又玄，令人不可测度。其他向亦能以“山峰”、“水光”用打劫法，惟功效不能如坎离二宫之大耳。

则先谨按：“劫夺未来之气”一语，沈公此章尚指“运”言。后“答曹秋泉问”，发明“劫未来之元”。如上元劫中元之气，中元劫下元之气。味“经四位”之义，当奉后说为圭臬。

袁香溪丈问：读七星打劫诸法多年，疑团始释，今有未解者：一、三般卦与父母三般卦究有别否？一、北斗打劫实据何理？

答曰：父母三般卦与三般卦有别。

父母三般卦，即一四七也，二五八也，三六九也。如一运一入中，则二五八在乾离震三方，三六九在兑坎巽三方。而一在中，艮坤为生死之门，则四七必艮坤，俗所谓“经四位起父母”，是“经四位而起父母之三般卦”也。

至三般卦，一二三也，二三四也，三四五也，四五六也，五六七也，六七八也，七八九也，八九一也。此三般卦适用于零正两神，迥各有别。

至北斗打劫，即《易纬》中已露端倪。总之，后天卦位离九坎一合十也。在一、二、三、四各运，虽不能对待合十，然其变化，中宫与坎必合“生成之数”。

如一入中，坎宫为六，一六共宗也。二入中，坎宫为七，二七同途也。三入中，坎宫为八，三八为朋也。四入中，坎宫为九，四九为友也。

在六、七、八、九诸运中宫之数，必与离宫合“生成之数”。六入中，离宫为一，亦一六也。七入中，离宫为二，亦二七也。八入中，离宫为三，亦三八也。九入中，离宫为四，亦四九也。此《易》所谓“参伍以变，错综其数。通其变，遂成天地之文；极其数，遂定天下之象”者，此也。学者悟此，夫然后知研几矣。由此推之，山、向飞星在五运时，更成一种不可思议之妙。

香溪老人又问：山向飞星，何以有不可思议之妙？

答曰：北斗打劫，蒋氏以为最上乘作用，其中至理无他，不外“生成”二字。生者，因也；成者，果也。凡能北斗打劫者，天盘与山、向飞星，其气一贯，可悟“因果”二字之理。

如一运子山午向得　　　　二运壬山丙向得

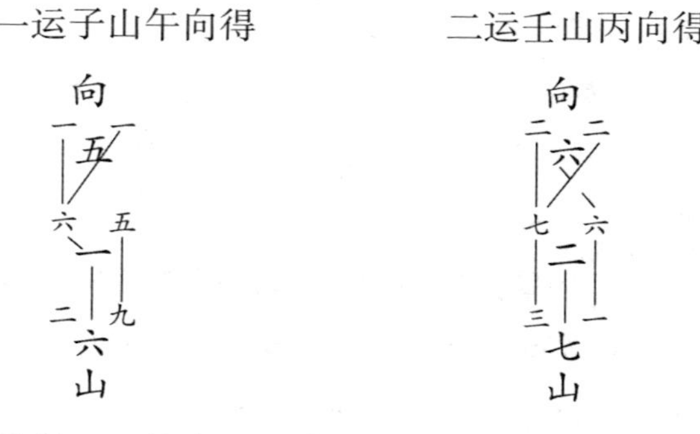

如图，五寄坎得一，均在生成合十之中。

三运子山午向为　　　　四运壬山丙向为

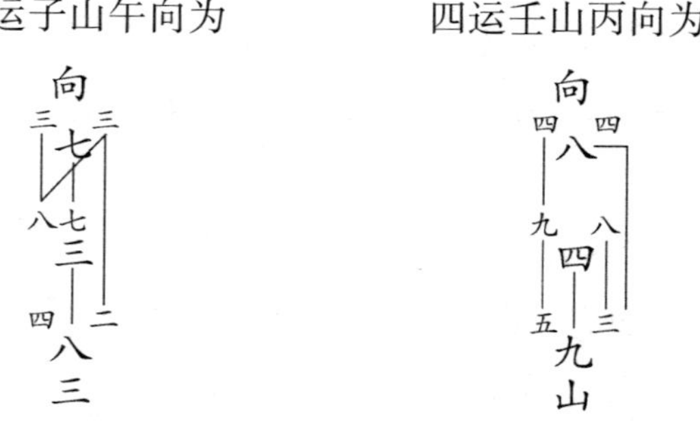

四运五寄巽作四。至五运，子山午向，虽非打劫，运星到山到向，其中神妙不测，更令人不可思议者矣！

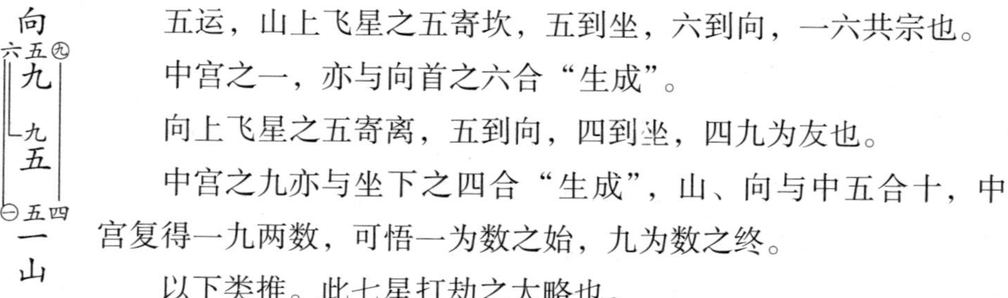

五运，山上飞星之五寄坎，五到坐，六到向，一六共宗也。

中宫之一，亦与向首之六合“生成”。

向上飞星之五寄离，五到向，四到坐，四九为友也。

中宫之九亦与坐下之四合“生成”，山、向与中五合十，中宫复得一九两数，可悟一为数之始，九为数之终。

以下类推。此七星打劫之大略也。

如三般卦，必参伍山、向四神之内。如一运为“九一二”三般卦，二运为“一二三”三般卦，三运为“二三四”三般卦，四运为“三四五”三般卦。至五运，四神均合，“四五六”三般卦，与各运更为神妙，向首五寄于九，坐山五寄于一，六与四遥合十也，五与五原合十，今寄一寄九亦合十也，中宫亦合十也。故五运之子午一局，学者苟能知其玄妙，其余均可迎刃而解矣。

胡伯安问：北斗打劫，此法究与河洛之理合否？

答曰：甚合！所谓北斗打劫者，无非坎离中三宫，处处合成生成；乾震二宫，合成三般卦而已。

如现在二运壬山丙向，可用打劫，因天盘飞星二入中，与坎宫七相遇，即二七同道也。

向上飞星六入中，一到坎，即一六共宗也。（此指向上飞星之一与离方天盘之六合“生成”。）

山上飞星七入中，二到离，即二七同道也。（此指山上飞星之二与坎方天盘之七合“生成”。）

乾宫为五，震宫为八，与向上飞星之二，合成“二五八”三般卦。

总之，一立极，坎宫为六，一六共宗也。二立极，坎宫为七，二七同道也。三立极，坎宫为八，三八为朋也。四立极，坎宫为九，四九为友也。六、七、八、九入中，则离宫为一、二、三、四，均合“生成之数”。山、向飞星，苟亦“生成”、“合十”，则阴阳和矣，刚柔济矣！虽非到山到向，亦无咎也。

或问：北斗打劫，何以仅用坎离二宫？

答曰：如一运子山午向，山上飞星顺行，二到山。二者，未来之气也。乾宫山向飞星为四七，震宫山向飞星为七四，离宫山向飞星为一一，合成“一四七”三般卦，此即“经四位”之义。故癸丁、辰戌、庚甲亦能用之。或谓辰戌、庚甲，山、向飞星无二到，岂能劫未来气？不如离、乾、震三方均合一四七，则上、中、下三元之运已能触类旁通矣，何不可打劫之有？

韩崑源、曹秋泉问：前谈打劫法，业已明了，阅《章解》反生障碍，究竟若何？

答曰：《章解》明白晓畅，惟其决仍未说明，致生疑惑。上月予在苏晤仲山后裔，于打劫亦茫然，为之解释，始悟。盖乾巽二宫为天门地户，于打劫最有关系。坎离二宫，除五运外，无论何运，均一顺一逆。凡旺星到向者，乾上飞星，与离宫相合，为真打劫。若旺星到向，巽上飞星，与坎宫相合，为假打劫。相合者，即一四七、二五八、三六九之三般卦也。一九运之丙壬、壬丙不能打劫者，一为数之始，九为数之终，其气未免不净，且犯反吟伏吟故也。兹列打劫真假二表于后。

凡遇真打劫，葬之自能发福，总须视“乾”上形势若何而定。假打劫，有时亦可用，惟须视“巽”上形势若何耳。若五黄入中之运，子午、午子，皇极也，太极也，尊无二上。其挨星为二五八，其飞星为三六九、一四七，其气满盘顾注，而乾巽二宫之飞星又为二八，与中宫之五合成二五八。此时若有大地，及时葬之，吉不可言矣。（若卯酉、酉卯，乙辛、辛乙，辰戌、戌辰，丑未、未丑，八山向名曰“三元不败”。）蒋氏所谓“最上一乘之作用”也。

曹秋泉问：近在苏城晤仲山后人，商榷北斗打劫之法，始终不露只字。相处日久，允以执事之《奥语》第一节解释相交换，始谓此系奇法，嘱立誓，不得泄漏，否则必犯天谴。彼曾偶泄此法，是年家中病人不少，亦姑妄听之而已。彼云：今年三运丙山壬向、午山子向均能打劫，与执事之说不合。一再辩论，始终以“天机不可泄漏”相搪塞。究系何故？请高明决之。

答曰：胡伯安藏有姜垚《从师随笔》，云：“吾师（指蒋大鸿）在魏相国家中得秘笈诸法，皆能了了，独于北斗打劫未载，故注《天玉经》不敢明白载明。一日告予：‘北斗打劫，即坎离二卦’是也。予穷思深究，知用坎者与巽兑成三般卦，用离者与乾震成三般卦。再问之，先生微笑，仅谓‘子可与言道矣，思得其半矣’。”

细绎仲山解释，此法实本姜氏之《随笔》，予则以为思得其半。知此法，如能用坎则不能用离，能用离则不能用坎，二者不可得兼。

如三运丙山壬向，离宫为七四二，坎宫为八三三，以四为未来之气，劫而用之亦是也。始终不能决定，乃历访人家冢墓，始明“用离合，而用坎不合”。且令星非居向首，不可劫夺未来之气，断非三运能夺四运，五运能夺六运之谓，实上元可劫中元、中元可劫下元之谓也。

其法均出于《易》，以图证之，可一目了然。细玩《天玉经》，亦能彻底明白。

《经》云："识得父母三般卦，便是真神路。北斗七星去打劫，离宫要相合。"父母三般卦者，即一四七、二五八、三六九之谓也。三般卦者，一二三、二三四、三四五、四五六、五六七、六七八、七八九、八九十之谓也。此节着重"父母"二字，是言父母之三般卦，非三般卦也。可知"劫夺未来之气"，指"元"而言，非指"运"而言也。"真神路"，即隔四位起父母是也。"离宫要相合"，言离宫必须合三般是也。后又悟乾震二宫，亦能用打劫法，与离相同。

北斗七星打劫表

一运	天元	子山午向	离乾震三方	一四七
	人元	癸山丁向	同	同
	地元	辰山戌向	乾震离三方	同
		庚山甲向	震离乾三方	同
二运	天元	酉山卯向	同	二五八
	人元	辛山乙向	同	同
	地元	壬山丙向	离乾震三方	同
三运	天元	子山午向	同	三六九
	人元	癸山丁向	同	同
四运	地元	辰山戌向	同	一四七
		壬山丙向	震离乾三方	同
六运	天元	子山午向	同	三六九
		巽山乾向	离乾震三方	同
	人元	巳山亥向	同	同
		癸山丁向	震离乾三方	同
七运	地元	壬山丙向	乾震离三方	一四七
八运	天元	子山午向	同	二五八
	人元	癸山丁向	同	同
	地元	庚山甲向	离乾震三方	二五八
九运	天元	酉山卯向	同	三六九
		巽山乾向	震离乾三方	同
	人元	巳山亥向	同	同
		辛山乙向	离乾震三方	同
	地元	壬山丙向	乾震离三方	同

以上二十四局，离宫相合为真打劫，内除六运之巽乾、巳亥，九运之壬丙，三局犯反吟、伏吟，不用。三运之午向，乾宫宜空。六运之午向，震宫宜空。九运之卯向，乾宫宜空。

祖绵谨按：三运午向，乾宫宜空者，因离之向星为三，乾为六，震为九，合成“三六九”三般卦。乾若不空，中元之气填实，不能通震九之元也。余类推。

一运	天元	卯山酉向	兑巽坎三方	一四七
		乾山巽向	巽坎兑三方	同
	人元	亥山巳向	同	同
		乙山辛向	兑巽坎三方	同
	地元	丙山壬向	坎兑巽三方	同
二运	天元	午山子向	同	二五八
	人元	丁山癸向	同	同
	地元	甲山庚向	兑巽坎三方	同
三运	地元	丙山壬向	坎兑巽三方	三六九
四运	天元	午山子向	巽坎兑三方	一四七
		乾山巽向	兑巽坎三方	同
	人元	亥山巳向	同	同
		丁山癸向	巽坎兑三方	同
六运	地元	戌山辰向	兑巽坎三方	三六九
		丙山壬向	巽坎兑三方	同
七运	天元	午山子向	兑巽坎三方	一四七
	人元	丁山癸向	同	同
八运	天元	卯山酉向	巽坎兑三方	二五八
	人元	乙山辛向	同	同
	地元	丙山壬向	兑巽坎三方	同
九运	天元	午山子向	同	三六九
	人元	丁山癸向	同	同
	地元	戌山辰向	坎兑巽三方	同
		甲山庚向	巽坎兑三方	同

以上二十四局坎宫相合，为假打劫。内除一运之丙壬、四运之乾巽、亥巳，三局犯反吟伏吟，不用。

曹秋泉又问：北斗打劫，地运长短与到山到向同否？较之乾山、乾向、乾水、乾峰四局，力量如何？

答曰：到山到向，以运星入囚为衰极死极之气，仅向首一星到者，则以向首对宫之星（即向上飞星到山之字）入囚为囚。北斗打劫亦同此法。历观兴败冢墓，自然了悟。兹将打劫向首入囚，列表如下：

七星打劫入囚表

一运	子山午向癸丁同	九运囚九运山上飞星为九，凶，不宜修改。
	辰山戌向	三运囚三运向上飞星为三，吉，宜修改。
	庚山甲向	六运囚六运向上飞星为六，吉，宜修改。
二运	壬山丙向	一运囚一运山上飞星为一，为反伏吟．不宜修改。
	酉山卯向辛乙同	七运囚七运向上飞星为七，吉，宜修改。
三运	子山午向癸丁同	二运囚二运山上飞星为二，凶，不宜修改。
四运	壬山丙向	三运囚三运山上飞星为三，凶，不宜修改。
	辰山戌向	六运囚六运向上飞星为六，吉，宜修改。
六运	子山午向癸丁同	五运囚五运山向飞星俱五，吉，修造大利。
	巽山乾向巳亥同	犯反伏吟，不用。
七运	壬山丙向	六运囚六运山上飞星为六，凶，不宜修改。
八运	子山午向癸丁同	七运囚七运山上飞星为七，凶，不宜修改。
	庚山甲向	四运囚四运向上飞星为四，吉，宜修改。
九运	壬山丙向	犯反伏吟，不用。
	巽山乾向巳亥同	二运囚二运向上飞星为二，吉，宜修改。
	酉山卯向辛乙同	五运囚五运当旺，宜修改。

以上为真打劫。

一运	卯山酉向乙辛同	五运囚五运当旺，宜修改。
	乾山巽向亥巳同	八运囚八运当旺，宜修改。
	丙山壬向	犯反伏吟，不用。
二运	午山子向丁癸同	三运囚不宜修改。
	甲山庚向	六运囚六运当旺，宜修改。
三运	丙山壬向	四运囚不宜修改。
四运	午山子向丁癸同	五运囚五运当旺，修改大利。
	乾山巽向亥巳同	犯反伏吟，不用。
六运	戌山辰向	四运囚宜修改。
	丙山壬向	七运囚不宜修改。
七运	午山子向丁癸同	八运囚不宜修改。
八运	卯山酉向乙辛同	三运囚三运当旺，宜修改。
	丙山壬向	九运囚不宜修改。
九运	午山子向丁癸同	一运囚不宜修改。
	戌山辰向	七运囚七运当旺，宜修改。
	甲山庚向	四运囚四运当旺，宜修改。

以上为假打劫。

真假打劫，各得二十四局。除反伏吟不用外，各得二十一局，仍须按虚实形势生克制化而用之，在人心眼敏活而已。至打劫法，不过难于卜地时用之，较到山到向已觉不及，遑论乾山、乾向、乾水、乾峰之局哉！

志伊谨案：七星打劫，《经》云："离宫要相合"，是言三般卦必与离宫相合，未尝言坎也。自章氏仲山言"三般为坎至巽、巽至兑、兑至坎，颠倒颠之三般"，是言"三般卦与坎宫相合而不言离"。温氏明远遂言"真能打劫者，仅有坎离二宫"。先生初亦用章、温说，至晚年始悟"合在离者为真合，在坎者为假"；并悟"劫夺未来之气"，系指"上元劫夺中元之气，中元劫夺下元之气”而言，实与经旨相合。兹兼辑真假二说，并立二表以明之。以坎宫相合，章、温二说学者沿用已久，俾熟玩先生晚年学说，真假判若天渊。再能多证名墓，自能毅然不惑矣！

又案：全局合十，既能运运贞吉。若一局而得一四七、二五八、三六九之三般卦，使三元九运之气皆通，其贞吉当与全局合十等。如二、五、八运之艮坤、坤艮，寅申、申寅，四、六运之丑未、未丑，皆全局合成三般卦，是又于坎离打劫中别创一格者。目为上乘作用，谁曰不宜！

增广沈氏玄空学卷二

自得斋地理丛说

钱塘　沈竹礽先生著
男　　祖绵瓞民校订
旌德后学江志伊编次
余姚后学王则先补编

论四十八局

“二十四山分顺逆，共成四十有八局。”此二句误解者最多。尹一勺注《宝照》“天元”节，翻出四十八局，更谬。盖四十八局者，乃三元中自二运至八运，山上旺星到山，向上旺星到向，共得四十八局耳。

如：二、八两运之乾巽、巽乾，巳亥、亥巳，丑未、未丑；

三、七两运之辰戌、戌辰，卯酉、酉卯，乙辛、辛乙；

四、六两运之甲庚、庚甲，艮坤、坤艮，寅申、申寅；

五运中之子午、午子，癸丁、丁癸，卯酉、酉卯，乙辛、辛乙，辰戌、戌辰，丑未、未丑是也。

如将二十四山左右分配，恐不能勉凑此数。惟一、九两运，无旺星到山到向之局，立向最难，非名手万不敢轻下也。

《天玉经》：“乾山乾向水朝乾，乾峰出状元。”此指二、八运中之乾巽、巽乾。“坤山坤向水坤流，富贵永无休。”此指四、六运中之艮坤、坤艮。“卯山卯向卯源水，骤富石崇比。”此指三、七运中之卯酉、酉卯。“午山午向午来堂，大将值边疆。”此指五运中之子午、午子。注家纷纷，均梦呓也。

问：“乾山乾向水朝乾”一节，不能自圆其说，究误否？

答曰：“乾”字乃一代名词也，如现在三运卯山酉向，三到山、三到向，城门飞星亦三，八国盘上飞星亦三，此所谓“乾山、乾向、乾水、乾峰”也。余类推。

胡伯安曰：“乾山乾向水流乾，乾峰出状元。”此板法耳。不论何运、何山、何向，只要山、向飞星合令星，城门亦合令星，高峰又合令星，均可作乾山、乾向、乾水、乾峰论，读者不可泥看。

则先谨按：“乾山、乾向、乾水、乾峰”，有指飞星之乾言者，其说亦合。例如六运之甲庚、艮坤、寅申，山、向令星均六挨到，六为乾，即合“乾山乾向水朝乾”之局。犹《宅断》“嵇中堂祖墓”，三运，子午兼壬丙，合“卯山卯向卯源水”是也。惟九运无到山到向之局，“午山午向午来堂”之例，未免阙然，故仍以沈公代名词之说为概括。

或问：四十八局如此解释，三合家视为穿凿附会，固无足怪。不图无锡章氏一派亦不以为然，何也？

曰：能明“龙分两片阴阳取”一句，细读《青囊经》、《奥语》（即《青囊奥语》）、《曾序》（即《青囊序》）、《天玉》（即《天玉经》）原文，自然明白。再将二十四山向分运逐一挨排，更当了然。若墨守蒋、章注解，自然反生疑窦。惟上虞有老地师汪某，家藏秘本，所论四十八局正同，可谓先得我心者矣！

问：五运中何以有十二山向可用？

答曰：天地至奇之理，莫如《易》。五运五入中，太极也，皇极也，故天元龙有子午、午子、卯酉、酉卯四山向，四正也。地元龙有戌辰、辰戌、丑未、未丑四山向，四隅也。人元龙在天地之中，又有乙辛、辛乙、丁癸、癸丁四山向。造化之妙，有人力所不可测者矣！

问：二、八、三、七、四、六，此六运各得六局，独五黄运得十二

局，何故？

答曰：未明易理，并未明盘理，故未能解此极浅之理。五运，元旦之盘也。五运，五入中，挨星字字不动，各字比和。子、癸、丑阴也，卯、乙、辰阴也，午、丁、未、酉、辛、戌亦阴也。阴与阴比和，均属逆盘，故得十二局也。

问：五运既有十二局，然则辰戌丑未四地局必可兼乙辛丁癸四人局矣？

答曰：万不可兼。虽同属阴局，究犯出卦。杨公所谓“出卦家贫乏”，此言竟忘之耶？俗见以为一卦得两卦之用，不可信。如用兼，惟替卦可从耳。

祖绵谨按：向有真得旺星者，如二运之乾巽，因二到向，与先天之二同位。三运之酉卯，三到向，亦与先天之三同位。后天之艮为先天震四，四运立申山寅向，其令星与先天之数正同。先天之六为坎，居后天兑宫。六运之甲庚，令星六到兑，亦为先后天同位。诸如此类是也。

有假得者，七运之戌辰，因先天之兑在辰，今向上七到，七为兑，是先天之兑与后天之兑相遇也。余类推。

论上山下水、到山到向

今之谈玄空者，能知“不出卦”矣。然“上山、下水”绝不之知，竟有误为到山到向者，毫厘之差，失之千里矣。《经》云：“山上龙神不下水，水里龙神不上山。”言上山下水，何等明白！如二运之乾巽为到山到向，若戌山辰向则上山下水矣。今人葬地卜宅，竟有用戌兼乾、乾兼戌者，实不知运会耳。

志伊谨案：二运乾山巽向，运盘二入中，三到山，一到向，再以山上之三入中逆飞，二到山；又以向上之一入中逆飞，二到向，是为到山到向。若二运作戌山辰向，以山上之三入中顺飞，二到向；以向上之一入中顺飞，二到山，是为上山下水。盖天元三为卯，一为子，皆阴，逆行；地元三为甲，一为壬，皆阳，顺行。逆行则到山到向，顺行则上山下水矣！

《青囊序》云：“山管山兮水管水”，即言到山到向。“天卦江东掌上寻……”一段，亦言到山到向。蒋氏云：“略指一班，春光漏泄。”予谓“略指一班，则一文不值”也。立向最忌上山下水，乃往往犯此亦发者，其地必龙真穴的，又得向首与入中之卦合十，并有一、二节连珠吉水可通相照，故发耳。然福来不全，祸来甚速，岂能如旺龙旺向之悠久不替乎？

论三星五吉

或问：何谓三星五吉？

答曰：三星者，每运入中之令星，山、向所到之飞星是也。五吉者，即替卦，因一卦有两卦之用，山、向之飞星有四，合以元运之令星，故云“五吉”也。细参《都天宝照经》蒋注自明。一说：上元，一、二、三为三星，以辅、弼龙来兼取入穴中为五吉；中元，四、五、六为三星，以贪、巨龙来兼取入穴中为五吉；下元，七、八、九为三星，以贪、武龙来兼取入穴中为五吉。亦须较其静动生克而用之耳。

论一四同宫

邓笏臣问：西子湖头，获遇有道；一顾敝宅，蓬荜生辉。相宅与房均不吉，嘱移床位，谓“两月后必守处州”，今日委檄，适合尊意。足下奇士而挟异术，盍不出而用世耶？

答曰：前相尊宅，宅房不利，故移床以取一吉，适合生旺，理应一麾出守，惟房门方位无生财之道。敝省知府，清苦之缺，无如处州，乃断之如此。其用法，即“一四同宫”诀耳，无足为异。因见足下存心长厚，无宦途习气，故偶施小技以报之。至以某为奇士得异术，未免谬奖。总之，人在天地中，能读书即能知理。所谓理者，人生一日不可须臾离。理者何？河洛是也。河图变易之易也，洛书不变之易也。洛书虽不变，然用法仅在“二八易位”四字之中。二八易位者，即颠颠倒之意，常理也，非异术也。明其理者，常人也，非奇士也。人病不求耳！至以用世相勖，某则山林气重，自知非富贵中人，虽平日读书，抱“前不见古人”

之慨，自知身后之名，当有不没之称而已，此外无他求也。

论反吟伏吟

或问：反吟伏吟之卦若何？

答曰：反吟伏吟共有十二山向，如一、九运之壬丙、丙壬（双一双九到山到向），二、八运之艮坤、坤艮，寅申、申寅（山之二八到向，向之二八到山），三、七运之甲庚、庚甲（山之三七到向，向之三七到山），四、六运之巽乾、乾巽，亥巳、巳亥（双四双六到山到向），五运之艮坤、坤申，寅申、申寅（仅犯反吟，但兼犯上山下水）是也。其祸害较上山下水为尤甚，犯此主家破人亡。如一运壬山丙向，一白入中，五到离，再以五入中，顺行，九到向，一到山，与二十四山地盘字字相同，即谓之“反吟伏吟”。余类推。

或问：反吟伏吟，如何记忆？

曰：二、五、八运坤艮宫，三、七运震兑宫，四、六运巽乾宫，一、九运坎离宫。凡山、向之飞星，五入中，顺行，则离又遇离，坎又遇坎（飞星之数与地盘相同），为之伏吟；逆行，则离宫一到，坎宫九到，为之反吟，然逆行必到山到向，辨别甚易。

韩崑源问：人言五黄入中为祸最烈，万不可卜宅，而执事前言五黄运得十二局，未免相反，何也？

答曰：五黄入中，指每运之山、向飞星，非五黄运之五黄也。因立极之星一遇五黄入中，八国飞星凡属顺行者，无一不丛犯本宫，即为反吟伏吟。如乾仍遇六，兑仍遇七，艮仍遇八，离仍遇九，坎仍遇一，坤仍遇二，震仍遇三，巽仍遇四是。逆行则否。其所谓“祸”，实反吟、

校者注 ① 逆行则否：如遇山星或向星五黄入中宫，八国（即八方，或称八宫、八个卦的方位）飞星若逆行，那么八宫飞星皆与地盘相反，即为反吟。如六到巽宫、七到震宫、八到坤宫、九到坎宫、一到离宫、二到艮宫、三到兑宫、四到乾宫。山、向两星如若为五黄而入中宫，顺行八宫，八宫飞星皆如地盘相同，即为伏吟。如六到乾宫、七到兑宫、八到艮宫。九到离宫、一到坎宫、二到坤宫、三到震宫、四到巽宫。

伏吟之祸耳。

又问：执事前注《宅断》，有言伏吟者，其例若何？

答曰：凡卦气丛于本宫，即为伏吟。如乾山巽、巽山乾，亥山巳、巳山亥，巽宫飞星逢四；壬山丙、丙山壬，坎宫飞星逢一皆是也。然查此星落何宫，按零正空实而用之，亦可化凶为吉。

或问：吾师前言，九紫入中之年，子山午向为五黄；二黑入中，艮山坤向为五黄；七赤入中，卯山酉向为五黄，何也？

答曰：此即反吟，因对宫所犯故也。盖九紫入中，五黄临子；二黑入中，五黄临艮；七赤入中，五黄临震。运无妨，惟年月日忌之。运无妨者，因运之所重在山向四神，如三运用卯山酉向，卯山飞星有山、向二神，酉向飞星有山、向二神，合之为四神，此最重要，不在天盘之挨星也。然天盘之戊己己与己戊戊，以入中之运为转移。如壬子癸为戊己己，此戊己己实壬子癸也。虽非壬子癸，而实含有壬子癸之气，故一白入中之年，五黄临离，即可作壬子癸临离，离之对宫即壬子癸，与地盘之字相犯，岂非反吟乎？

则先谨按：九紫入中之年，子山午向为五黄。换言之，即造葬忌坐年、月、日五黄，且坐五黄必兼犯向星入中，故为选择所忌。此与“四绿入中莫作巽”同一义也。

袁香溪谨按：“反伏”二字从俗言，其实《易》则反复也。乾之九三，“终日乾乾”，因乾卦为☰，其互卦二至五又为☰，是本宫所丛也。而乾之九三变兑为☱，而互卦为巽，巽与乾犯，是对宫所犯。观四六两运之乾巽向，即可知乾巽之为反复，如九三用“乾乾”二字，是指本宫所丛言也。

祖绵谨按：有说反吟伏吟与先子之说微有不同者。如七运立卯山酉向，顺挨至兑得九，将九入中逆挨，七到兑，谓之“令星到向”，宜见水。八在乾，谓之“伏吟方”，因天盘之八遇飞星之八也。此方在得令时反能致福，一失令必致灾祸，且多死于非命，少男尤甚。因八即艮，艮为少男故也。又如八运卯山酉向，八入中，九在乾，一到兑，再以一入中，九到乾，谓之“伏吟”。此由天盘所生者也。

论令星入囚

令星入中谓之“囚”，阴阳二宅逢囚即败，然有囚得住、囚不住之别。如一运立戌向，运星二到向，至二黑运即囚矣。但要坤方阳宅有门路、阴宅有水则不能囚，盖坤方为五黄所临故也。（此指向上飞星之五黄。）余仿此推。惟五黄入中则不囚，盖五黄，中土也，至尊也，皇极也，何囚之有？

凡到山到向，系勾搭小地，其运之长短于向上求之。如一运立戌向，运止二十年，此小三元也。若中吉之地，八国城门左右二宫齐到，可得一百八十年。若系大地，来脉绵长，又得生成合十，可得五百四十年。重之则一千零八十年，此大三元也。

志伊谨案：地运之长短，即于向星之入囚定之。

如二、八运之巽乾、巳亥，三、五、七运之辰戌，皆旺也，然运止二十年；若乾巽、亥巳、戌辰，则一百六十年。

三、五、七运之卯酉、乙辛，四、六运之甲庚，皆旺也，然运止四十年；若酉卯、辛乙、庚甲，则一百四十年。

四、六运之坤艮、申寅，二、五、八运之未丑，皆旺也，然运止六十年；若艮坤、寅申、丑未，则一百二十年。

五运之子午、癸丁，皆旺也，然运止八十年；若午子、丁癸，则一百年。

壬丙虽无旺运，然丙向得八十年，壬向得一百年。此小三元年运之大致也。

论收山出煞

或问：《天玉经》末章云“更有收山出煞诀，亦兼为汝说”。玩“更有”、“亦兼”四字，何等郑重！而蒋、章注解均未言及，究竟其理若何？

答曰：此二句温氏虽揭其理，然终未明白透彻。其实《蒋注》、《章解》、《温续解》，在《都天宝照经》“天机妙诀本不同，八卦只有一卦通”一章内，已将“收山出煞诀”之要理说得头头是道，学者见之，自然明了。不过注此反略者，为“天机不可泄漏”一语所误耳。

论分金

或问：分金时，何以不用后天卦？

答曰：文王后天六十四卦，非明“体”也，乃入“用”之位，故不用后天方位。盖大体已立，分金则细微事耳。

或问：分金时所用甲子、甲戌、甲申、甲辰、甲寅五位，用法若何？

答曰：此纳音也。每爻藏金、木、水、火、土五行，取“不足宜补，有余宜泄”而已，与先天六十四卦当互相对照，求无反对可矣。

张心言谓六十四卦，蒋氏不露只字，岂知挨星盘盘皆六十四卦？惟张氏所言之六十四卦，只可于葬时分金用之，所谓“交不交”是也。总之，分金正法宜将六十四卦中与运星无反伏吟者用之，斯尽善矣。

或问：张心言《辨正疏》载“方”、“圆”二图，谓邵氏所得陈希夷者，然否？

答曰：按《六经图》即有此图。注云：“右伏羲八卦图，王豫传于邵康节，而尧夫得之《归藏》。”初经者，伏羲初画八卦，因而重之者也。其经初乾、初奭（坤），初艮、初兑、初荦（坎）、初离、初釐（震）、初巽，卦皆六画，即此八卦也。八卦既重爻在其中，其图与张心言所载者丝毫不爽。张氏谓“邵氏得之陈希夷”，不知所本。《六经图》又有六十四卦、天、地数图，与王豫所传之图同，不过无卦名，而以数字代之。如否为一八，萃为二八，晋为三八，豫为四八，观为五八，比为六八，剥为七八，坤为八八。余类推。此图分金当用之。

志伊谨案：先生分金法，晚年止用章仲山《心眼指要》所载“蒋盘”图，于二十四山下，每一山分作两格，载明甲子。先生则分作五格，左、右、中三格无字，中格两旁仍列原有甲子，其实无字之格，暗含甲子，特省文耳。如天、人两元兼向者，分金时范围较广。惟地元分金最难，用右边有字处即“出卦”，左边有字处即“阴阳差错”，惟中格无字处方免此弊。时师不明此理，以为无字处为空亡，不用，谬矣！

戊戌政变，蛰居沪上，厌闻新法，与曾君廉泉遨游山水间。秋八月寓苏州穹窿观，雨窗无聊，偶谈玄学。

曾云：杨氏不言分金，而子及之，何也？

答曰：杨氏非不言此，不过杨氏当时之法，与今三合家所谈迥异耳。今之三合盘，实杨公手创。其进一层、退一层，均有深意。例如，现值二运，乾巽为旺，同此一卦，而戌辰三运为旺，此进一层也。丑未为旺，至四运则艮坤为旺，此退一层也。二十四山，则指洛书而言；或进或退，则指河图而言。后人不察，妄将阴阳各字窜改，增加分金名目。若一一为之订正，则三合盘并无讹处，不过既明天心，视此若赘疣，不必用此苦功耳。

曾曰：经传中未言分金，吾子何苦多此一层魔障？

答曰：《奥语》中“知化气，生克制化须熟记”，实指分金而言，且何令通[①]《灵城精义》亦言之。至蒋氏盘铭“五德为纬，四七为经；宫移度改，分秒殊情”，亦指分金而言。况仲山《心眼指要》所载蒋公盘式，即备分金之用，又何疑乎！

曾曰：《心眼指要》所载盘式与姜氏《从师随笔》分金表不合，此何故欤？

校者注 ① 何令通：即何溥（922 年 – 1019 年），字令通，号潜斋，晚号紫霞老人。北宋初年，南唐国师何溥因得罪皇帝遭贬，至海宁县（今属安徽省休宁县）任县令。为避新安江水患，令通公率领百姓将县址迁到高处。等到城墙筑好后，令通公见婺源东部的芙蓉峰风景秀丽，即挂印而去，结茅隐居在那儿，享年 98 岁。安徽桐城（枞阳）青山何氏发自婺源东部的田源何氏，始祖即是南唐国师何溥。《休宁县志》有记载称：“凡徽人葬地之善者，多为何国师所扦。”何令通的风水术一直在徽州传承。如婺源济溪的游氏家族，即“得舅氏国师何令通青囊之学”，历代均出过不少著名的风水师。明代游元礼还曾于“永乐初应诏卜天寿山陵，优赐还山”。何令通先生著有《铁弹子》（又称《灵城精义》，被《四库全书》收录）。此书上卷论形气，主于山川形势，辨龙辨穴。认为大地无形则看气概，小地无势则看精神。龙为地气，水为天气。下卷论理气，主于天星势例，生克吉凶。全书主元运之说，认为宇宙有大关合，决定于气运。地运有推移，天气从之。天运有转旋，地气应之。

答曰：《从师随笔》之分金表，想系蒋氏早年所定，至晚年乃用此盘耳。

曾曰：《心眼指要》所载之分金表，如子字之下，仅列丙子、庚子二项，而吾子以为五格，岂中格空亡，吾子亦用之乎？

答曰：此纳音也，其法详吾祖梦溪老人《笔谈》中。纳音与纳甲同法，学者可在《笔谈》中求之。五格者，如子字下为甲子、丙子、戊子、庚子、壬子，癸如之；丑字下为乙丑、丁丑、己丑、辛丑、癸丑，艮如之。列表如下：

子癸	甲子金	丙子水	戊子火	庚子土	壬子木
丑艮	乙丑金	丁丑水	己丑火	辛丑土	癸丑木
寅甲	甲寅水	丙寅火	戊寅土	庚寅木	卯寅金
卯乙	乙卯水	丁卯火	己卯土	辛卯木	癸卯金
辰巽	甲辰火	丙辰土	戊辰木	庚辰金	壬辰水
巳丙	乙巳火	丁巳土	己巳木	辛巳金	癸巳水
午丁	甲午金	丙午水	戊午火	庚午土	壬午木
未坤	乙未金	丁未水	己未火	辛未土	癸未木
申庚	甲申水	丙申火	戊申土	庚申木	壬申金
酉辛	乙酉水	丁酉火	己酉土	辛酉木	癸酉金
戌乾	甲戌火	丙戌土	戊戌木	庚戌金	壬戌水
亥壬	乙亥火	丁亥土	己亥木	辛亥金	癸亥水

观此表，知每字五格明矣。每格三度，若空中不用，必欲兼丙庚丁辛，格内则无一字不兼左兼右。天元、人元之龙犹可，若地元龙则永无正格矣！此不可不察者也。

曾曰：然则“虚其中”，果何谓？

答曰：此指洛书而言，“虚其中”即戊己也。若指河图而言，“虚其中”即一运坎入中、二运坤入中、三运震入中、四运巽入中、六运乾入中、七运兑入中、八运艮入中、九运离入中。此庄子“九洛之说”所由起也。

曾曰：分金之用法如何？

答曰：《易》之理，“盈虚消息”尽之。学者将此四字，取“不足宜补，有余宜泄”足矣。

曾曰：张心言六十四卦，吾子以为分金之用，如用纳音，何必再用卦理？

答曰：此六十四卦用先天卦，若定卦（即“天心正运”）分星（即“坤壬乙一诀”）之后，将卦象排列，若与六十四卦成反伏吟者，则避之，其用法与用纳音微有不同。

曾曰：吾子昔以张心言之法为伪，今以为可用，何耶？

答曰：张心言之法用于下卦、起星、城门，则伪；用于避反伏吟，则不伪矣。

又答或问曰：分金之法，万不可废！不过三合家所说之分金，只能用于五运，他运则不能。用时，须将天、地、山、向四盘，视其“有余、不足”调剂之。若执一板格用之，失玄空活泼泼地之旨矣。子以分金法为蒋、章所未言，不知章氏《直解》中，“知化气，生克制化须熟记……”一段，即分金要义也。子平日奉章为圭臬，一字一思，即知予言之不谬矣。

或问：《心眼指要》所载分金，仅三合盘中之一种，子言与三合盘不误，何也？

答曰：章氏所载，仅五运元旦盘之分金，即定卦之盘也。蒋氏手创此盘，不过由博而约，使人易明其理。（近日通行之蒋盘，分星一层多误，与蒋不符。）知此可悟其余各运分金之用。惜学者昧于古义，茫然不解耳。蒋、章二氏皆以三合为非，而于三合家所执之盘不以为非，可见此盘固无可议者也。

袁香溪丈问：在上虞追随半年，始悟玄空入门之诀，四十年疑窦，一旦尽释。弟因葬亲，始习斯道，前十余年误于三合，后念余年误于玄空伪术，行年六十，始知五十年之非。“朝闻道夕死可矣！”弟之谓也。昔日为人卜葬者四十余处，自闻道后，终日跋涉山川，知合法者只有四

处。然当年亦未明其理，无非葬者家有阴德，偶中而已。合城门者四处，其家业尚不替。余则零正失宜，或阴阳差错，或出卦，或犯反伏吟，皆家业凋零，或身罹残废，或破财损丁。昔以为龙真穴的，何至如此？今始悔昔日以庸术杀人。现在择其可用者，为之改正。至衰运，各地实不能补救者，为之措资迁葬，以赎前愆[①]而已。昨过福祈山，拟作竟日之谈，值兄有天台之游，闻须半年始归，怅然而返。兹特奉书代问，兄曩言分金用先天六十四卦，何以不用后天卦？此一疑也。又谓张心言学有所本，不过未将原委叙明。近晤汪君，痛诋张氏，兄以为非，此一疑也。又排卦时，五黄究寄何宫？此又一疑也。请迅示知，以释疑窦[②]。

答曰：萧寺寄身，况如老僧入定，似与世相违矣。雁足传来，大教如对故人，快甚！快甚！吾丈宅心忠正，将误葬各墓一一更正，古道照人，今人中不可多得，钦佩莫名。分金用先天六十四卦，不用后天者，因先天出于天理之自然，不同人为造作，详见朱子《答林粟书》中。朱子《又答袁枢书》曰："若要见得圣人作《易》，根原直截分明，不费辞说。于此看得，方见六十四卦全是天理自然挨排出来，圣人只是见得分明，便只依本画出元，不曾用一毫智力添助。盖本不烦智力之助，亦不容智力得以助于其间也。"云云。夫先天出于自然，体也；后天出于人为，用也。因山、向飞星已得其刚，故只用其体可矣。至张心言，"言卦理丝丝入扣，惜未将用法表明"，今人不明其理，反诋其法之伪，而先天六十四卦之分金法，不明于世矣。兹将一、二两运之子山午向排列二图以明之：

校者注　①　前愆（qiān）：指以前的过失。《孔丛子·论书》："忧思三年，追悔前愆。"

②　疑窦（dòu）：指使人怀疑之处；疑心。《二十年目睹之怪现状》第九六回："我今天又细细的想了一天，忽然又想起一个疑窦来：他天天来诊病，所带来的原方，从来是没有抓过药的。"

一运子山午向图

水天 讼 五六 九	水水 坎 一一 五	雷山 颐 三八 七
风泽 过大 四七 八	天水 需 六五 一	山雷 过小 八三 三
火地 夷明 九二 四	地火 晋 二九 六	泽风 孚中 七四 二

张心言原图有需而无坎，此图八国有坎而无需。因五寄坎，将宫一卦移入离位，与张心言原图自合，观此，则向首一星灾福柄自明矣！

此张氏《辨正疏》第三图也，学者不明起卦向星特出，万不能悟其理。

二运子山午向图　五寄坤

山地 谦 八五 一	雷水 屯 三一 六	水雷 解 一三 八
火风 人家 九四 九	泽天 履 七六 二	地山 剥 五八 四
风火 鼎 四九 五	地地 坤 二二 七	天泽 夬 六七 三

此张氏《辨正疏》第十三图也，能知此第二图，即可悟张氏所载各图之不误矣！

至中五寄宫，盖有四例。有谓坎纳戊，离纳己，于是有“戊一己九”之说，此一例也。有谓戊寄艮，己寄坤者，此又一例也。有谓上元甲子戊寄艮，己寄坤；中元甲子戊寄离，己寄兑；下元甲子戊己可随意寄艮寄坤者，此又一例也。有谓随天心转移，一运五寄坎，二运五寄坤。余运类推。今所推二图，即用此例，惟行箧无书，无可考证。山居养病，不能逐一挨排，举二图为例，吾丈照挨之可也。

袁香溪丈又问：奉手书顿开茅塞，惟每运之五，何故寄于本宫？至五运，究寄何宫？分金时，是否以张心言《疏》所列先天六十四卦对照互校？乞示。

答曰：《易》之理，不外“体用”二字。五运元旦之盘，洛书也，体也；其他各运之盘，河图也，用也。前函寄宫诸例，均非非想之谈，因吾丈精于《易》，一一开明，俾高明一一挨排，明其当然之理，然后可与言《易》理，然后可与言盘理。否则，虽知下卦矣，而未知定卦之奥；虽知起星矣，而未知分星之用。其人不过与蒋大鸿、章仲山、张心言、温明远等尔，何必穷年累月研究此学哉？夫盘理，“一六共宗，二七同道，三八为朋，四九为友”四句尽之矣。一运何以遇五黄仍为坎？一运之天盘，五黄附丽于离，乾坤合二七，兑震合三八，艮巽合四九，八国独缺一，似离坎不能合一六矣。虽然离宫之体为五，而其用仍为一，俗云“万物土中生，万物土中死”。盖天之上，地之下，无非此一元之气流行于六合而已。明此，则一运坎、二运坤、三运震、四运巽、六运乾、七运兑、八运艮、九运离，其理自可明了。至山、向飞星二盘遇五黄在坎，运仍属坎之气也。前列“一运子山午向图”，阅之自然明白。二运属坤，阅“二运子山午向图”，亦可明了。其他三、四、六、七、八、九各运可知矣。至五运寄坎、离，则指纳甲也；寄艮、坤，因中元之五流行之气无定，前十年可附坤，后十年可附艮，其实，坤艮对待，坤即是艮，艮即是坤。犹五雀六燕耳，并非的论。其义出于“二五八”之三般卦。然则五运之五，究寄何宫乎？可将山、向飞星之盘挨得之字，何为一六？何为二七？何为三八？何为四九？内中缺一字，此一字则玄关所在矣。

志伊谨案：五运子山午向，山上飞星，一入中，是八国缺一，五即寄一；向上飞星，九入中，是八国缺九，五即寄九。先天卦山为“风水涣”，向为“火天大有”，其他二十四山向，五运寄五之法，照此类推。分金时互相校对，用张心言《疏》所列先天六十四卦图可也。

祖绵谨案：先君一二运子山午向二图，系将山、向、中宫之飞星配成内外卦爻，与先天六十四卦之卦爻相校。如前图，一运，山为晋卦，向为坎卦，中宫为需卦，与六十四卦之乾、坤、姤、复四卦之爻相校，无反伏吟者用之，有则避之。盖六十甲子分金，重在“虚则补母，实则泻子”二语，所谓“知化气”也；六十四卦分金，重在“避反吟伏吟”。各有至理，不可偏废者也。

或谓：蒋氏不用分金？

此大谬！“蒋盘”节气上有十二支，学者每不察其理，岂知即分金也！仲山《心眼指要》载蒋公盘式，即有分金，惟用法过于秘密，仅于《辨正》中略指一斑耳。分金不独用于山、向，即穴前所见之一山一水，莫不与分金相关，而且非常奇验。赖太素《拨砂法》即分金，张心言《辨正疏》所载卦理亦分金，惟心言“养其一指，而失其肩背”耳。予历年覆人坟墓，生肖以纳音为主，患病以六十四卦为主，不能丝毫放过。曾廉泉讥予：“言分金如作诗之流于试帖。”予曰：“此诗之韵、词之律、曲之谱也。”廉泉恍然。

论照神

或问：《宅断》中有四水开阳，各地虽非五运葬之，亦吉，何故？

答曰：论正格，则宜五运下葬；论变格，其他各运亦能用。终须龙真穴的，将玄空五行配合得宜。因穴之左、右、前、后四水，必有二水为当运之吉星，虽无五运中“左右咸宜”之妙，然终无大咎。因既有二水为吉，至下运，其气一变，又得二水可用，周行不息，非若仅有一水，旺运一过，即衰也。

论八煞黄泉

或问：八煞之说，若何？

答曰：八煞之说，起于《易》之占筮，与地理无涉。今三合家宗之，而源流均未深悉。若以二十四山爻爻配合，即知其说之谬。蒋氏虽辟之，然未将谬处辨正，是为可惜。今胪举于下，以二十四山字字对照，即可一目了然矣！《八曜煞诀》曰：“坎龙坤兔震山猴，巽鸡乾马兑蛇头；艮虎离猪为煞曜，墓宅逢之一时休。”凡八纯卦中，六亲克本卦者，即为煞曜，煞曜为官鬼，万不能执定官鬼即为煞曜，因官鬼有时有吉、有凶故也。执定以官鬼为煞曜，卜筮尚不可，何况地理？

如（一）坎龙。坎水内卦初爻戊寅木，二爻戊辰土，三爻戊午火；

外卦四爻戊申金，五爻戊戌土，上爻戊子水。因戊辰土能克坎水，辰属龙，故曰“坎龙”。叶九升又谓“坎宫有二鬼爻”，因戊戌亦坎宫煞曜也。

（二）坤兔。坤土内卦初爻乙未土，二爻乙巳火，三爻乙卯木；外卦四爻癸丑土，五爻癸亥水，上爻癸酉金。因乙卯木能克坤土，卯属兔，故曰“坤兔”。

（三）震猴。震木内卦初爻庚子水，二爻庚寅木，三爻庚辰土；外卦四爻庚午火，五爻庚申金，上爻庚戌土。因庚申金能克卯木，申属猴，故曰“震猴”。

其余按占法推之，无庸多赘。所不合者，以占法用于地理耳。

或问：八煞黄泉，昔吾子以为正轨，不知究有理否？

答曰：甚有理！执事精三合，今习玄空，已悟城门一诀，定能细细揣摩其理。其文曰：“庚丁坤上是黄泉，坤向庚丁不可言；巽向忌行乙丙上，乙丙须防巽水先。甲癸向中忧见艮，艮向须知甲癸嫌；乾向辛壬行不得，辛壬水路怕当乾。”无一字不有精义，句句可用。习三合者不能解，习玄空者以为三合所用，不加考索，诋为伪法，亦甚矣！

或又问：八煞黄泉之法，穷思极想，竟无头绪。执事以为“精义”，走则字字咀嚼，竟不得其理。当时以此板法为人下葬，以为其法当如此而已。今则竟不知其意之所在，更不知其精也。

答曰：其理即城门也。“庚丁坤上是黄泉”一句，言甲山庚向以坤宫为城门，癸山丁向亦可以坤宫为城门。然庚，地元也，城门在未；丁，人元也，城门在申。若一见坤，即犯差错之病，故以黄泉目之。

“坤向庚丁不可言”一句，艮山坤向之城门在离兑二宫。坤，天元也，当用离宫之午、兑宫之酉为城门；若用丁、庚之水，即犯阴阳差错之病。仅此二句，已将三元五星之法包括殆尽矣。恐学者不明，再解释二句，其余可一目了然矣。

至“巽向忌行乙丙上”一句，乾山巽向之城门在震离二宫。巽，天元也，震宫之卯、离宫之午为城门；若用乙、丙之水，即犯差错之病。

“乙丙须防巽水先”一句，言辛山乙向以巽宫为城门，壬山丙向亦以巽宫为城门。然乙，人元也，城门在巳；丙，地元也，城门在辰。若一见巽，即犯差错之病矣！

其诀不下司马头陀《水法》，反覆推详，较《水法》为要。学者将一字一句静心细读，自悟《水法》之诀。

至“以水来为黄泉，水去为八煞，若在生方横过者不忌”等语，盖传者不言其诀，后人不解，妄加注释。“凡向前无水，决不能结地，于是不能不作此”等语以搪塞之。蒋氏作《辨正》，一味盛气凌人，不能正其谬处，竭力诋为伪法，使言三合者无地可容，遂开攻讦之门，此蒋氏之所短也。

至“地支白虎两黄泉”，实无理之可言，好在习三合者亦不信之耳。又救贫黄泉即八煞黄泉也。

或问：救贫黄泉与杀人黄泉不同，执事以为相同，何耶？

答曰：救贫黄泉云：“辛入乾宫百万庄，癸归艮位发文章；乙向巽流清富贵，丁坤终是万斯箱。”此哑迷语举四正卦以用四维卦，亦可用四正卦为救贫黄泉也。辛、癸、乙、丁，人元也，城门辛在乾、癸在艮、乙在巽、丁在坤而已。不言亥、寅、巳、申者，因此四字包括在乾、艮、巽、坤四卦之内而已。

又救贫黄泉云：“庚向水朝流入坤，管教此地出贤英；丙向水朝流入巽，儿孙世代为官定。甲向朝来入艮流，管教此地出公侯；壬向水朝流入乾，儿孙金榜姓名传。”此举庚、丙、甲、壬之向，皆四正卦之地元也。凡向之左右水合元运，即是城门，故庚在坤、丙在巽、甲在艮、壬在乾而已。不言辰、戌、丑、未者，因此四字已包括在坤、巽、艮、乾之内也。

至黄泉不言天元，因在“乙丙须防巽水先……”四句之内矣。总之，黄泉无论杀人，无论救贫，宜活用，不可死用。杀人、救贫，毫厘之间耳。今人谈三合者，一遇黄泉，解释语皆属门外汉，欲窥见室家之好，难矣！

或问：黄泉有无一定之理？

答曰：天下之物，有象可见，即有数可推。如“辛入乾宫百万庄，乙向巽水清富贵”二句，城门在乾巽，乾为天门，巽为地户，辛向用乾之城门，到山到向者无有也，双星会合于向首，仅八运可用城门；反之，乙向用巽之城门，到山到向者无有也，双星会合于向首，仅二运可用城门。二八合十之数也。以此推之，如甲山庚向、庚山甲向，亦以乾、巽为城门。甲山庚（向），四运到山到向，乾宫可用城门；则庚山甲（向），六运到山到向，巽宫可用城门。六四合十也。其中玄关，仍在“对待、流行”而已。

曾春沂曰：凡水法，得法为城门；不得法即为黄泉。

论消亡水

或问：消亡水如何用法？

答曰：三合家所谓消水，所谓亡水，即先、后天相破也。

先天之乾即后天之离，午水流入乾去，为先天破后天，谓之“消水”。

先天之离即后天之震，离水流入卯去，为后天破先天，谓之“亡水”。

尝观人家冢墓，有消、亡水，均无咎。因《易》之理，凡先、后天同位，皆吉；《易》之用，字如遇交比、同、孚、节志，非先、后天相遇，即先天对待，或后天对待也。其说不可信！

论三合

贾步祎问：吾人极鄙视三合，然今人从之者甚众，想有要义，乞吾师详言之。

答曰：三合之说，见于《淮南子》，说亦古矣。细绎《淮南》之言，亦不过用于三煞，此外无用也。昔予习三合十余年，累月穷年，实较习玄空为甚。今始知无理可凭，甚悔也。

至三煞有关堪舆者，四言可以尽之：

申子辰年三煞在南，巳酉丑年三煞在东，

寅午戌年三煞在北，亥卯未年三煞在西。

盖以申子辰合水局，水克火，故煞在南；巳酉丑合金局，金克木，故煞在东；寅午戌合火局，水火相克，故煞在北；亥卯未合木局，金木相克，故煞在西。然必合局而用之，实大谬也。

胡伯安曰：先生习三合时，力辟玄空，然常告予云："三合法所造坟墓多不利，且莹释所葬诸墓，皆绝嗣，其法似不可信。后习玄空，乃知三合之无用。"此说将数千年伪法一笔抹煞，快极！快极！

韩崑源问：前闻三合有关煞方，其说实为要诀，惟"煞"究系何物？何以犯之祸患立见，其理可得闻乎？

答曰：《易》之理尚矣。世俗所谓煞者，气也。气生于卦，是故不明戊己之附丽，即不明阴阳之消长；不知乾坤艮巽之躔落，即不解阴阳之变化。煞之为气，无形无质，与吉星同充塞于天地之间，人触其机，其应如响。其故惟何？即三合也。此三合皆藉四维而斡旋，其源出于"隔八相生"。

前言"申子辰年月煞在南"，何以故？申，阳也，阳顺行，支中藏庚壬，即隔八至壬。壬者，坎宫之阳水也。辰，阴也，阴逆行，支中藏乙癸，即隔八至癸。癸者，坎宫之阴水也，与子相合，此之谓"申子辰合水局"。其气全聚于坎，且阴阳相战，至大至刚，以犯对宫之离而煞生焉；不独对宫受冲，而离之左右巽坤二宫，亦被其牵制，故申子辰年月，煞在巳午未三方可知矣。

"寅午戌年月煞在北"，何以故？寅，阳也，阳顺行，支中藏甲丙，即隔八至丙。丙者，离宫之阳火也。戌，阴也，阴逆行，支中藏辛丁，即隔八至丁。丁者，离宫之阴火也。与午相生，此之谓"寅午戌合火局"。其气全聚于离，阴阳相战，至大至刚，以犯对宫之坎而煞生焉；不独对宫受冲，而坎之左右乾艮二宫亦被其牵制。故寅午戌年月，煞在亥子丑三方可知矣。

“巳酉丑年月煞在东”，何以故？巳，阳也，阳顺行，支中藏丙庚，即隔八至庚。庚者，兑宫之阳金也。丑，阴也，阴逆行，支中藏癸辛，即隔八至辛。辛者，兑宫之阴金也，与酉相合，此之谓“巳酉丑合金局”。其气全聚于兑，阳阴相战，至大至刚，以犯对宫之震而煞生焉；不独对宫受冲，而震之左右艮巽二宫，亦被牵制。故巳酉丑年月，煞在寅卯辰三方可知矣。

“亥卯未年月煞在西”，何以故？亥，阳也，阳顺行，支中藏壬甲，即隔八至甲。甲者，震宫之阳木也。未，阴也，阴逆行，支中藏丁乙，即隔八至乙。乙者，震宫之阴木也。与卯相合，此之谓“亥卯未合木局”，其气全聚于震。阴阳相战，至大至刚，以犯对宫之兑而煞生焉。不独对宫受冲，而兑之左右乾坤二宫亦被其牵制。故亥卯未年月，煞在申酉戌三方可知矣。

兄治三合最久，惜此中要义，历古迄今，从无人道破，可慨也。

韩崑源曰：此说将《汉书·天官·五行》、萧氏《五行大义》所未道着者，一一为之说明，不独三合家言可破，习玄空者亦当奉为圭臬。其实，申子辰、巳酉丑、寅午戌、亥卯未也，即坎、兑、离、震之大化气也。由此而推一切神煞，具有根据，岂空言哉！

论双山

或问：双山若何？

答曰：三合家误解“二十四山双双起，少有时师通此义”两句。岂知“双双起”者，山山如是，不过各取一字以为入中之的而已。彼以长生、旺、墓硬凑二十四山，则误矣。其谬之又谬者，将此二十四山作十二宫，干、维并地支，如癸丑、巽巳从金，艮寅、辛戌从火，乙辰、坤申从水，丁未、乾亥从木，乃谓之“从气”。如乾亥同宫，为木长生；甲卯同宫，为木旺地；丁未同宫，为木墓库。以亥卯未为三合，而以乾甲丁配之，双山云乎哉！余类推。

论纳甲

或问：何谓纳气？

答曰：三合家颇重之，即纳甲也。乾纳壬甲，坤纳癸乙，震纳庚，巽纳辛，坎纳戊，离纳己，艮纳丙，兑纳丁。阳干纳阳卦，阴干纳阴卦。如壬龙，壬纳于离，宜午向（三合以午为阳），净阳相配，坎离相交也。岂知净阴净阳自有元运在，非板法可以语也！

论奇门

奇门，即九宫。不过用于卜宅，既有山、向可为入中之的，不必再求阴遁阳遁。其八门以"休、开、生"为吉，如紫白之取一白、六白、八白也。休即一白，开即六白，生即八白。其五黄入中，数皆不动[①]，则谓之"伏吟"。其他入中，则八方必虚其一。虚者，门也，实为五黄加临之方。如坎，休居中，则离方必虚，离即五黄加临也。乾，开居中，则巽方必虚，巽即五黄加临也。余类推。如三奇，"绝体"俗作"祸害"，"游魂"俗作"六煞"，"福德"俗作"延年"，"本宫"俗作"伏位"。

奇门重在寄宫，纪大奎[②]说为精，并非一种至宝之物。如天三奇为乙、丙、丁，言六十甲子之排列，乙宫内无六甲，丙宫内无六乙，丁宫内无六丙，如是而已。至六仪（戊、己、庚、辛、壬、癸），如坎宫起甲子顺布，如下图：

校者注 ① 数皆不动：指数皆归本位，一白到坎，二黑到坤，三碧到震，四绿到巽，六白到乾，七赤到兑，八白到艮，九紫到离。

② 纪大奎：纪大奎（1756年－1825年），字向辰，号慎斋，江西临川龙溪人。清代史学家、文学家、理学名家、地理学家。纪大奎幼涉群籍，从父学《易》，父嘱其牢记《易》中的"独慎"，书之于壁；还将自己的书斋取名为"慎斋"，朝夕诫励。乾隆四十四年（1779年）登顺天乡试举人，任《四库全书》馆誊录。纪大奎博学多才，对程朱理学造诣很深，善古文词，精于《易》，于数学、地理、音乐、考据、占卜、地方志等也作了长期的研究，取得了很好的成绩。他一生著述颇多，今传《纪慎斋全集》，计有《观易外编》6卷，《地理末学》6卷，《地理水法要诀》5卷等。

丁卯	壬申	乙丑
巽	离	坤
丙寅 震	戊辰	兑 庚午
艮	坎	乾
辛未	甲子	己巳

乙酉	辛卯	癸酉
戊午	庚子	壬午

顺布甲子，坎宫得甲子、癸酉、壬午、辛卯、庚子、己酉、戊午，而戊午为之仪；坤宫之二甲为甲戌，而己未为之仪；震宫之三甲为甲申，而庚申为之仪；巽宫之四甲为甲午，而辛酉为之仪；中宫之五甲为甲辰，而壬戌为之仪；乾宫之六甲为甲寅，而癸亥为之仪。此普通挨法，其实不然，如此则兑、艮、离三宫无仪。

所谓仪者，如坎宫以甲子为首，而癸酉、壬午、辛卯、庚子、己酉、戊午有六数，与甲子相耦，此仪字即《易》之两仪[①]之仪解，言有六时以配甲，故谓之“仪”也。

坎、坤、震、巽、中、乾宫，每宫七时，得四十二时；兑、艮、离三宫，每宫六时，得十八时。兑宫始庚午，终乙卯；艮宫始辛未，终丙辰；离宫始壬申，终丁巳。终数乙、丙、丁三字，为三奇。

“天有三奇地六仪”一节，引奇门也。其挨法，即天心各运之挨法。予曾作九图，以奇门配之，明九运之用，其实奇门与挨星二而一者也。总之，城门一诀，收山收煞一诀，皆切于实用，余则不过随时点缀而已！

问：九宫名目繁多，如何便人记忆？

校者注　①　两仪：指阴阳。《易经·系辞上》：“是故《易》有太极，是生两仪。”孔颖达疏：“不言天地而言两仪者，指其物体；下与四象（青龙、白虎、朱雀、玄武）相对，故曰两仪，谓两体容仪也。”

答曰：莫若列表以明之。

卦	数	方	星	（奇）八门	九星	尊号	（门）神名	垣局	《洪范》
坎	一	白	贪	休	轩辕	阳明	天英	玄武	天五行
坤	二	黑	巨	死	招摇	阴精	天任	人门	人五事
震	三	碧	禄	伤	天符	真人	天柱	青龙	人八政
巽	四	绿	文	杜	青龙	玄冥	天心	地户	天五纪
戊己	五	黄	廉	中	咸池	丹玄	天禽	天心	地皇极
乾	六	白	武	开	太阴	北极	天辅	天门	人三德
兑	七	赤	破	惊	天乙	天关	天冲	白虎	天稽疑
艮	八	白	辅	生	太乙	洞明	天芮	鬼路	天庶征
离	九	紫	弼	景	摄提	隐光	天蓬	朱雀	人五福六极

上表，凡奇门九星直符图，作坎天蓬，离天英，坤天芮，艮天任，乾天心，巽天辅，兑天柱，震天冲，系飞星逆盘，学者不察，此退一位也。

又阴阳家八卦，变五鬼、绝命、天医、生气、绝体、游魂、福德，其卦乾、坤、坎、离、震、巽、艮、兑相对而变，亦先天之序也。

又八卦九宫异名，坎生气，坤天医，震绝体，巽游魂，中央五鬼，乾福德，兑绝命，艮本宫，离天父天母。

夏禹甸曰：又有“八诈门符头”，即直符，次螣蛇、次太阴、次六合、次勾陈、次朱雀、次九地、次九天，阴局有白虎、玄武列入，此本合《阴符经》。奇门而着重于戎事，堪舆书中反为赘疣骈拇，盖各有取焉尔。

论选择

或问：蒋氏不讲三煞、太岁，有诸？

答曰：《天元五歌》云：“浑天宝照候天星，此是杨公亲口诀；不怕三煞太岁神（于氏《地理录要》作‘不怕三煞与都天’），阴府（于氏作‘符’）空亡俱抹煞。”

又云：“五行俱是阳中气，神煞何曾别有名；只将日月司元化，万象森罗在掌心。”

此为蒋氏不怕神煞之本。惟用玄空于五黄入中之年，忌修造，此五黄非板五黄也。如九紫丙午丁山，对宫为一白，壬子癸向，以一白入中宫之年为五黄；壬子癸山，对宫丙午丁向，以九紫入中宫之年为五黄。余类推。总之，玄空以星运为重，而以神煞为轻。

太岁不可犯，而与挨星关会，其验如神。其法，以原造之地盘同专临之天盘相参并论。惟太岁，子年在坎、丑寅年在艮、卯年在震、辰巳年在巽、午年在离、未申年在坤、酉年在兑、戌亥年在乾，此为地盘一定之太岁也。其加临者，如酉年太岁占兑，再遇年星五黄入中，七赤到兑，则兑为年盘太岁并临之地，修造犯之大凶。余可类推。

或问：蒋氏《天元五歌·选择》一卷，其意何居？

答曰：一言以蔽之，运紫白、年紫白、月紫白、日紫白、时紫白，“物物一太极”而已。明此理，此卷即能解。

或问：天、月德有盘理否？

答曰：无关。《汉书》言堪舆家，非指形家言，乃指选择言耳。想汉时言堪舆者，其选择用紫白图而已。今历书犹沿用之，与选择极有关系。盖天德者，周天三百六十五度二十五分，外除十二宫分野，每宫三十度，计三百六十度。外有五度二十五分，散在十二佐宫甲庚壬丙、乙辛丁癸、乾坤艮巽内，谓之“神藏煞没”，每宫各得四十四分。

如：甲卯（卯中有甲）、庚酉（酉中有庚）、丙午（午中有丙）、壬子（子中有壬）、丁未（未中有丁）、癸丑（丑中有癸）、乙辰（辰中有乙）、辛戌（戌中有辛）、乾亥（亥中有乾）、坤申（申中有坤）、艮寅（寅中有艮）、巽巳（巳中有巽），此天德也。

因天德，阳之德，故正月起自乾卦之前一辰“亥”上，顺行，乃正月亥、二月子、三月丑、四月寅、五月卯、六月辰、七月巳、八月午、九月未、十月申、十一月酉、十二月戌。

月德，阴之德，日月会合之辰也，故正月起自坤卦之后一辰“未”上，顺行，乃正月未、二月申、三月酉、四月戌、五月亥、六月子、七月丑、八月寅、九月卯、十月辰、十一月巳、十二月午。

此天、月德之理，今三合盘皆用之，而不知其所以然。夫流行之气，运运不同，三合家未免胶柱鼓瑟矣！

或问：《钦定修造吉方立成》一书若何？

答曰：此书自嘉庆二十五年起，每年由钦天监刊发，至光绪二十五年后停止。初各处应修工程，均令钦派勘估大臣带领钦天监官相度方向，应修理者，奏明奉旨遵行。二十四年冬，上谕刊刻此本，嗣后钦天监官员停止派往，以监中清苦，不胜赔累故也。其书即采择《协纪辨方》中语，不过简便，使人易知耳。

丙午夏，川友以《选择辨正》见贻。此书资中谢乡癯作，共八卷。如《天元歌》、《天星秘方》、《浑天宝照》、《日知录》等，均系通行本。病中得此，倦眼一新。惟此等择日，只可用之婚嫁，如葬日，宜仔细一些。若用此法，不如用九宫较为无弊。书中《凡例》谓“举世用干支，独造命不用干支；举世用神煞，独造命诀不言神煞”，何言之谬也？蒋氏云“只求年月日时利”，年月日时即干支神煞也。其《造命式》一卷所择之日，无一非干支神煞，何言行不相符耶？此书极不可采，学者不可果信也。

或问：禄有用否？

答曰：司马头陀《水法》所谓“禄”者，是城门诀。《天玉经》所谓“合禄合马合官星”，系选择之用。然吾于“禄”字，颇有疑虑。夫一切神煞，皆由乾、巽、坤、艮四维而来。如甲乙丙丁、庚辛壬癸八干之首一字均为“禄”，故甲禄在寅、乙禄在卯、丙禄在巳、丁禄在午、庚禄在申、辛禄在酉、壬禄在亥、癸禄在子是也。乾比戌，巽比辰，艮比丑，坤比未，因四维非干，故不以禄称之，名之曰“库”。然戊己无定位，与四维同，何以戊附于丙、己附于丁？此愚所未解者也。

或问：何谓戊附于丙、己附于丁？

答曰：今世俗戊禄在巳、己禄在午，与丙丁之禄同。夫己在午，合诸卦理，犹可勉强附会。因先天之乾为后天之离，中变一爻即己土也，则己附于丁尚可通。至戊禄在巳，余百思不解其故。盖先天之坤为后天之坎，中变一爻即戊土也，又何能远托巽宫以巳为禄哉？

李庚伯问：《时宪书》载天德正丁、二坤、三壬、四辛、五乾、六甲、七癸、八艮、九丙、十乙、十一巽、十二庚；月德正、五、九丙，二、六、十甲，三、七、十一壬，四、八、十二庚。与先生所说不合？

答曰：余所言者，是天、月德之起原，由乾、巽、艮、坤四维之斡旋，《时宪书》所载用也。

如正月天德生于亥，亥，人元，对宫为巳，巳属巽卦，巽邻离，离，人元，为丁，此丁即天德。

二月生于子，子，天元，其对宫为午，午属离卦，离邻坤，坤之天元为坤，此坤属天德。

三月丑，地元也，库也，对宫之未，亦为库，故无庸求对宫，即以本宫之邻卦地元为天德，逆行，其邻为坎卦。坎之地元为壬，此壬字即天德。以下类推。

故天德合，如正月在丁，丁壬合也。二月在坤，坤维也，无合。（凡四维，均无合。）三月在壬，与丁合。以下亦可类推。

月德，正、五、九月在丙。正月未，未，地元，逆行到离，离之地元为丙，丙，月德也。

五月亥，亥，乾之人元也，对宫为巳，巳，巽卦也，巽之邻为离，即以离卦之天元丙为月德。

九月卯，卯，四旺之局，其最近旺方为午，午之前一字为丙，此丙字即月德。

以上为亥、卯、未之一局。至申子辰、巳酉丑、寅午戌各局，可推而知矣。世人往往去四维而求起例，则万难配合。至月德合，如丙合辛之类是也。月空，即月德对冲之地。

凡遇四生四旺，即以本位对宫字右一字为天德。如二月子，对宫为午，午之右为丁，丁即天德。四墓之月，即以本位逆数第四字为天德。如三月丑，天德在壬是也。余类推。月德四墓四牛，与天德挨法同。惟四旺之月，如六月由子到卯，卯旁之甲即月德也。

或问：选择一道，昔年余以甘氏之说为《天元歌》所据，以其说为依归，故深信而不疑。后以卜宅不验，乃至闽粤从洪、罗二氏游，另有所得。昨问先生一席话，则主卦气，且先生推步之学著名海内，何以将七政四余竟弃之？请示。

答曰：足下所习者，弟均习之，后读《易纬稽览图》"甲子卦气起中孚"一句，始悟圣人作历即凭卦气。如辟卦为十二月，今无人不知之，而每日一爻，知之者少，于是术者以神煞惑众矣。且天下之理，不外"气数"二字尽之。气为重，数次之，盖气能盖数。如人之将死，数也，然其能作福，可免罪戾。因其气充塞天地之间，即数亦随之而易。如七政四余，天星数也；用卦象，气也。且《易纬》八种中，择日之法已尽，奈何不取法于上而囿于曲学哉？且古人推步之法，皆本于《易》。考唐一行推《大衍》之策，亦《易》也。即西人推步天文，亦与《易》相通，不过纪年之故，致天文躔度略有差讹，然用于卜葬尚无碍。

论三元伪法

三元伪法，张心言《疏》中胪举大概，大致尚合，惟"补救水神图"实系正法，而张氏未能分清下卦、起星截然为两途，将正宗变为伪法矣。末载三图，第一图合，第二、第三图均误，实张氏未明的派真传耳。

予近年见玄空伪法，不一而足，胪举如下，使学者易于辨别。

一用呆板卦气者。如一运用坎，二运用坤，三运用震，四运用巽，五运借用艮坤，六运用乾，七运用兑，八运用辰，九运用离是也。

一单用天盘者。其法，如二运二入中，乾宫挨三，巽宫挨一；一为统卦气，三为未来旺气，以戌乾亥与辰巽巳山向为旺[1]。更误于兼取辅弼，往往用戌山辰向兼辛乙，因震挨九，九即弼，以为一吉也。

校者注 ① 以戌乾亥与辰巽巳山向为旺：（伪法）认为二运时二入中，戌山辰向、辰山戌向、乾山巽向、巽山乾向、亥山巳向、巳山亥向为旺。

一误于费解倒排父母者。其法亦用天盘，取父母时，不论阴阳山向，均用逆飞，则无不到山到向是也。

一法用向，从天盘，阳顺阴逆，山则不用，天盘均五入中，顺行。

一以生成数，用生者去成，用成者去生。加一十数者，其法，如一入中，下卦时，逢六则进一位而为七。如下图[①]：

十	五	八
九	一	三
四	七	二

二入中，下卦时，逢七则进一位，而用八。三入中，下卦时，逢八则进一位，而用九之类是也。《乾凿度》太乙下九宫之法，均自一至九，递为流转。康乾时宋《易》盛行，学者误解“大衍之数五十”所致耳。

一误用起星者。起星与下卦截然分为两事，不能相混，而世之误用此法者有二：其一，亦用天盘，将天盘得之字，即用坤壬乙四句所列之星入中，例如，一运子山午向，午挨五，属廉贞；子挨六，属武曲，即以廉、武入中之类；其一，不用天盘，无论何运，均用“坤壬乙……”四句之星入中，如艮山坤向，即以巨、破入中挨排是也。

一误于隔四位起父母者。其法亦用三般卦，如一运以七入中逆行，六到乾宫，巽山乾向为旺，人地次之。二运以八入中逆行，八无伏位，无旺运。三运九入中逆行，七到兑宫，卯向酉向为旺。四运一入中逆行，三到震宫，酉山卯向为旺。五运二入中逆行，八到艮宫，坤山艮向为旺。六运三入中逆行，四到巽宫，乾山巽向为旺。七运四入中逆行，九到离，子山午向为旺。八运五入中逆行，无伏位，故无旺运。九运六入中逆行，一到坎，午山子向为旺。老友张莼庵即用此法。

校者注　①　图中所示之意即为：一入中顺飞，一到中宫，二到乾，三到兑，四到艮，五到离，六到坎，但因为是一入中，六须加一为七，所以应七到坎，八到坤，九到震，十到巽，此为“加一为十”。其实，变化皆在坎宫，一入中坎宫为七，二入中坎宫为八，三入中坎宫为九，四入中坎宫为十，五入中坎宫为十（不变），六入中坎宫为二，七入中坎宫为二，八入中坎宫为四，九入中坎为五。

一呆板六十四卦。其法以龙、穴、砂、水，取张心言《疏》中所列六十四卦图，如法凑合是也。

一用端木氏易理葬法。其法附见《地理元文》，后不赘。

一用阴阳顺逆。其法不用天盘，以甲庚丙壬属阳，顺行；乙辛丁癸属阴，逆行。

一用起廉贞者。其法用“位位起廉贞，贪狼次第行”二句为要诀，法有“中起中止，弦起弦止”。

一纳甲法。以“乾甲坎癸申与辰……”四句为主旨，顺、逆挨排者。

一有用“一坎甲午亥”一诀，以顺排取八宫者，不知者以为替卦正诀，其实即去五不用也。诀曰：

一坎甲八午五亥二	二坤未八艮五申二	三震壬八酉五巳二	四巽丙八坤五乙二
六乾庚八巽五癸二	七兑戌八卯五丁二	八艮丑八坤五寅二	九离辰八子五辛二

此诀见《玄谭荟萃》中，其字句多经后人窜改，实乃江湖术士挨星口诀，便人记忆二、五、八之位置，不必用“排掌诀”而已。其诀以地元龙为八白，天元龙为五黄，人元龙为二黑。至坤艮为生死之门，入中，与一、三、四、六、七、九有别；二入中则人元龙用申，八入中则人元龙用寅。如坎一入中，八五二在甲午亥三方。甲，震之地元龙也；午，离之天元龙也；亥，乾之人元龙也。言甲而不言卯乙，言午而不言丙丁，言亥而不言戌乾者，举一反三之意。换言之，即一入中，二、五、八在乾、离、震三方是也。余类推。总之，玄空诀是诀，而术是术，诀与术截然不同，不可误诀作术，或误术作诀也。更有见以“中宫首飞乾，次与兑相连”之诀为术者，其误正堪与此同发一噱也。

一用《真义》三章者。

此外伪法甚多，此不过举其大略而已。

祖绵谨按：有以《天机得真》一书为奇书者。其诀以先天之数与运星相同者，为上吉之向，且一卦三山不分轩轾，吉则俱吉。如一运运星一入中，四到艮，后天之艮适当先天震四之位，遂以丑艮寅三向为上吉，演图如下：

二兑 九	一乾 五	五巽 七
三离 八	一	六坎 三
四震 四	八坤 六	七艮 二

余如三运之八到坎，八为先天坤位，二到巽，二为先天兑位。四运之兑合坎六，五运之震合离三，六运之离乾两方合先天之乾一与艮七，八运之坤合巽五，均为上吉。

又以先、后天比和者为次吉，如二运之六到离，即乾与乾遇；九到震，即离与离遇；五到艮，即巽与巽遇。六运之二到坎，二即坤也。七运之四到坤，四即巽也。八运巽方七到与先天兑遇，九运艮宫三临与先天震值，均为次吉。

更以四运之七到艮，六运之四到震，五到巽，亦穿凿，而谓合于先天艮七震四巽五之数，以为次吉，可笑殊甚！夫理气以后天为"用"，山、向飞星为"重"。"用"失其当，虽有偶中，得不偿失，徒自误、误人而已。

论一行伪法

唐一行《灭蛮经》全书已不见，而其术流传至今，为生气、天医、延年、祸害、六煞、五鬼、绝命、伏位八者。惟一行颇精易理，错综变化，足为读《易》之一助。其挨排之来历分揭如次。

（一）生气。即先天卦位变上一爻，如下图[①]：

校者注　①　下图中的"⊖"代表"– –"，但可变为"—"，"×"代表"—"，但可变为"– –"。

夬　履　涣
×　⊖　⊖
—　—　—
—　—　- -
乾　兑　坎

震　　　巽
⊖　　　×
- -　　　—
—　　　- -
噬嗑　　井

离　艮　坤
×　×　⊖
- -　- -　- -
—　- -　- -
丰　谦　剥

如乾变兑、兑变乾、离变震、震变离之类，其排列之次序如下图：

如乾兑为夬，兑乾为履，按上图卦名读之可也。凡生气，皆五世卦，五为尊位，故以“生气”目之，术者谓生比自然，则误矣。

（二）天医。即先天卦位变下二爻，如下图：

革　遁　家人
- -　—　—
⊖　⊖　⊖
⊖　⊖　×
坤　艮　离

巽　　　震
—　　　- -
×　　　⊖
⊖　　　×
鼎　　　屯

坎　兑　乾
- -　- -　—
×　×　×
⊖　×　×
解　临　大畜

如乾见艮、艮见乾，坤见兑、兑见坤之类，其排列之次序如下图：

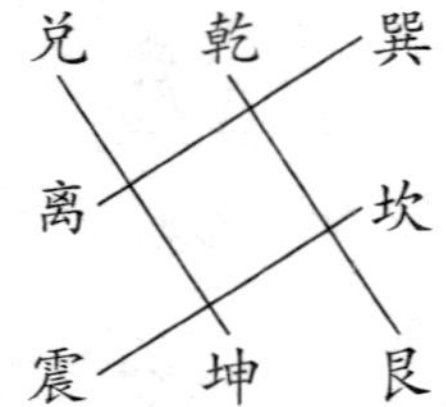

如乾艮为遁，艮乾为大畜，按上图卦名读之可也。凡天医，皆二世卦。

（三）延年。即先天卦位三爻皆变，乾变坤、坤变乾，兑变艮、艮变兑之类，其排列如下图：

咸 否 益
× ⊖ ⊖
⊖ ⊖ ⊖
⊖ ⊖ ×
艮 坤 震

坎 离
⊖ ×
× ⊖
⊖ ×
济未 济既

巽 乾 兑
× × ⊖
× × ×
⊖ × ×
恒 泰 损

如乾坤为否，坤乾为泰，坎离为既济，离坎为未济。凡延年即对待之位，皆三世卦，其排列次序图从略。

（四）祸害。即先天卦位变下一爻，如下图：

困 姤 畜小
- - — —
— — —
⊖ ⊖ ×
坎 巽 乾

艮 兑
— - -
- - —
⊖ ×
旅 节

坤 震 离
- - - - —
- - - - - -
⊖ × ×
豫 复 贲

如乾见巽、巽见乾，兑见坎、坎见兑之类，其排列之次序如下图：

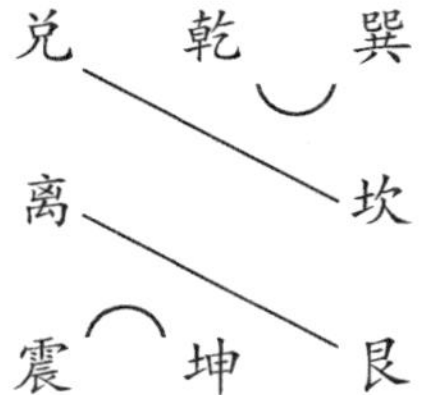

如乾巽为姤，巽乾为小畜，按上图卦名读之可也。凡祸害，皆三世与四世之卦也。

（五）六煞。即先天卦位上下爻变，如下图：

过大	讼	孚中
×	⊖	⊖
—	—	—
⊖	⊖	×
巽	坎	兑

坤		乾
⊖		×
—		—
⊖		×
晋		需

艮	离	震
×	×	⊖
--	--	--
⊖	×	×
过小	夷明	颐

如乾见坎、坎见乾、坤见离、离见坤之类，其排列之次序，如下图：

如乾坎为讼，坎乾为需，坤离为明夷，离坤为晋，按上图卦名读之可也。凡六煞，皆游魂卦也。

（六）五鬼。即先天卦位变上二爻，如下图：

革 妄无 观
× ⊖ ⊖
⊖ ⊖ ⊖
— — --
离 震 坤

兑 艮
⊖ --
× ⊖
— ×
睽 蹇

乾 巽 坎
× × ⊖
× × ×
— -- --
壮大 升 蒙

如乾见震、震见乾，兑见离、离见兑之类，其排列之次序如下图：

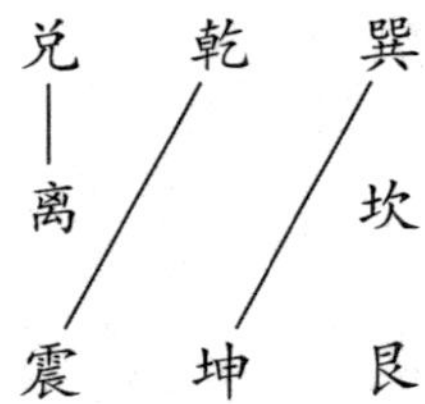

如乾震为无妄，震乾为大壮，兑离为革，离兑为睽，按上图卦名读之可也。凡五鬼，亦为二世与四世之卦也。

（七）绝命。即先天卦位变中一爻，如下图：

随 人同 渐
-- — —
⊖ ⊖ ⊖
— — --
震 离 艮

乾 坤
— --
× ⊖
— --
有大 比

兑 坎 巽
-- -- —
× × ×
— -- --
妹归 师 蛊

如乾见离、离见乾，坤见坎、坎见坤之类，其排列之次序如下图：

如乾离为同人，离乾为大有，坤坎为师，坎坤为比，按上图卦名读之可也。凡绝命，皆归魂卦。

（八）伏位。即八纯卦，不易也。乾仍为乾，坤仍为坤，兑仍为兑，艮仍为艮，离仍为离，坎仍为坎，震仍为震，巽仍为巽是也。

此八者，对于先天之变极有一种次序，至术者以吉凶断之，则误矣。

论诸家得失

予昔年习三合，嗣因中台山择地，大起疑窦，后读蒋氏《平砂玉尺辨伪》，始知三合之无根据，乃弃而习玄空。奈世之习玄空者，均一知半解，无可问津。爰荟萃诸家，日夜穷思，洞明其理，始信其法不谬，然非精熟峦头，读理气书，无所用也。

或问：《平砂玉尺经》究合否?

曰：此书恐非刘氏所著，必系江湖谋食之徒所伪造。予尝见袁柳庄[①]

校者注　①　袁柳庄：即袁珙（1335 年 - 1410 年），元末明初人。字廷玉，号柳庄居士，鄞县（今浙江省宁波市）人，明朝相术奇人。元末举家十七人皆死于兵祸，游海外洛伽山时遇异僧别古崖，别古崖觉得袁珙是可造之材，就传授他相面之术。这个和尚相面的方法和普通人不同，在黑夜里，点两支蜡烛，就烛光之下相人的形状和气色。并且还要先知道被相人的出生年月，作为参考。袁珙通过严格的训练之后，相面百无一误。洪武年间，袁珙到北京，朱棣当时带着几个贴身侍卫混迹在人群中，袁珙一见，立刻跪倒在地，说："殿下何轻身至此。"给朱棣相面以后说："龙行虎步，日角插天，太平天子也。年四十，须过脐，即登大宝矣。"朱棣当了皇帝以后，想起袁珙，要给他加官进爵，袁珙推托，说他什么也不缺，就想喝酒快活人间，朱棣就赐予他一块金牌，凭着这块牌子可以随意到各地府库支钱喝酒。袁珙为人孝敬长辈，晚年回到故乡宁波，在住宅周围栽满柳树，自号柳庄居士，人称袁柳庄。著有《柳庄相法》，为今相术重要工具书。永乐八年卒，年七十有六。赐祭葬，赠太常少卿。《明史》有传。

之子忠彻[①]著《古今识鉴》一书，论人相极有见地，与坊本《柳庄相法》迥然不同。又曾公安《青囊序》别本至五、六种之多，均为后人所改窜，此书亦然。

或问：玄空书以何者为要？

答曰：《玄空秘旨》、《天机赋》（亦作《玄机赋》）均可读。《天机赋》吴景鸾著，《玄空秘旨》有云吴景鸾著，有云目讲僧著。又南唐何令通《灵城精义·理气章》亦多可采。总之，非有人口授，实难入门。

或问：杨公书言理气者，何书最佳？

曰：《天玉经》字字珠玑，惜被蒋氏一注，反生障碍。

或问：蒋氏之学若何？

曰：蒋为明季遗老，以文学著，有诗载《沈归愚别裁集》中。五言排律学杜，颇有门径。明社屋后，隐于此道，著《辨正》一书，实有见地。惜误解“天机不可泄漏”，未将诸要诀注出，又不将玄空用法一一告人，致后人伪说百出，虽为地理之大功臣，亦为地理之大罪人。

或问：郭璞《葬经》，何本为佳？

曰：以元吴澄删定本为佳。此书后人多疑伪作，然其中颇有见地，不可不读。

又问：《元经》若何？

曰：此书有三本，今日通行本见《五要奇书》中，与其他两本仿佛。书中皆三合语，文字浅陋，其为江湖谋衣食者伪造无疑。《文选》中载景纯五言诗，何等朴茂清逸，与《元经》比较可知矣。

或问：《地理全体大用合编》一书若何？

校者注 ① 忠彻：即袁忠彻（1377－1459），又名袁柳庄，字公达，又字静思，明代鄞县（今浙江省宁波市）人。家住今宁波市西门外，父子相术起家。其父袁珙（gǒng）号柳庄居士，曾因预言坚定燕王朱棣夺取帝位之决心，朱棣登极后，其父袁珙遂被拜为太常寺丞，故袁家乃故家旧族。袁忠彻好学，幼传父术，博涉多闻，明成祖时被封为“尚宝司少卿”，日与官宦文士磨砺讽咏，其瞻衮堂藏书甚富，曾经收藏过《清明上河图》，《明史》有传。袁忠彻在明正统年间致仕归家后，曾纂辑《古今识鉴》一书，于景泰二年（1451 年）奏进。该书冠以作于景泰二年四月十六日的自序，自称奉敕而作。这是一本相学实战大全，正文分 8 卷，以三皇、三代、列国为一卷，秦汉、东汉为一卷，三国、东晋、西晋为一卷，南朝、北朝为一卷，唐、宋、元各为一卷，第八卷为国朝（明），末后附袁忠彻自撰《人象赋》，其后是陈敬宗所作的后序。

曰：是书分四卷。卷一、二、三为《地理全体》，怀远林士恭著，专言峦头，无甚深理。卷四为《地理大用》，阳湖吴颐庆著，言盘理清浅而切于实用。与华氏《天心正运》可相辅而行，不失为正轨。中言“镇压法”，俗不可耐。又误解《辨正》处，亦时有之。

或问：《地理知本金锁秘》一书若何？

曰：此书南康邓恭撰。恭字梦琴，别号梦觉子。书分上下两卷。上卷言易理，字字珠玑；下卷言穴法，穿凿附会，且有背理气。另有《秘旨图说》二卷，未刊。予游南康，访其旧居，至南良村得读之，毫无深义。其表弟卢洪攀作《梦觉小传》，谓其“访道方外，师圆觉山人，出以《玉函枕秘》，口授指画，始得真传”云云。世之庸师动以欺人者有二：言传书，必《玉函枕秘》、《火弹子》，其实皆空谈玄理；言用法，必谨守秘密，访道方外，得异人传授，为江湖术士一种口头禅。非此不足以骗钱，不足以欺世。千篇一律，即蒋氏亦所不免。书中附刻诗文已属创见，诗格卑下，文无义法可言。其论范宜宾，谓“狗彘不屑食其肉”，未免太甚矣！

或问：师言吴少苑《地理大用》尚可读，惟悖理气处尚多。顷读此书，不明其悖理处，乞示。

曰：读书须精细，至阴阳五行之书，尤不可效武侯之不求甚解。此书误处百出，武断亦多。其理论姑不具论，至图式固一目可了。书中各运盘图，除五运外，其余安置戊己，无一不误；又创“半阴半阳”之伪说以掩饰之；而凡五入中之飞星，皆误矣。惟一运之子午、癸丁一图，丙壬兼子午一图（此图飞星虽不误，然不知用替卦也），三运之卯酉兼乙辛一图，七运辛乙兼酉卯一图，九运午子兼丁癸一图不误，然亦偶然而已。其应用替卦者，并未说明，吴氏实不知其所以然也。

近世习玄空者，分六大派：曰滇南派，无常派，苏州派，上虞派，湘楚派，广东派。滇南宗范宜宾，无常宗章甫，苏州宗苏小鹤，上虞宗徐迪惠，湘楚宗尹有本，广东宗蔡岷山。六派中能融会贯通者，实无一人，其书均有流弊。由于严守秘密，以讹传讹，即有误处，不肯轻泄，无人纠正耳。上虞习玄空者，多中《地理元文》之病，因端木氏聪明绝人，其所不能解者，动将原文改窜。如《奥语》开篇，即改为“坤壬乙，廉巨从头出；艮丙辛，巨门与禄存；巽庚癸，贪狼武曲位；乾甲丁，巨武一路行”云云。张心言一派学者最鲜，因习此道者大半不知易理，一见张氏说卦，皆退避三舍。

或问：端木氏言卦理，张氏亦言卦理，何以上虞一派，不宗张而宗端木？

答曰：张言卦理，针锋相对，人不能勉强空谈；端木言卦理，语无中肯，人读其书可以高谈阔论耳。

问：张心言《辨正疏》，上列各卦，令人不解。

曰：张氏各图出自吴门潘斗斋景祺，少明卦理者，即一目了然。首三图以王豫所授始康节之图为本，第四图加以二十四山者也。

其一运：八卦为一之一，即本宫上世之卦也。

二运：八卦为一之二，即四世之卦也。

三运：八卦为一之三，即游魂四世之卦也。

四运：八卦为一之四，即二世之卦也。

六运：八卦为一之六，即五世之卦也。

七运：八卦为一之七，即归魂三世之卦也。

八运：八卦为一之八，即一世之卦也。

九运：八卦为一之九，即三世之卦也。

甲癸申二图：即本宫上世变三世之卦也。

坤壬乙二图：即四世变一世之卦也。

巽辰亥二图：即五世变二世之卦也。

艮丙辛二图：即游魂四世变归魂三世之卦也。

八宫各有一卦无反对，图即本宫上世变游魂四世、归魂三世之卦也。下七图可类推。

近人宗华亭张受祺及秀水于楷之说者，谬处最多。盖玄空之学，乾嘉盛行，自纪大奎《地理末学》出，学者从而和之，而玄空遂绝迹。今日地师，非出卦即阴阳差错，欲求升平之世，其可得乎？

或问：张受祺著何书，其学若何？

答曰：张式之，乾隆时人，所著有《古书正义》，内辑《青囊经》、《三字青囊经》、《青乌经》、《狐首经》、《管子指蒙》、《葬经》、《寻龙捉脉赋》，注中引蒋氏之说，惜于挨星一无门径。此外，又有《青囊正义》（即《青囊奥语》及《曾序》）、《天玉经正义》（后附《天玉外编》），《宝照经正义》，《遍地钳正义》，其注均背卦理，深中叶九升之误，而《天玉经外编》尤谬。

或问：于楷忽以蒋氏为然，忽以挨星为谬，何也？

曰：蒋氏可宗者惟挨星，舍此别无可取，于氏未得其诀，故有此非非想之谈。

于端士《地理录要》所采各书，惟《归厚篇》尚可读。又采范宜宾盘理各篇，而不知范氏之误，竟以峦头读之，支离百出，毫无义理之可言。

或问：范宜宾误在何点？

曰：范氏《乾坤法窍》，一心要将前人所不肯泄者，明白透露，此范氏不可及处，惜未得挨星之诀。其误处在"隔四位而起父母"，又以"双双起"误为"阴出脉、阳出脉"，于是满盘皆错。

或问：尹有本之学若何？

曰：尹氏于峦头略有门径，所著《四秘全书》，自作聪明，不足为训。其补《奥语》挨星条例云："子未卯，一三禄存倒；乾戌巳，文曲共廉贞；寅庚丁，一例作辅星；午酉丑，右弼七八九。"无一是处，是不明挨星者也。注《都天宝照经》，补足四十八局，更无见地。首部《征验图考》，所卜诸穴，立向均误。

或问：大玄空与小玄空有别否？

曰：无别。佛经言大小乘，人多非之；今言大小玄空，亦非。

或问：《灵城精义》与《天机赋》、《玄空秘旨》若何？

曰：皆有用之书，与杨、曾诸书当相辅而行，不可偏废。

或问：《地理元文》所引邱公《心印》，邱公，何代人？《心印》有

单行本否？

曰：邱名延翰，唐赣州人。《心印》一书上虞抄本甚多，然经端木国瑚删节，恐非原本。邱又有《海角经》，未见有五运六气，总论言分金颇可采。

或问：《龙到头口诀》反复读之，为学更上一层，此篇系何人作？

曰：不著撰人姓名，吴镜泉《图书发微》中谓无极子作。

或问：催官之法，有谓目讲传之司马头陀，头陀传之冷谦，然否？

曰：此尹一勺语也。头陀，唐末人；目讲，为陈友谅部将张定边；冷谦，明初人。时代颠倒，一勺语类此者颇多。昔蒋大鸿以苏州范纹、宜兴卢坟注《宝照经》，温氏《续解》以为失言，此则更堪发噱。

或问：《刘达僧与司马头陀问答》若何？

曰：既非理气，又非峦头，直小儿语耳。

或问：《地理精义》合玄空否？

曰：此为山阴杜铨著，铨字明川，所注《青囊》、《天玉》、《撼龙》、《疑龙》，以三合解玄空。越中言三合者多宗之，其书不可为训。

或问：《罗经透解》何如？

曰：此蜀人王道亨著。其人并未知三合，遑问三元？至奇者以卜筮释罗经，硬凑子、父、财、官、兄弟，谬矣！

或问：《温氏辨正注》若何？

曰：温注较章氏为胜，然于诸诀亦不肯尽泄。

（或问：朱蕈《地理辨正补》若何？）

曰：朱蕈《地理辨正补》深中三合之病，头脑未清，其说似是而实非。近人吴镜泉抄集一书，名《图书发微》，可采甚多，惜于挨星亦未明了。

或问：《地理原本说》若何？

曰：此书曹安峰著，共四卷，尚有见地。卷三论理气，因无师承，实无一语道著。

或问：《周易究》一书，人谓于玄空最要，然否？

曰：此书嘉善人徐某著，末卷附“古人诸名墓图”，以证《易》于玄空之学，实无所发明。

或问：江慎修所著《河洛精蕴》，内载地理学说合理否？

曰：此书以具体论于河洛之理，可谓考其源流，通其条贯，读之可悟术数之所自，得万法之权舆，有裨于学《易》不浅。惟论地理，深中叶九升《地理大成》之弊，不足为训。

或问：寿望三《仰观集》若何？

曰：寿名绍海，山阴人，所著《仰观集》为选择之用，言天象较朱小鹤为切实，言挨星亦合。寿氏又有《观察金针》一书，予求之多年未获，深以为憾！

或问：《宅断》中有钱韫岩，为何人，有著述否？

曰：此章仲山弟子钱荆山，即校《心眼指要》者。

或问：沈六圃《地学》言山水性情颇有意味，不知此外尚有著述否？

曰：《地学》远不如周景一《山洋指迷》，不过大言欺人而已。此书外尚有《选择》一书。

或问：近读《山洋指迷》，条理分明，切于实用，果与《地学》不同。闻周景一曾为舟山吴氏卜葬，而《地理探原》谓“目讲为舟山卜宅”，究竟周与目讲是一是二？

曰：周景一为张士诚部曲，吴亡后，亡命绍兴；目讲为陈友谅部将张定边，本宜兴储氏子。非一人也。

或问：《阴阳二宅全书》若何？

曰：此书为华亭姚廷銮所编，内有《紫白断》，即《紫白赋》。其论紫白飞星吉凶颇可采，余者不脱三合家言。

或问：余姚周梅梁先生为人卜地，持通用盘外，另持一盘，其盘式如壬子癸一卦，壬字为二三四五六七八九一，子、癸字下为九一二三四五六七八，不知何故？

答曰：昔予客余姚，晤先生于黄徵君蔚亭炳垕家，曾以此盘相示，阴阳顺逆，逐一推排，往往错误。予以先生年老，仅能告以此盘非玄空的传而已。先生博学深思，惜于此学未得门径。所著《地理仁孝必读》一书，自序“游禹陵上鑪峰，遇一道人授以玄空之术”云云。予于席间读之，见书中引古人书，费解者皆删去。注《天玉经》，于收山出煞诀，亦泛泛读过。注《灵城精义》，不甚可解。原书本以凌蓼圃《天玉经补注》、端木国瑚《地理元文》为至宝。闻予言二书之害，毅然弃去，亦勇于为善者也。所惜不明挨星，且深中朱小鹤之毒，未敢直指其谬。丙子予居福祈山，先生过访，出《仁孝必读》属予序，力辞之，今已行世矣。然先生看山、洋颇具眼力。

胡煦、江慎修、张惠言、纪大奎、端木国瑚，皆精于《易》。胡、江二氏虽未著地理专书，其所引者皆卑卑不足道。张、纪与端木皆有著述，其书无一句可读。盖方技之学，无书可供参考，未得其诀，终日在故书堆中搜求，人愈聪明，读蒋大鸿之书愈觉沉闷，一入歧途，便不可救药矣！

论秘密之谬

或问：天机不可泄漏，子独泄漏殆尽，何也？

曰：杨公《天玉经》“惟有挨星为最贵，泄漏天机秘”一节，下有“天机安在内、安在外[①]”云云。细绎之，此“天机”实指卦理天运而言。《蒋注》以为“天机秘密，不可泄漏”，此俗儒之见耳。

或问：如公不守秘密，玄空之术大明于世，后人按图立向，富贵家得地更易，而作威作福者举世皆是，何以弭之？

答曰：得地首在积德！若子孙不能积德，终遭天谴。予生生平目击者有六。

一吾乡王姓，二运辛卯年葬一乾山巽地，甲午子捷秋闱，遂横行乡里。丁酉年墓为蛟水冲破，次年子入京应试竟客死。（伊案：乾巽二运当

校者注　①　安在内、安在外：此处为略语，实为“天机若然安在内，家活当富贵。天机若然安在外，家活当退败。”

旺，山上飞星四到巽，甲午年上飞星六到巽，为四六合十；山上飞星二到乾，甲午年上飞星八到乾，为二八合十。巽向本“一四同宫”，又加年上飞星与山、向合十，所以秋捷也。）

一上虞北乡某，八运扦丑山未穴，子孙繁盛，富甲一乡，而多行不义，至一运末年，荫木为大风拔去，连年丧丁，财亦日绌。

一杭州西溪某绅，二运葬丑山未地，旺丁旺财，科名亦盛，而某绅在任贪酷，三运初，有人于其来龙葬一穴，其家遂败。

一苏州七子山下某姓，二运甲申年葬甲山庚穴，城门在未，以八入中，二到未，得城门一吉，葬后补吾省某县缺，喜杀无辜，忽墓前大树为风拔去，某遂革职。

一宁波阿育王寺山附近，有杨姓墓，巽山乾向，二运乙酉年扦，财丁两旺。杨某重利盘剥，与上海会审委员某相结，负债愆期必押追，癸巳年，终因钱债逼死两命。次年甲午，日人犯顺，当道以该山地当要道，驻兵其间，墓为圈入，杨某一家是年冬均患喉症死。

一嘉兴陈善人，地乾山巽向，八运扦，财丁两旺，惟不发科名。二运乙酉年，里中无赖子习堪舆，藉端索诈不遂，乃于艮方置一天灯，是年其裔孙竞捷秋闱。（伊案：八运向上飞星，四到艮；二运乙酉，年上飞星一到艮，是为一四同宫。）

答蔡燕生太史书

得手书正拟拜复，而曾廉泉自京来，述足下，谓：“某对于玄空之法，喜于稠人广坐中津津乐道，泄漏天机，殊失杨、蒋宗旨，此后甚望谨守秘密，稳口深藏”云云。某窃以为足下误矣！夫《奥语》、《天玉》、《宝照》诸经，杨公所谓“秘密”，所谓“天机”，细绎原文，是一种“授受心法”。蒋氏之注，乃一孔之见，不足为训。昔林鹤亭谓：“蒋氏偶获秘本，居奇自炫。然行其术，未穷其理；习其成法，未解其变通，道未尽明，故终身不敢宣其说以问世。”可谓切中蒋氏一生病根，非若纪大奎之肆口谩骂者可比。

夫蒋氏著《辨正》，冠以《青囊经》，《经》中固未言守秘密也，《曾序》中亦未言守秘密也。自姜汝皋注《奥语》，生出无数障碍。然得诀者，皆以一文不值视之。姜氏误以“奥语”二字即作秘密解耳，且书中“翻天倒地对不同，秘密在玄空”二句，言秘密为玄空之妙用，非言天机须守秘密也。《天玉》首节“端的应无差”句，明白晓畅，而《蒋注》谓：“秘密宝藏，非真传正授，不能洞悉其妙。”穿凿附会，一至于此！

又“翻天倒地对不同，秘密在玄空”二句，与《奥语》同。此节“对”字，何等重要！而蒋氏并未道破，乃以“陈陈相因之，秘密深藏”等语欺人，殊失杨公著书救贫之本旨。

又“仙人秘密定阴阳”句，稍知挨星者即能定此阴阳，蒋氏对此句自知不能欺人，故于“秘密”二字轻轻放过，不敢推波助澜，岂天良犹未泯耶！

又“惟有挨星为最贵，泄漏天机秘”一节，“天机”即天心之谓，“天心”即令星入中之谓。杨公明明欲人知此天机，深愿泄漏，并非“秘密深藏”，而蒋氏竟敢妄断，谓“天机秘密，不可传世，但可偶一泄漏”。“但可”二字，不知从何说起？其欺人亦太甚矣！

又“不说宗支但乱传，开口莫胡言”二句，何谓宗？何谓支？此种应有尽有之字面，蒋氏绝无发明。盖杨公之意以为传人须先传宗支。宗支不明，即不能起父母；能明宗支，乃能起父母。其言何等简明！自蒋氏注后，反生疑窦矣！

又“五行位中出一位，仔细秘中记”一节，此“秘”字戒地师用时不可疏忽耳。蒋氏以为此中有秘，当密密记之，全与本文相反。

至“世人不识天机秘，泄破有何益”一节，杨公盖以当时邪说横行，卦理不讲已久，彼得邱公真传，欲传于世，恨无知音，一得曾氏，引为知己，故致其一唱三叹之意。而蒋氏竟注以“泄天宝者，重违先师之戒，其不干造物之怒，而自取祸咎者几希矣”。

《都天宝照》恐非杨公所著，且经后人改窜，苦无善本从事校勘，其

校者注 ① 《天玉》首节：即《天玉经》首节：“江东一卦从来吉，八神四个一。江西一卦排龙位，八神四个二。南北八神共一卦，端的应无差。”

开卷即云“杨公妙诀不多言，实实作家传”，天下岂有著书之人而自称公者乎？其为门弟子作，明甚。“实实作家传”，言无一语不实，非如江湖术士大言以欺人耳。

又云“杨公妙诀无多说，因见黄公心性拙”一节。黄公为五代朱温军师黄妙应，系杨公弟子。师称弟为公，更无此理。此书为杨公弟子所作，更无疑义。杨公因妙应心性之拙，故以“掌上起星辰”之法授之，其循循善诱可知，更何有谨守秘密之可言哉！其《中篇》则论到山到向、上山下水，言简而明。其“时人不识玄机诀”一段，恐后人误解玄机，以为必到山到向，然后可用，岂知“上山下水”有时亦可用！特举空实之龙以明之，所谓玄而又玄之法也。

又“玄机妙诀有因由，向指山峰细细求”一节，即解释八国城门之义。

又“天机妙诀本不同，八卦只有一卦通”，此即《天玉》“乾山乾向水流乾，乾峰出状元”之意。所谓“乾山、乾向、乾水、乾峰”，其用法即为天机妙诀也。

又云“[illegible]松宝照真秘诀，父子虽亲不肯说”，此门弟子赞美之词，亦自炫其授受之难而已。

又“俗夫不识天机妙，自把山龙错颠倒”一节，此言飞星、挨星之功用。

由此观之，杨公及其门弟子之所谓“天机”者，是一种授受心法，非言“天机不可轻泄”也。蒋氏不明此理，解得恍恍惚惚，于是贵省赣州之曾氏，豫章之邓氏，福建虁江之郑氏，江苏无锡之章氏，其子姓目为秘传，藉为谋衣食之具，致学术愈晦，阴阳差错，酿成天下乱机。某故不惜口舌之劳，逢人说法，俾趋正路。子舆氏有言：“予岂好辨哉？予不得已也！”苦口婆心，思挽回气运于万一，并愿贤者以予法为法，今后莫再言“谨守秘密”，幸甚！

蔡太史答书

燕树吴云，无时聚首，怅望故人，忽获赐书，喜出望外。且得诤友，训迪良多。足下存心忠厚，求之今人，不易多得。惟弟仍不能无疑者，杜陵非以玄空为独得之秘，惟传人不可不慎，《辨伪》原文详矣。特恐传非其人，而江湖之士炫术欺人，于是慎之又慎而已。今足下不稳缄口深藏，执途人而语之，但恐伪托者日多，使杨公正传反因之而晦，此仆不能无虑者也。

再答蔡太史书

执事太过虑矣！今之执罗盘者，正人少而江湖之士多，此辈庸人信之者多。如一席之谈，略知一、二，不至出卦，不犯差错，能知上山下水，能知反吟伏吟，其余深奥之说，姑且不论。此辈如能拳拳服膺，为人葬地，总比用三合盘高出万一。无如中毒已深，不可救药。以仆所见，稍能自拔者，千人中不过一、二而已。若再不言，则杨公真理，晦之又晦。庄子谓“日月出而爝火息”，世已永夜，能有爝火，尚留一线光明，不较愈于永夜乎！

韩崑源、曹秋泉问：在吴门晤仲山后裔，力诋张心言用卦之误，究竟张氏所举之法合理否？请详言之。

答曰：凡人不能博学深思，即不能触类旁通，囿于成见矣！张氏《疏》中“丛说”，亦深诋章氏一派。然章、张二人，均不克为好学之士，使彼此沟通，则正道可明，免人误入歧途。哀哉！今二派不沟通，则玄空一术必更支离百出矣。且葬法于《易》，一手一足耳，余本不屑为之，因见葬亲事大，乃视为至要，不敢稍存门户之见，所言无非一个“理”字而已矣。云谷辈嗜好太深，自以为有家传秘法，如此“天机不可泄漏”之妙法，舍我其谁能知之？故人欲胜于天理，为学永不能长进矣。

至以用卦为非，今之下卦者，以“一二三、四五六、七八九”等字代九宫，皆卦理也。章氏一派谓张心言所伪造，陋矣！自伏羲定先天六十四卦即有之，今之自命为下卦者，而不知先天六十四卦，如为人之子孙不识祖父，视若路人等耳。彼不知九宫即八卦，八卦即九宫。

更进而言之，九宫者，八卦所自出也。其所以有异议者：一则未睹

《乾凿度》，不知九宫之本原；二则卦名过繁，难以记忆；三则未明寄宫之说，不能挨排所致。以上三种，惟寄宫为最难。若知寄宫，然后卦画自明，一一排列，自觉一丝不紊。香溪老人为太鹤山人再传弟子，易学颇深，而对此亦茫然无知。余告以“寄宫出于生成”，老人乃恍然大悟。

论阳宅

阳宅与阴宅异，阳宅不独理气为要，而光线亦不能不讲。如都会之区，人烟稠密，无非光线而已。《诗·绵》之三章“曰止曰时，筑室于时”，“时”即天心正运也。读此章，知古人于定宅形势、理气详矣。

《文王有声》之七章曰：“考卜维王，宅是镐京”，此言作邑也。《公刘》七章曰：“既溥既长，既景乃冈，相其阴阳，观其流泉。”“溥、长”即形势言，“景”即光线言，“冈”即地势高爽也，“阴阳”即卦理言。此章峦头、理气皆备，时人仅采“相阴阳、观流泉”，而未及上二句者，尚未合阳宅之真诀也。至“定之正中”首、二两章，亦谓定阳宅之要诀。

罗盘图说

一层：洛书。

二层：先天八卦。

三层：二十四山。

四层：兼向替卦。

五层：先天六十四卦。

六层：十二次舍。

七层：二十四候。

八层：山向飞星，六爻分金。

九层：六十甲子纳音分金。

钱塘沈竹礽更正蒋盘简式

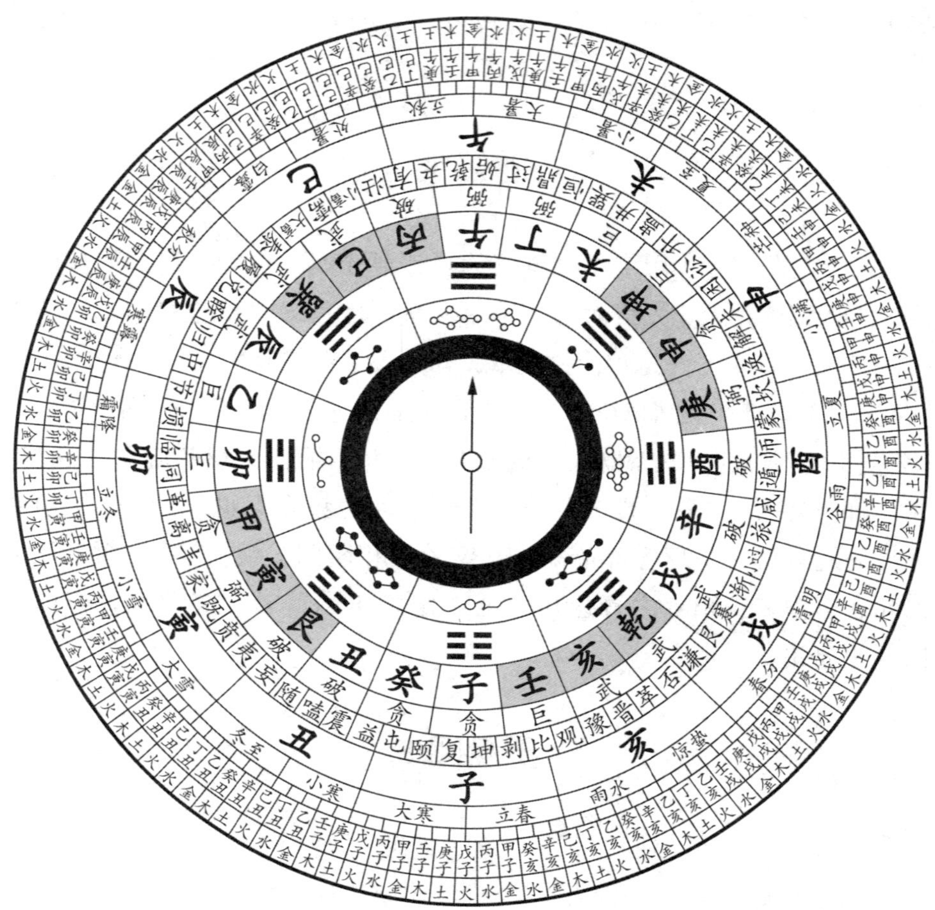

增广沈氏玄空学卷三

原　序

此书原名《阴阳二宅录验》，无锡章仲山甫所著，其家视为至宝，不轻示人。同治癸酉夏，予偕胡伯安至锡，以重金向仲山后人假阅，竭一日夜之力，手录以归。以其名不雅驯，改称《宅断》，以便记忆。

夫地理之道，分峦头、理气，五尺童子均知之。然峦头不真，理气无用，所谓皮之不存，毛将焉附者也。章氏理气虽佳，惜目力未经名山大川，所录者均系勾搭小地，予于增注时，将其琐屑者一一删去，于"阴宅"存五十图，"阳宅"存十七图。时予寓居上虞，从游子弟多宁、绍二郡，《宅断》所取亦以其地为多，俾学者易于印证也。不采著名陵墓者，以形势虽佳，而当时卜葬之元运无从稽考，故从略云。

钱塘沈绍勋记

阴宅秘断（计五十四条）

无锡章仲山原著　钱塘沈竹礽详注　余姚后学王则先补阐

常州张姓祖墓　癸山丁向　一运扦

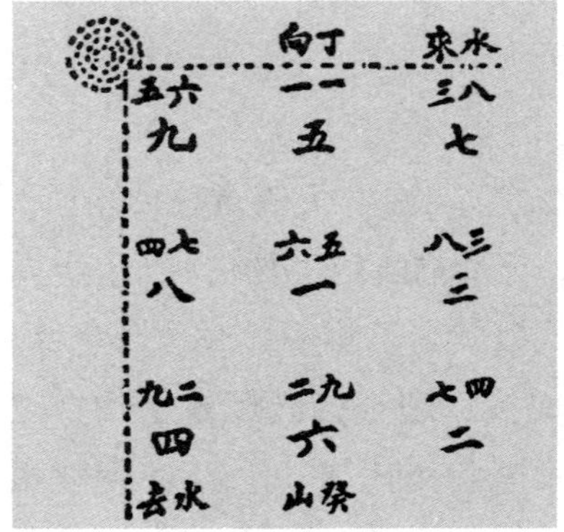

此局坤水屈曲而来，转巽方会聚，至艮而消。

仲山曰："此坟葬后，长房应发秀，次房丁秀大盛，财亦旺，盖得'辅星成五吉'也。"问之，主人曰："前富百万，今仅半百矣。"

沈注：此一、六、八俱到向上，又见水光，真合五星之妙。长房发秀而财不旺者，盖六为乾，乾属长，六又为官星，故发秀。又为金生向上坎水，谓之"生出"，故财不旺。次房丁秀大盛而财亦旺者，盖双一到向，坎为中男，故二房更发也。

则先谨按：是地坤方地盘二，天盘七，二七同道也。巽方地盘四，天盘九，四九为友也。天地盘暗合生成，泽自远矣。双星临向，三白水俱到向上，又在巽方会聚，配合城门，财自旺矣。然以乾金生坎水之故，长房仅主发秀而财不旺。此可悟公位不单从八国水神断，而有时与向首生克有关，当互相饶减也。

杨姓祖墓　亥山巳向　一运扦

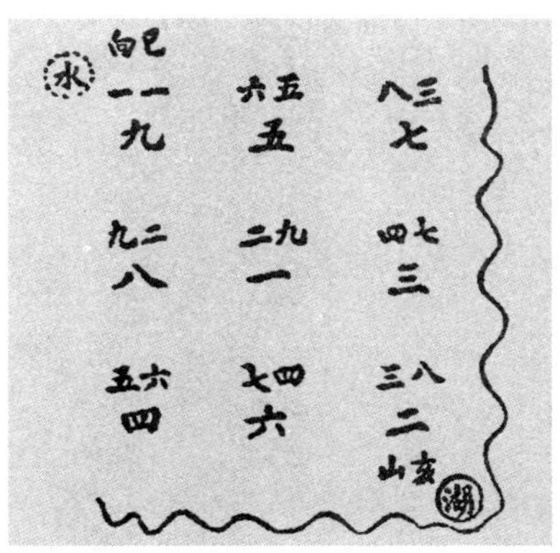

此局大龙从坤来，转庚酉辛，直至丑艮寅而去。脉从乾方腰落，开窝结穴，乾方有湖，巽方有水呈秀。

仲山曰：“此坟葬后，自明迄今，科甲连绵，富数十万，人丁亦盛。盖天盘地盘合一四同宫，天卦地卦亦合一四同宫之妙也。”

沈注：此坟葬于明弘治，当一白正运，局势宏敞，水光圆朗，龙真穴的。地盘是四，而向上天盘到地盘是一；地卦是四，而山上天盘之一又到。更得向首坐下入中之卦，皆合十，所以自明迄今富贵未艾也。

则先谨按：是局向首一九共遇，合天心十道，中宫得一九，合“坎离水火中天过，龙墀移帝座”之局。双一临巽水来呈秀，龙穴真的，宜乎财、丁、贵三者并茂。然是地百四十年例当入囚，乃云“自明迄今富贵未艾”者，何也？意者乾方有湖，交八运囚不住耶。

柳塘桥张姓祖墓　申山寅向　一运扦

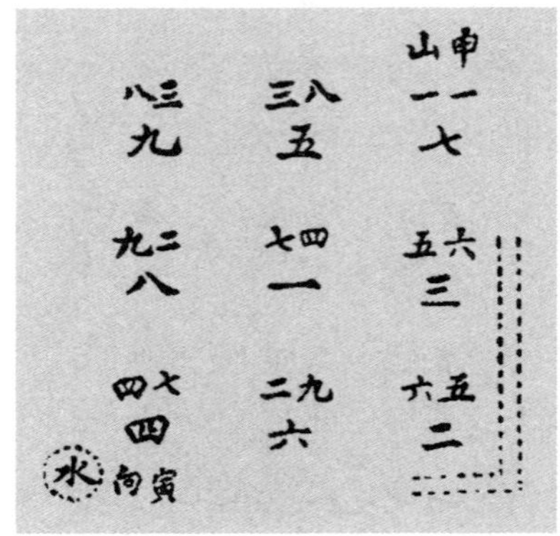

此局艮方有大水放光，乾、兑二方亦有清水映照。

仲山曰：“初年立寅向不利，至五、六运大旺财丁，交七运后丁稀财退。盖运不得令，星亦不得令，兼有男女淫乱之丑。”

沈注：一白扦此地，向上水光反主凶险不利。五六运入乾兑二宫之水，是以大旺财丁。交七运，向星入中，星不得令也；一白七到向，运不得令也。向首四七，主女淫；客星一白到向，主男淫。观此可知，旁气一通，亦主四十年财丁。学者以此局为法可也。

则先谨按：向星入中，主丁稀财退，向上之水作凶煞论，慎勿误为当元旺水，可知入中不偏重运星，向星亦所切忌，与旁气有别。

无锡石塘湾孙姓祖墓　子山午向　二运扦

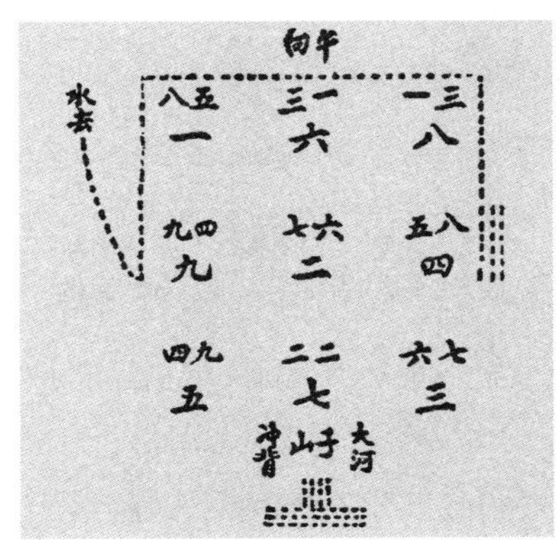

此局庚、酉、辛河水大宕，由坤、离、巽、震复从辰方消去。坎方有大河，并有一直浜当背冲于穴后。

仲山曰："此坟扦后，已合元运，理当速发。坎方之水取其特也，但形峦不美，一失元运，即财丁两退。"主人曰："我祖葬此坟时，卖糖度日，葬后本身发有十余万。下至数世，犹有五、六万，惟丁则大减。"

沈注：葬后大发财丁者，因两盘旺星到后坎方有水特大，名曰"倒潮"，其发最速。《天玉经》云："吉神先入家豪富。"其余诸水皆收不起，故仅一水得元。然坎方水虽特大，而当背冲来，究属不美，故一交六运即大败也。

则先谨按：坎宫为当元令星所在，有水特大，所谓"冲起乐宫无价宝"是也，然犯"龙神下水"，故主丁气大减。其余震、巽、离、坤、兑等水，皆收不起，无甚裨益。交六运大败，入囚故也。

上虞鲤鱼山钱姓祖墓　辛乙兼酉卯　二运扦

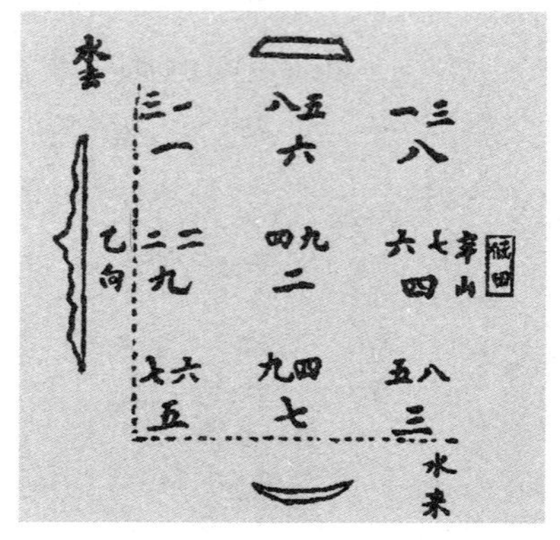

仲山曰："此局葬后，财丁两旺，兼出科甲，每中必双。辛未年出一词林，系丙申命。然此地必出瞽目，寡妇尤发。"

沈注：财丁两旺，双二到向。水外有山也。（山上飞星二到向，曰下水，本不吉，以水外有山，仍系止山，故佳。）五六运内，科甲每中必双者，因兑乾二方飞星是五六，此二方又有山峰，故五六两运主中双。巽方消水处，双一到也。此即"城门一诀法"。（巽方定位是四，双一到，为一四同宫，城门即水口也。）

丙申命，辛未入翰林者，中宫是九二，向上亦是九二；九即丙，二即申，况辛未年九入中，二到山。所谓"太岁临山"；山上是七，七即辛；太岁是二，二即未；二七同宫，即辛未也。向上两二太岁吊照，是年九入中，七到向，亦即辛未也。中宫运盘是二七，运七入中，亦辛未也。有此四辛未，故入词林也。

出瞽目寡妇者，向上是二九，二为寡宿，又为土；九为目，土入于目，为地火明夷，故出瞽目。寡妇尤发者，因向上有水也。七运小房必有绝嗣者，因七上山故也。（向上飞星到山是七。为上山，七兑为少房，故绝嗣。上山之凶如此，若有水则无害矣。）

九运向星入中，必退财损丁，兼有火灾。凡三四到向，定主火灾。《书》云"七九合度，患火惟均"；又云"火若克金兼化木，数惊回禄之灾"，即此之谓也。（九运运盘，九入中，七到向，向上七九同度，九七为火克金，在乙向为化木，故主火灾，退财损丁，向星入中曰入囚，类如此。）

然科目终不断，因城门地画八卦是四，双一同到巽，得四一同宫之妙也。

则先谨按：此局乃离宫打劫，以向上飞星到山之字入中为囚，故交七运，小房绝嗣，囚实为之。然其地龙真穴的，城门方位又暗合一四同宫之妙，故逢太岁吊动，虽囚而仍有科甲之应。待交九运，地运告终，客星七到向，先、后天火数同聚震宫，宜乎退财损丁，兼遭火患也。

上虞某姓祖墓　坐乙向辛　二运扦

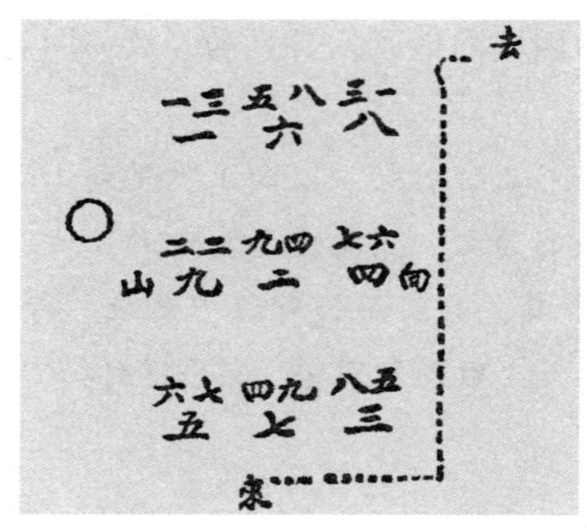

仲山曰："坎方水来，直至坤方消出，向上有水。甲申旬中，丙戌流年葬，二黑运主事。双二到山，本犯水神上山，主损财丁，幸后无主峰，又喜有水潴聚，以凶化吉，葬后平平顺利。嗣后巳酉丑三肖之局，巳命人发富，酉命人发秀，交三碧运宫，九紫命局，一九共遇，木火通明，长房起家，女掌男权，定主火灾之忧，一见便生此灾，是四九为友之病。一白到山，长房添丁，次房出酉命人，便发财源。交四绿运，运星入囚，防口舌官灾，兼伤妇女人口，家道衰落。交五黄运，一白天蓬到坎，长房有入泮者，次房平平，寡宿迭见。交六白运，大败，后无吉运矣。"

则先谨按：巳酉二肖发者，从向上之地盘断也。乙山辛向人元龙也，顺子、父母阴阳相同，故土巳酉二肖发。丑虽三合，阴阳殊途，故不与也。女掌男权者，中宫坐山俱为阴卦故也。行震运，三碧旺星入中，长房添丁。己酉年，一白入中，三碧旺星到向，次房亦添丁。凡添丁均与旺星加临有关，然入衰运，逢旺星到山、临向，或值中宫，转有损耗凶祸之咎，二宅皆验，此盖"虚不受补"之理。交四运，地运告终，家道衰落。伤妇女者，巽为阴卦故也。向首六七同宫，四运六又临向，官星重重，故兼主官灾、口舌。五黄运坎、巽两宫，咸合成一四同宫，故有入泮之应。六运大败，后无吉运者，向星入中，星不得令故也。然是局独取坐后有"潴聚旺水"，否则葬后便不免颠沛，又安望其顺利哉？

孙姓祖墓　壬山丙向　二运扦

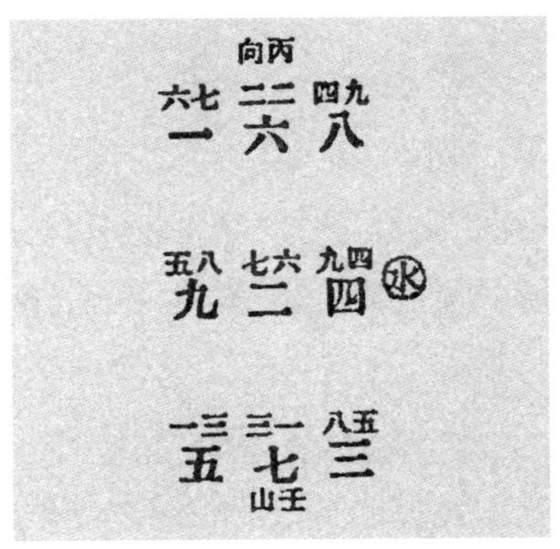

此局向上无水，兑方有水放光。

仲山曰："此局初年财气不大，后主因奸破财。"

沈注：双二到向，因向上无水，故财气不大。兑方两四一九，名四九为友。双四，即双巽，巽木克中宫二土，又克向上两二土。兑方水大放光，四九阴神也，故一失运，即主因奸破财。

则先谨按：是局向上无水，八国惟兑方有大水放光，已呈喧宾夺主之象，兑为阴神所集，故以奸断。巽木又克向首、中宫坤土，故复主因奸破财。此玄空活泼泼地之断法，着眼在八国间力量特巨方位与向首、中宫生克并阐。非于此道三折肱者，不易推也。然是地交四运，财气当利，所谓"一水得元"，尚未入囚故也。

章姓祖墓　壬山丙向　二运扦

向丙

六七 一	二二 六	四九 八
五八 九	七六 二	九四 四
一三 五	三一 七	八五 三

山壬

仲山曰："此局葬后，财丁两旺，然主家主不寿，世出寡妇，乃及僧尼耗财。"

沈注：财丁两旺者，因旺星到向也。然双二加于运盘之六，土重埋金，六为乾，故主家主不寿。世出寡妇者，二为寡宿故也。失运时多被僧尼剥削耗财，因二为尼姑之类也。

则先谨按：土本生金，而土重则转致埋金，可见过犹不及，五行亦以中和为贵。坤为老阴，寡宿主之，双二同宫失元，主世出寡妇。相生且然，相克宁复待言！故阴精丛集，辄为二宅忌神。

施姓祖墓　酉山卯向　二运扦

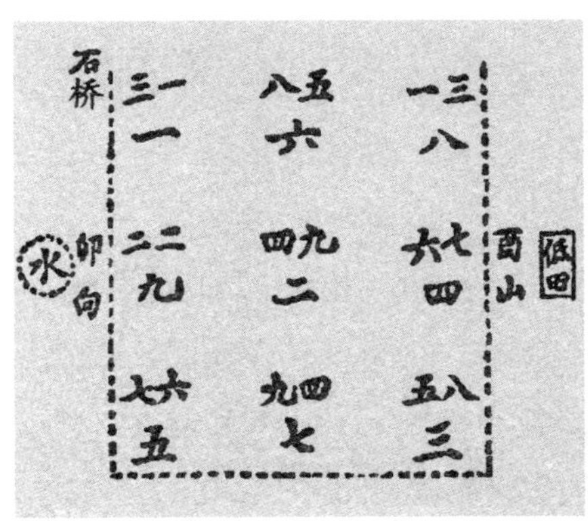

此局坟后低田，兑水远来，从乾、坎、艮至震方开宕。巽方有桥，水从桥下出。

仲山曰："此坟葬后，大发财丁兼出秀，且入泮必双，然主世出寡妇、瞽目。"

沈注：大发财丁者，双二到向，向上有水也。入泮必双者，城门在巽，双一到也。一四同宫，本主科甲，因龙力不强，但出秀才，此美中不足耳。世出寡妇、瞽目，以向上双二到九故也。

裴姓祖墓　未山丑向　二运扦

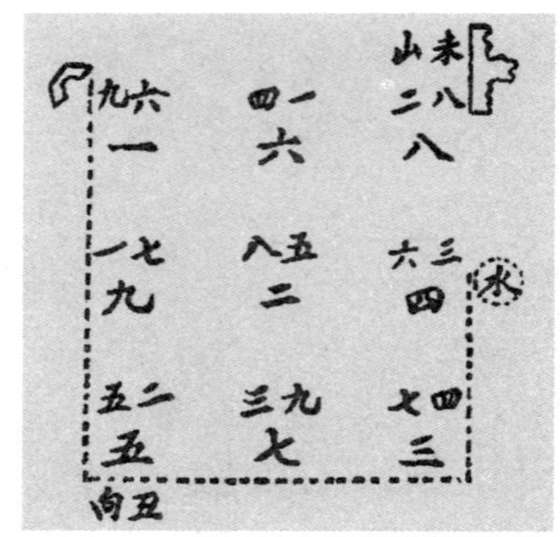

此局坤方有城楼，兑方有河开洋，由乾、坎、艮至巽方石桥下消去。

仲山曰："葬后，长子因奸伤足，次子先充兵丁而后致富。"悉应。

沈注：此局旺星到山到向，本无不利。长子因奸伤足者，因辰方有石桥高擎，向上飞星之六到巽，六为长子，山上之九又到，九为中女，老父中女，配非正偶，故主奸淫。乾方有水，运盘之三到乾，山上之七又到乾，为兑金折震足之象。次子充兵丁而致富者，兑方开洋，以联珠法推之，向上之三到兑，为进神水；山上之六亦到兑，六为武人，所以先充兵丁而后致富也。（兑为少女，故应少房，三到兑为进神水者，与兑七为合十也。）

则先谨按：此由巽乾两方合阐而断。长子因奸伤足，巽有石桥，乾有曲水，故以活法合推取验。然兑方三、六、九同宫，充兵致富者，何以不属长男而为次子？岂因巽方石桥高擎之故，长已受煞，故递推及次耶？或曰：二临山向，故主二房。若谓地元龙主次子发，此鄙俚之谈，究未敢轻信。

锦棚桥陆姓祖墓　酉山卯向　二运扦

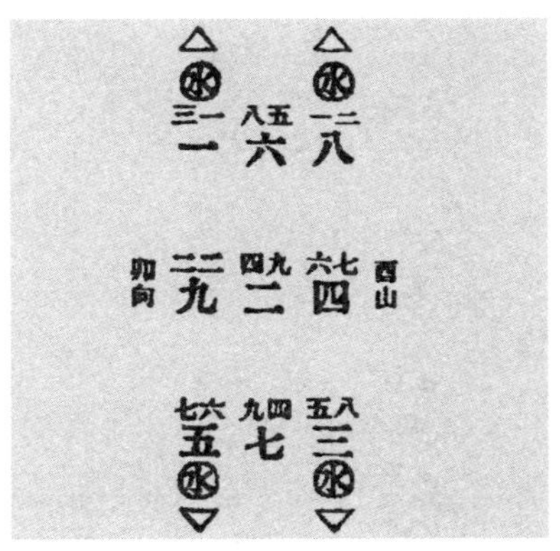

此地乾、坤、艮、巽四维有水放光，水外皆有秀峰如文笔。

仲山曰："此坟扦后，大发财丁，兼出名儒。交五运末，损丁八九人。"主人曰："何知之详?"答曰："此由艮方之水填实故也。"

沈注：乾、坤、艮、巽方有水，为四库齐开，又为四水朝阳，本"三元不替"之局，况水外四方皆有山，且秀如文笔，其力尤大。而又双二到向，旺星照穴，所以大发财源，兼出名儒。惜五运艮方填实，所以断五运末伤丁八九人者，以五运后十年已通六气，艮方六到填实处，名曰"水里龙神上山"，安得不损人丁乎！坤二为文书，双二临于向首，故出名儒也。

则先谨按：是局艮方之水，到五运末为未来之气，生气涵泳，岂可斫丧？二为文书，本主巨儒，今因艮水填实之故，既破四库之局，复犯上山之咎，向上双二变为寡宿。龙力既强，损丁自多，故断八九人耳。

状元钱茶山祖墓　丑山未向　二运扦

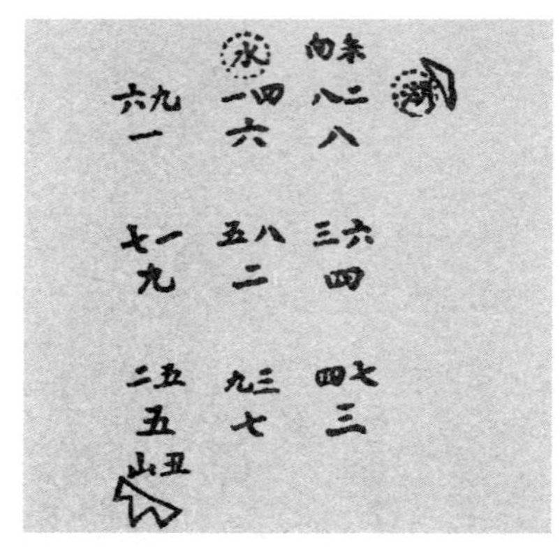

此地左右两山环抱，坤峰高远，秀丽可爱。坤未方有大湖，离方水圆如镜，近在穴旁。

仲山曰："此清贵之地，庚子、丙子生人，应发科甲。茶山即庚子生，有丙子生人，少年登科，不寿。"

沈注：两山环抱，朝山秀拔，左离水，前大湖，此局齐整极矣！故主清贵。庚子、丙子生人发科甲者，从离方之水断之也。离水圆亮如镜，近在穴旁，即是"城门一诀"。盖《天玉》以水之照穴有情处为城门，况又四一同宫，安得不发科甲？庚子、丙子生人者，山上飞星之一到离，一中有子故也。然庚子分金为正，丙子已偏，故少年登科而夭。观此，可悟定生肖之诀。（离上城门挨星是六，为戌阴，入中逆飞，二到离，为旺。此即城门一吉也。又离上挨星是六，飞星是一；六为金，一为水，故为庚子。若九一为丙子，挨在巽位，视离方城门为偏也。）

则先谨按：阴宅之发贵与否，当察峰峦之秀态，城门之合法，犹须视龙力强弱为饶减。苟以城门发贵者，即以城门对宫之分金为推考生肖之绳则，是局庚子、丙子，即其例也。

鲍姓祖墓　辛山乙向　三运扦

	六二 二	一六 七	八四 九	
水 乙向	七三 一	五一 三	三八 五	辛山 水
	二七 六	九五 八	四九 四	

此地兑、卯二方有水，艮方高墩，墩外有一峰高耸，卯方向上之水映照，坐后兑方之水暗拱。

仲山曰：“此坟随葬随发，财旺而丁不旺。一交七运，二房官讼不止，且房房损女丁。盖兑为少女、为口舌也。”

沈注：随葬随发者，旺星到向，且有水也。丁不旺者，山上旺星临水故也。七运伤女丁者，艮方是七，不但无水，反见高墩高峰，名曰“上山”，故主伤女丁也。二房官讼不止者，二临艮位，故主二房六临艮位，故主官讼。七兑为口舌，为少女。甲子年太岁是七，七入中，则官讼坐中央矣。一到艮方，金生水出，故主官讼破财也。丁卯年太岁是四，四入中，七到艮，七赤重逢七赤，故主口舌，伤女丁也。

则先谨按：交七运，向首犯“山上龙神下水”，亦为伤女丁之征。

钱塘鲁斯占祖墓　丙山壬向　三运扦

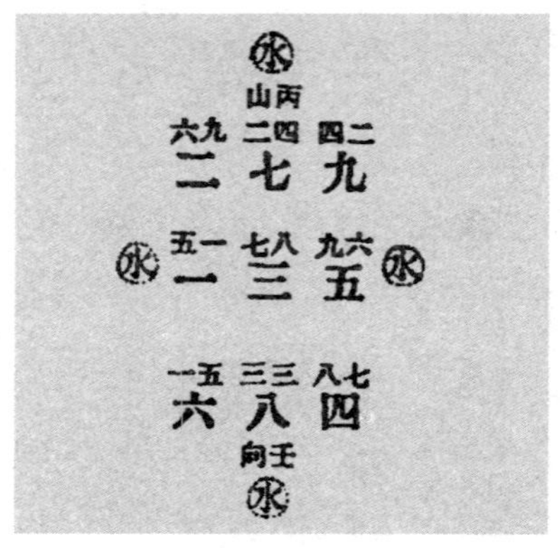

此穴平地开窝，甲、庚、壬、丙四方均有水亮。

主人先曰：“此地出神童。”仲山曰：“地局甲、庚、壬、丙之方水，开宕有光，天卦辰、戌、丑、未四支加临于甲、庚、壬、丙四干上，言出神童，非诳言也。”（运盘山上挨星是七，为庚；向上挨星是八，为丑。山上飞星二到山为未，三到向为甲，九到庚为丙，七入中为庚；向上飞星三到向为甲，四到山为辰，六到庚为戌，一到甲为壬。故曰“辰、戌、丑、未四支加临于甲、庚、壬、丙四干之上”也。）

沈注：《宝照》云：“甲庚壬丙最为荣，下后儿孙出神童。”又云：“穴要窝钳脉到宫。”此地平洋开窝，又得甲、庚、壬、丙水亮，合《宝照》之法。况天卦向得旺向，又丑、甲俱到，山上庚、未、辰俱到，震方壬、甲到，兑方戌、丙、庚俱到，一气清纯，出神童何疑乎？

某姓祖墓　巳山亥向　三运扦

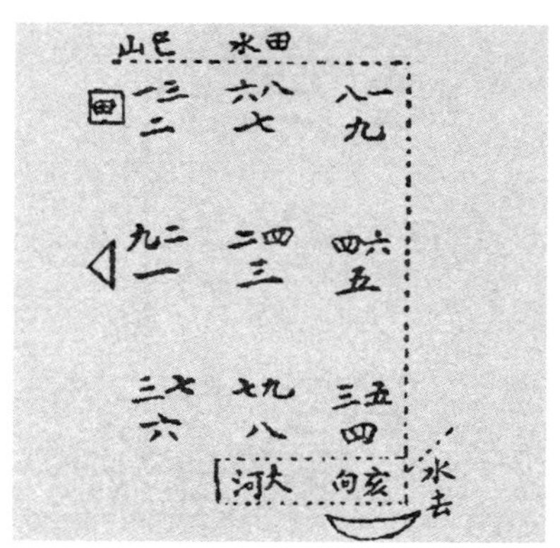

此地甲卯来龙，转巽巳入首后，明堂田水从兑方到向，壬、子、癸方有大河来穴前开宕，从戌乾消出。下砂环抱有情，唇下有缺。卯方一峰秀拔，朝山上屏开面。

仲山曰："此局上山下水，葬后大房平平，二房少丁。因震方有山，二房居于震位故也。"（山上飞星三到向，曰"下水"；向上飞星三到山，曰"上山"。三为震，故属长房；一为坎，为中男；挨震九为离，为中男，飞震有山无水，故二房少丁。）

则先谨按：此局星辰颠倒，葬后大房犹能平平者，以水神虽犯上山，而后无主峰，且遇田水故也。然山上之一，不免下水，震方中男，又遭老母之克，俱为二房少丁之征。

前墓于六运照原向改葬，明图于后。

某姓祖墓　巳山亥向　六运扦①

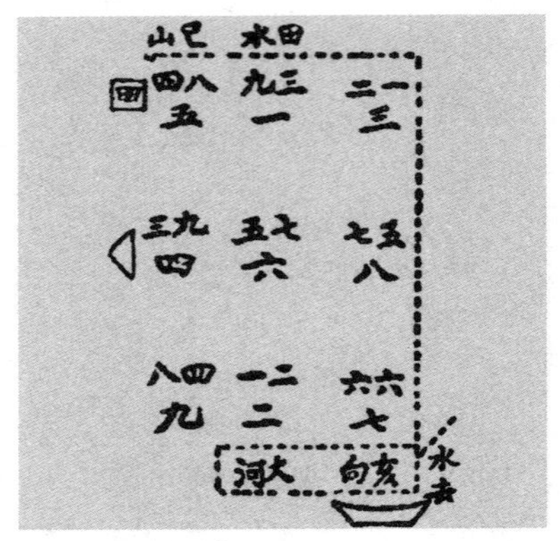

沈注：葬后大旺财丁，因两盘旺星双六到向故也。但向上运星是七，旺星是六，七为口舌，六为官事，故主多讼。唇下有缺，故出无唇之人。交七运，财丁两退，因向星入囚故也。惟功名反能开科，秀才、生贡不一其人，此因艮方是四、七运，运星飞艮是一，坤方是一，七运飞坤是四，两处得“四一同宫”，故发科名也。至八运，则平平矣。

则先谨按：六运巳亥，虽两盘旺星到向，究犯全盘伏吟，不宜轻举。是地幸穴前开宕，其气乃空，故得以凶化吉。然地运甚短，一、六、八运即行入囚，盖向上飞星到山之字为八故也。

校者注　①　此标题为校者所加。

经姓祖墓　巳山亥向　三运扦

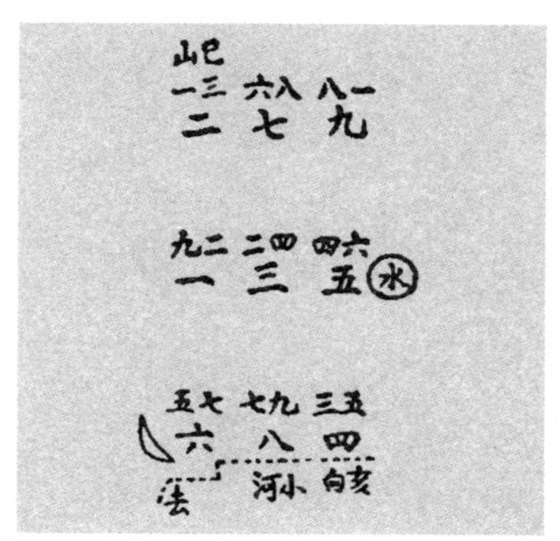

龙从巽巳方入首，白虎砂掬抱有情有力，走龙略宕。兑有水放光，坎方有小河横过，艮方有小山塞水口。

仲山曰："此局三运葬后，大房不利，余房平平。"

沈注：大房不利者，因震卦上山下水故也，震为长男。五、六两运，二房发财丁者，取兑方之水故也。兑方本六，应主长房，今发二房者，以此时长房已绝也。至七运，多官讼者，艮方七六同宫，又有山故也。故至七、八两运财气大减。至九运，又当起色，因坎方是九，又有水映照也。

则先谨按：是局四运向星入囚，地运告终，惟廉贞居于向首，至大至尊，非他星堪比，又得横过水映照，故交五运，得收财丁两发之效，而免向星入中之病。六运旁水得令，兑方之六又逢客星八白加临，土来金生，故龙真穴的，囚后亦主中兴。然入囚以后发而不全，则体用又不可偏废也。或云："五临向首，有水当作囚不住论。"

前墓于四运建碑修理，明图于后。

经姓祖墓　巳山亥向　四运扦[①]

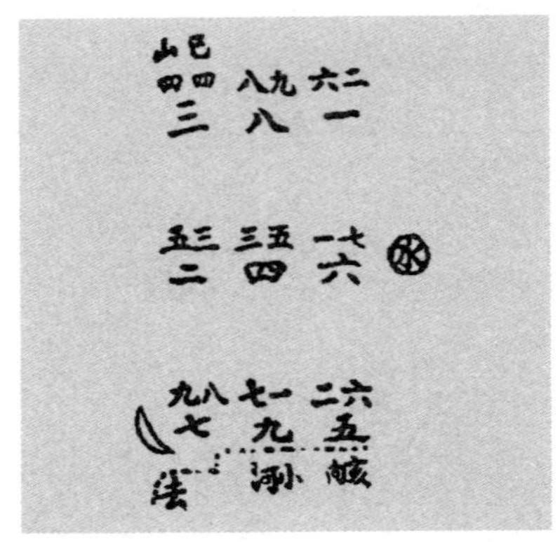

沈云："此地于四运照原向建碑后，二房于六运大发财丁，长房大败。此因向上飞星之四到山，四即巽，巽为长；且六白又飞到乾，犯伏吟，故主败。二房于六运发财丁者，因山上飞星二到向，与六白同宫，故主发；七运财气亦好，因兑方有水。七运多官讼，因兑方六七同宫，六为官事，七为口舌也。二房独发者，因兑方之水是七，七为少也。八运平平者，艮方有山故也。此地本山颠水倒，主不吉，而能发者，因龙真穴的。四运建碑之后，龙得旺龙，又向上飞星到山到向，四六合十故也。"

则先谨按：《秘笈》中载有《玄空五行真诀》一歌，其略云："向得令星吉水照，丁财并茂日兴隆。脱运之星名煞曜，未交之宿不堪用。反吟伏吟须得令，一脱元时祸及躬。"间尝以谓八国间犯反伏吟在所难免，而要以山向两宫犯伏吟者为所当忌。盖虽星运得令，空实合法，而公位究不免偏枯故也。

是墓于四运建碑后，巽四、乾六，俱犯伏吟，主长房大败，即其证也。未交之宿不堪用于向首者，其故由于运到星囚，迨交旺运，厥星即随之入中；若运星入囚，然凡星辰入中，如黄杨厄闰，有凶无吉，故脱

校者注　①　此标题为校者所加。

运之星固不宜再居于向首，而未交之宿亦以先见为忌。此与旁水得令，貌似神非，吉凶不同断也。

然则，沈公云“二房于六运大发财丁者”，何也？以囚不住故也。缘向星五黄入中为皇极居临正位，至大至尊，何凶之有？向首坚金遇土，明水相对，又得逢囚不囚，自然运到便兴。七临兑宫，虽犯伏吟，有水不忌，当运反吉。所谓“反吟伏吟须得令”者，此之谓耳。

嵇中堂祖墓　子午兼壬丙　三运扦

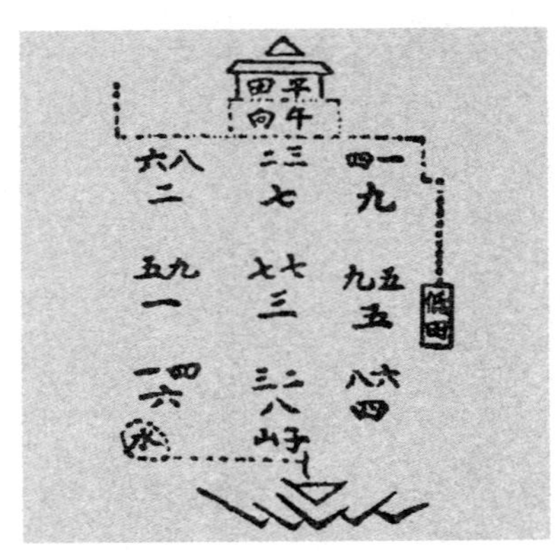

乾亥来龙，转坎入首。艮方有荡，坤方有水，曲至离方大开洋，至巽方消出。兑方低田，结穴亦低田。

仲山曰："卯山卯向卯源水，合江西全局。初扦时必不能发，六运大发富贵。"

沈注：此局向上旺星到向，山上用变卦，七入中顺行，旺星到山，三即卯，所谓"卯山卯向卯源水"者，离方开大洋故也。况运与向合十为最吉，又艮坤方为一四，俱有水光照穴，安得不大发富贵耶？初扦时不发，必至六运大发者，盖江西卦为地元，地元兼收贪狼，不当正运，傍他涵蓄，力不专，故迟也。六运客星贪狼到向，水能生木，自然富贵骤兴。非若他宫一卦乘时，催官暂发者之比矣。

则先谨按：是局背山面水，龙、向、水各得三碧旺神，故云"卯山卯向卯源水，合江西卦全局"。盖江西卦起于东，论卦属震，其数即为三也。明此，则《天玉经》所谓"乾山乾向水朝乾，午山午向午来堂，坤山坤向水坤流"三局从可知矣。父母为卦之中气，运与向全盘合十受气，自迂缓而悠远。且局势宏大者，发亦较迟，故必待向首一星得生旺之扶助，客星贪狼加临，水来生木，然后富贵勃兴。此非勾搭小地，一卦乘时，催官暂发者所可等量齐观耳。

严探花祖墓　辰山戌向　三运扦

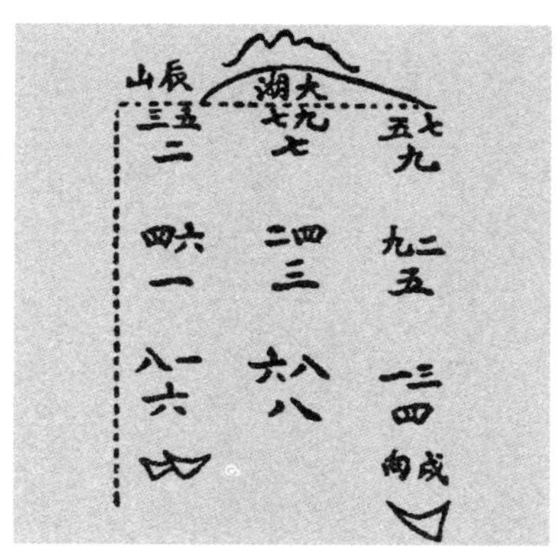

地由艮方高山双峰落脉，出唇十余丈，左右砂紧紧环抱。卯方水贴近，巽、离、坤三方大湖，湖外有山，乾方有峰，秀美挺拔。惟峰尖稍歪。

主人曰："葬此坟时，地师云'可惜状元峰不正，他年必中探花郎'。"仲山曰："此地师之托词耳，其实探花不关峰之歪，由挨星一四同宫稍涉偏歪之故。"主人问："挨星何以偏斜?"仲山笑而不答。

沈注：一四挨星偏斜，以运星之四到向，又以山上之一到向，不能以向上之一到向故也。

则先谨按：三运辰戌固旺，而此局偏，坐后有水，向上有山，理气与形局相背驰，初年未必即利，且地运最短。然他年必中探花郎者，以其地龙真穴的，朝山挺秀，向上又得一四同宫，故运纵短，卒能依然发贵耳。

唐姓祖墓　甲山庚向　四运扦

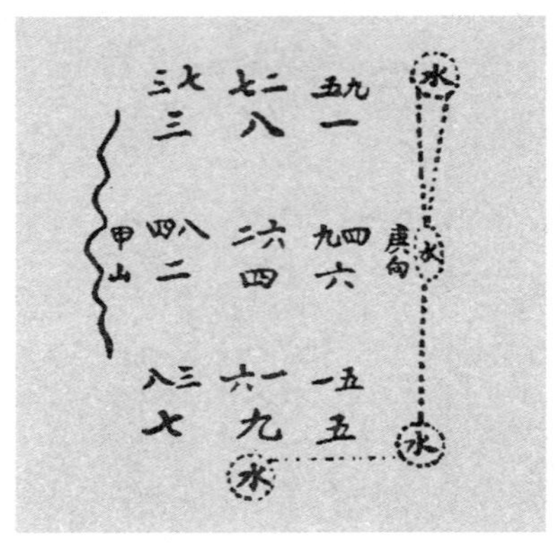

巽方大龙从震、艮而去，寅、甲方落脉结穴。左右两砂环抱，内堂壬水聚蓄如镜。亥方停贮，戌、乾方开洋，辛、酉狭细，庚、申方又开洋，仍从坤、申转至庚、酉、辛方又开洋。再转至未、坤、申方出大河，又开洋如镜放光。

仲山曰："此地齐整极矣！又于开洋处合得天卦旺神，岂有不大发财富乎！有言'内堂壬水主发科甲，则不到百万不止'者，不知功名以坐山定，以城门定，此地富有余而贵次之，科甲之说乃胡猜也。此地水流屈曲归库，又得开洋放光之妙，且水到水，山到山，故主大富。惜乎地运太短，一交六运，向星入中，退财伤丁。至九、一两运，又当起色，盖九、一两方有水故也。"

则先谨按：是地从寅、甲方落脉结穴，所谓"龙行出卦无官贵"。运星廉贞挨乾，若水在戌方停贮，则开元一气，亦犹城门。今停贮在亥，戌、乾方开洋，其气未免不纯。又向上飞星之一到乾，暗合生成，亦为城门变格。今乾方之一系山星，而非水神，坐山、城门两无足述，故仲山以"科甲之说为胡猜"云。

唐姓祖墓　申山寅向　四运扦

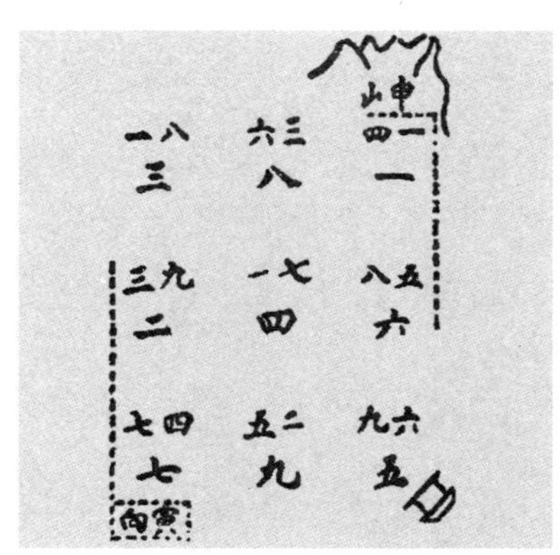

龙从离方来，由坤入首。坤、兑方有河，乾方有高屋。艮方有大河水光照面，从震方消去。

仲山曰：“此俗所谓‘寅葬卯发’地，六十年财丁两旺之局也。一交下元，主伤少年，兼多血症，财亦大退矣。”主人曰：“所言不谬，但地有三房，公位若何？”仲山曰：“长房财丁均少，葬时已然，至今不过如是，次、小两房大减色矣。”主人问故。仲山曰：“此理难言，可显见者，西北方有高屋也。”

沈注：寅葬卯发者，旺山旺向，且向上有大河放光照面，故主速发也。一交七运，伤丁退财兼患血症者，因向星入囚，且中宫是七一同宫；七运运星到向，亦是一，向上一盘是七，亦七一同宫；七为少，一为血，向上大水即变为血，故主伤丁退财兼患血症也。长房不发者，因乾方本位是六，飞星到乾亦是六，已犯伏吟，又高屋逼压，故长房不能发也。不败者何也？因向上旺星是四，山上旺星亦是四，四即巽，巽主长，故长房亦不为败也。向上所临是七，出水方所临是九，七为少，九为仲，故主次、少两房发；七运入囚，故两房败矣。

则先谨按：四绿旺星到山到向，巽属长，主长房吉。六犯伏吟兼被屋压，乾亦属长，主长房凶。吉凶相抵，故长房不发亦不败。此可悟“公位吉凶，当从八国飞星互相加减”之理。

冯姓祖墓　未山丑向　四运扦

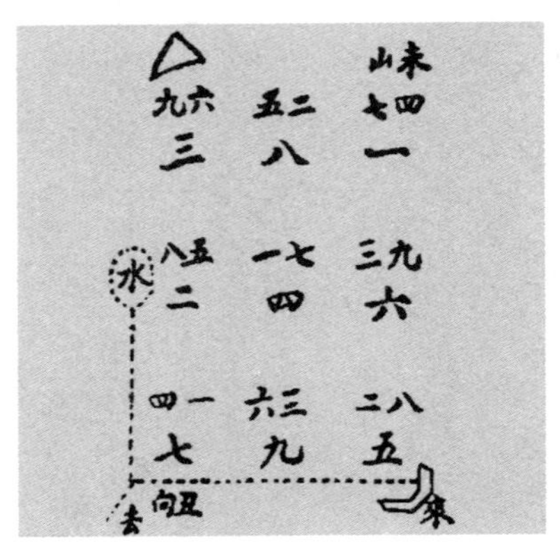

此地乾方有桥。水从桥口来，横过壬、子、癸，至丑、艮、寅三叉而出。甲、卯、乙有大河，亦至丑、艮、寅方合三叉消出，巽方有一高峰。

仲山曰："此坟葬后，初年不利。五运大发财丁；六运官讼不休，大败；七运不可救矣。"

沈注：初年不利者，因旺星到后故也。五运大发财丁者，因震方大河，五到震也。六运大败、官讼不休者，因巽方是六，闭塞不通，且官星高耸，故主官祸。至七运入囚，故不可救药矣。

则先谨按： 三般卦，卦气镕冶贯通，逢凶化吉，福禄永贞，虽犯上山下水并反伏吟，均所不忌。是局形气相背大甚，龙神下水，适在三叉聚消、滂薄开阳之处，故虽合三般，初年亦主不利。若仅系细流映对，无甚碍也。于此可悟用三般卦，而欲求初年顺利者，当以无明水照面之形局为最合。然此三般非经四位起父母之三般，慎勿误解！

施姓祖墓　酉山卯向　四运扦

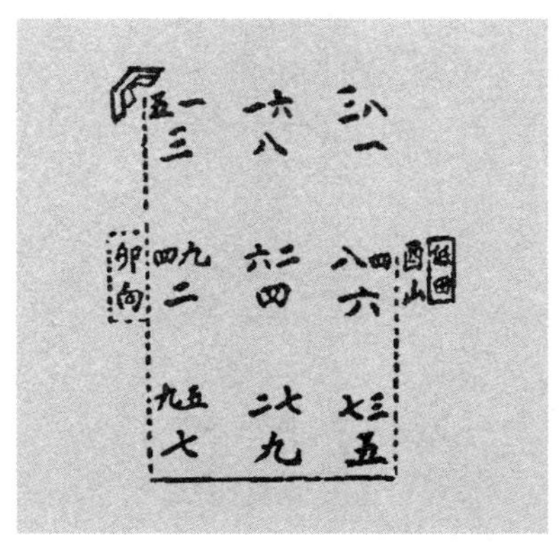

此地坟后低田，兑方远水从兑至乾、坎、艮、震，至巽、巳桥下消出，坟前有池，甲卯方有水放光。

仲山曰："此地山颠水倒，主不吉。因龙为旺龙，又中宫、坐山均合十，故发财丁，惟寡妇代不能免。五、七运好，六运平。水出巽，主发秀。"

沈注：旺龙者，酉山运星是六，地盘是七，名比和，故旺。向星到后，有低田远水，又得中宫四六合十，山上四六合十，故葬后大发财丁也。向上运星是二，中宫亦是二，二坤为寡宿，故代出寡妇三、四人。惟此地旁气甚通，发必久远。旺星到艮是五，乾方亦是五，均有水，故五运佳。六运平平者，六到午无水故也。坎方是七，而有水，故七运又佳。巽方一到，地盘是四，一四同宫，故秀才不断。惜有桥相冲，不然出科甲无疑矣！

则先谨按：此局本犯水神上山，今坟后为低田远水，则水神仍得其所，此"龙空气不空"作法也。可见理气之效用，端在与形峦相配合。然坟前有池，究犯下水，且阴神丛集于向首，亦为识者所忌。

钱姓祖墓　丁山癸向　四运扦

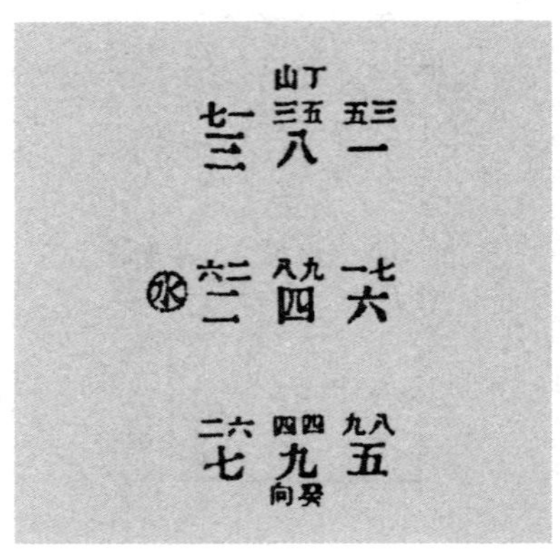

此地甲、卯、乙方有水放光。

仲山曰："此坟葬后渐渐起色，至六运出医生，大兴家业。七、八运平，九运主败，且家门不洁。"

沈注：葬后起色者，甲、卯、乙方有水故也。六运出医生起家者，因山上飞星六到震，震方有水，故大发。两盘二黑到震，故主医生发家也。七、八运平者，向上飞星七到兑，八到乾，两宫无水故也。九运向星入囚，故主败。向上四九为友（四九为阴神），九运运星五黄到向，故主家门不洁。

则先谨按：山上飞星六到震，交六运竟以医道兴家，此由平洋立穴，四面坦然，八国间独有震水贴身，一卦清纯，权力特胜，足以左右全局故也。又得二六同宫，土金相生之力，《玄空秘旨》云："富兼陶朱，断是坚金遇土"，故兴家业。此山星断运之活法也。

谈姓祖墓　壬山丙向　四运扦

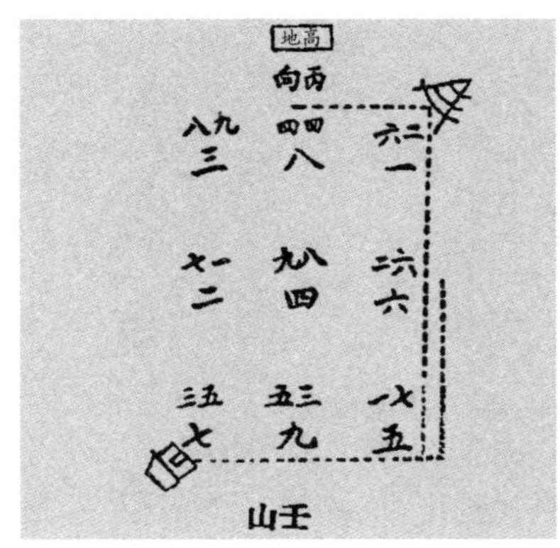

此地未方有塔，坤、申小水，兑乾略大而聚，至坎至艮而消。离方有高地，艮方有屋。

仲山曰："此地四房齐发，一无偏枯，惟长房丁气稍薄。"主人曰："丁气不薄，特多损少年。"

沈注：四房齐发者，孟、仲、叔、季，卦理各得也。惟未方之塔，山上飞星是六到，六为乾，属长；艮方之屋，山上飞星是三到，三为震，亦属长（山上飞星四到向，曰"下水"，四为巽，亦属长），故应长房损少年者。艮方地盘是七，七为少女，有屋，故损少年也。

则先谨按：四房齐发者，水里排龙挨得七六五四之水，故云"孟仲叔季，卦理各得"也。

郑姓祖墓　乙山辛向　四运扦

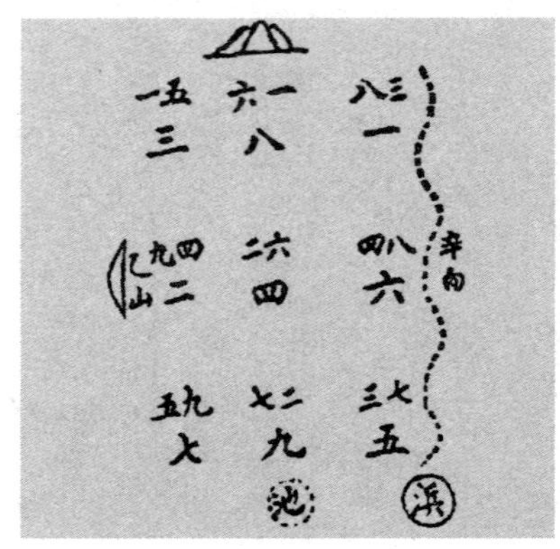

此地卯方大墩，乾方芦荡。水从兑、坤屈曲而消，亥方有浜，坎方有池，离方有远山。

仲山曰："此坟葬后，损丁出寡。交五运财气大利，六白即退，现行兑运，丁口可虞。"主人曰："甲子、乙丑连伤三男二女。"仲山曰："以后还恐有损，当于乾方栽竹掩之。"

沈注：此局以四入中，六到向，向不得时，作衰向论。二上山，主出寡；四入中，主损丁。惟乾方之芦荡水有五到，故一交五运，财气大利，所谓"他处有水光切近者，较向尤重"也。一交六白即败者，六金克巽木，再以客星八到向，安得不退财！行兑运，乾方之五去已久者为死，是以损丁。甲子太岁七入中，乙丑太岁六入中，克中宫巽木，伤三男二女宜矣。仲山云"栽竹"者，盖欲蔽七、五之煞气也。

则先谨按：交五运，财气大利，系从天盘断运，缘廉贞饶有戊己运化之力故也。六运入囚，既克中宫巽木，又犯全盘伏吟，行兑运，乾方本属旺水，无奈地运既终，衰气来袭，且三、七、五凶星同聚一宫，化旺为煞，宜乎甲子、乙丑七、六入中，连伤数丁。且坎方有池，七运丁星下水，亦可显见。

青城桥徐姓墓　乙山辛向　四运扦

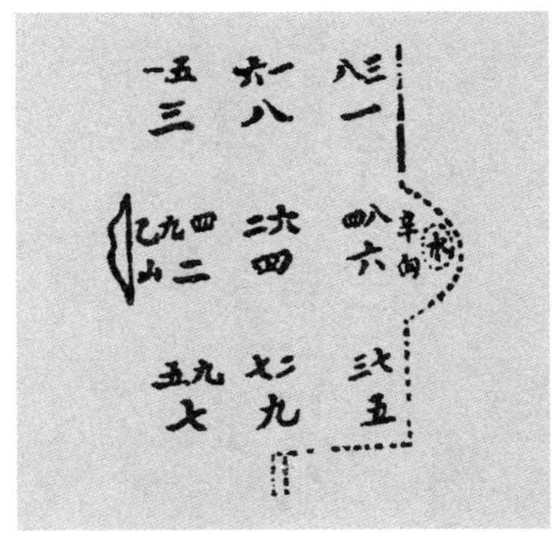

此地辰山转甲入首，巽巳界水。兑方内明堂有水，戌、乾、亥大水，子、癸大河直长冲腰，外堂兑、乾两方大水。

仲山曰：“此坟扦后，财丁两少，且长房多出孤寡。”悉验。

沈注：此局犯上山下水，自然少丁财。巽气失令，长房自然多孤寡。别处赝本有作五运排者，如果五运到山到向，财旺而丁亦旺，何谬云“山临五黄主丁少”也？且坎方直河冲腰，四运中是二坤为寡宿，亦为长房。四运木克土，尤为确当。或云：世世不断寡妇，有补救法否？曰：乙山辛向，三、五、七运当旺，一交旺运可于原向建碑，自然丁财两旺，且免孤寡之患矣！此本为嘉庆十八年仲山所手定，固真本也。

则先谨按：“山管人丁水管财”，源为《玄空秘断》唯一简诀。同一地也，同一向也，在四运犯上山下水，五运则到山到向。珠宝、火坑[①]，因运变易则随时而在之阴阳尚已。

校者注　①　珠宝、火坑：此处所讲的珠宝、火坑是指线位的吉凶。珠宝线：山向两星逆飞，线位成旺星到山到向之局。火坑线：山向两星顺飞，线位成为“山里龙神下水，水里龙神上山”，线位成为“上山下水”之局。

黄姓祖墓　癸山丁向　四运扦

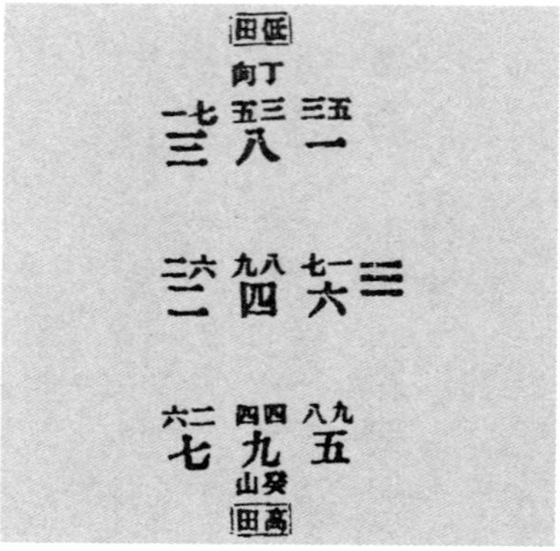

低田

丁向

一七 三	五三 八	三五 一	
二六 二	九八 四	七一 六	☰
六二 七	四四 九	八九 五	

癸山

高田

此地坎方高田落脉，面前低田，兑方有直水来。

仲山曰：“扦后十余年，财丁不利，长房尤甚，且犯血症，一交七运，有服毒身死之人。”

沈注：此局四绿上山，长房不利。兑方七一同到，直水冲腰，血症不免。且兑方运星六白，水上一白，山上七赤，七运九到兑，并将山上四绿带来，水生火，火克金，金为石，即服砒霜之类。《书》云：“我克彼而竟遭其辱，因财帛以伤身。”四九克六金，是以服毒身死也。

则先谨按：《秘旨》云：“相生而有相凌之害，后天之金水交并。”是墓兑方六、七、一同宫，而实际形峦又犯直水冲腰之忌，形气恶化，已如机张审刮，一遇客星凌铄，自有服毒身死之应。

赵姓祖墓　壬山丙向　四运扦

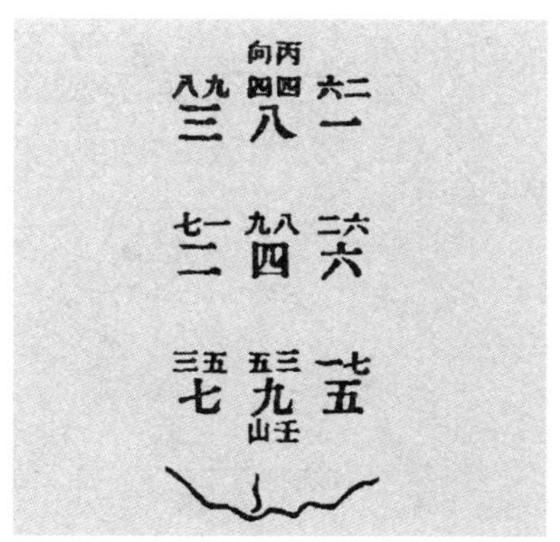

此地龙从乾转坎入首，左右两砂环抱有情，龙气穴前不见水，惟坤上有池，圆亮放光。

仲山曰："扦后出老寡妇，交八运，应有书腐小儿。"

沈注：此坟向上无明水，虽有旺星，不过平平。况坤上有池，天卦二克地卦一，坤为寡宿，为老母，故出老寡也。八运运星入中，本不利。四为文曲，八为少男，以文曲木克八白土，故出书腐小儿。此从向首断也。

则先谨按：是墓八国独坤方有水放光，故推断以坤方着眼，取其特也。然坤方天盘上下交克，故主老寡之应。不然，二六相生，名为"坚金遇土"。坤水一卦清纯，当以富断。明此可悟"论衰旺生克，当冶飞星、运盘于一炉，而尤当着眼于特也"。

蔡姓祖墓　庚山甲向　五运扞

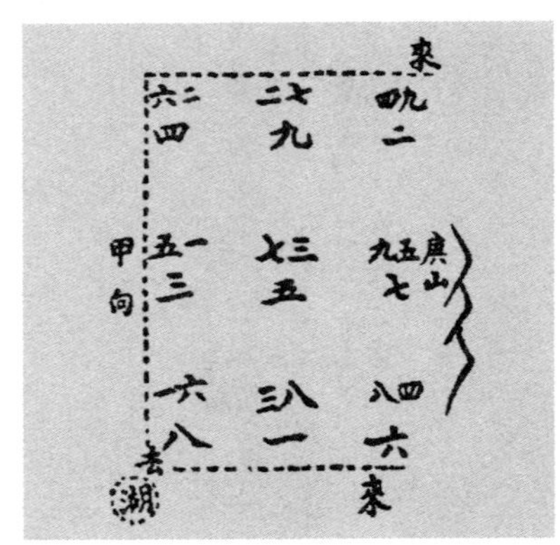

此地戌、乾来龙，转庚入首。未、午、巽、卯四方皆有水，消于艮方五里湖而出，坎方亦有水，亦消于五里湖。

仲山曰："此一白龙配六白水，财贵两全之地，然初扞不利，退财损丁。交六运，财渐旺。"主人曰："财丁不知其详，惟蔡培于戊辰、己巳连捷，发贵无疑矣。"

沈注：此地上山下水，如何云"财贵两全"？盖独取五星湖为城门。（运盘挨星八到艮，入中逆飞，五到艮，是为城门一吉。）艮方山上飞星是一到，为一白龙；向上飞星是六到，为六白水，所以主财贵也。七运客星七入中，一到艮，戊辰年年星三碧入中，四到乾，六到艮，一到向，是一白重逢一白，六白重逢六白。己巳年太岁二入中，四到山，一到巽，九到向，故主连捷也。（按：山向为四九为友，巽方为四一同宫。）

前墓六运附葬，明图于后。

蔡姓祖墓　庚山甲向　六运扦[①]

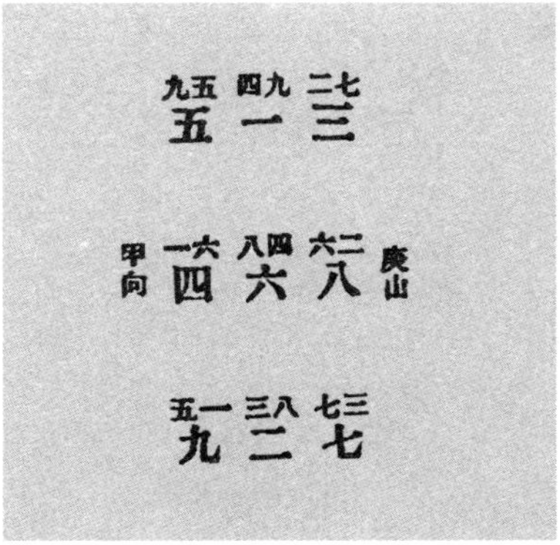

	九五 五	四九 一	二七 三	
甲向	一六 四	八四 六	六二 八	庚山
	五一 九	三八 二	七三 七	

仲山曰："六运附葬后大发财丁，兼出科甲。"

沈注：改葬后大发财丁者，所谓旺山旺向也。六白龙配一白水者，因龙从戌乾来，戌乾乃地盘之六，坐山乃旺星之六，皆为六白龙。五里湖放光是一，即为一白水，故云"六白龙配一白水，主科甲也"。行兑运，一白挨到五里湖，奎星加于水口，戊辰、己巳连捷者，戊辰年年星三入中，四到乾，太岁加于来龙；六到艮，一到震，奎星加于向上，艮震两方会成一六同宫；八月月白七入中，一到艮，为湖，是奎星又加于水口，故中。所中之人必壬戌或甲午命，因龙从戌乾来，戌为犬，乾为马也。己巳年，坐太岁是四，吊照中宫之四，年星二入中，四到山，所谓"太岁临山"。三月月白九入中，一到乾，奎星又加于来龙，故连捷也。

则先谨按：是地龙真穴的，艮方湖水圆亮。以星气论，四运扦卜为一白龙配六白水；六运附葬，为六白龙配一白水。均主财贵无疑！不过，初扦犯上山下水，定主不利；附葬合到山到向，自然一帆风顺而已。

校者注　①　此标题为校者所加。

某姓墓　乙山辛向　五运扦

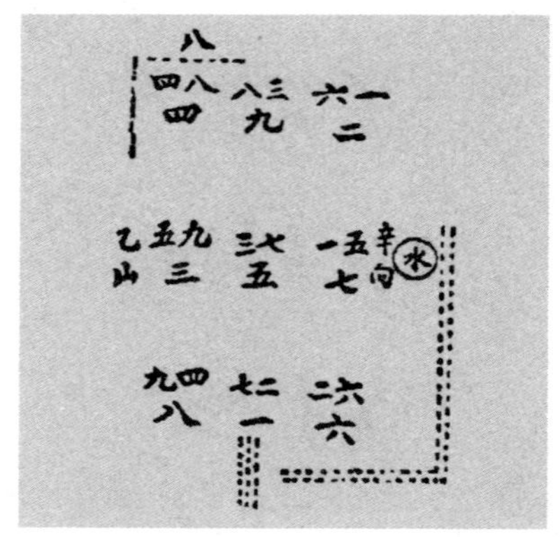

巽龙转甲入首，巽、巳方界水，兑位有内堂水。子、癸方有大河冲腰，戌、乾大水，外堂乾、兑两宫大水。

仲山曰："此坟葬后，财气渐旺。因乾、兑两方有水，山临五黄，主丁少。且坎方有河冲腰，主出寡妇，坤为母故也。"主人曰："寡妇世世不绝。"

沈注：此局葬后财渐旺者，得向上旺星，又有大水，故主财也。山上旺星是五，本主多丁，今云丁少者，因山上运盘是三，旺星是五，木克土也。中宫亦犯此病，故主丁少。坎方直河冲腰，坎上是一为中男，向星飞到是二，土克水也。二为坤，为寡宿，犯直河冲动，定出寡妇。若无直河，虽二一同宫，无此害也。然此地一交七运，向星入中，必主败矣。

则先谨按："山临五黄主丁少"一语，余运则然。若五运无此乘时得令之星到山，则转主丁衰祚薄，盖此五乃五运之五，非五黄之五，亟须辨清，不可拘执也。

徐姓祖墓　卯山酉向　五运扦

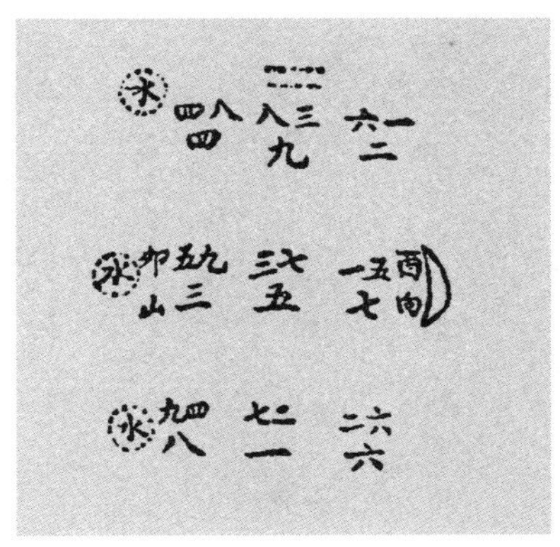

此地离方有水，巽方水特大，艮方又有大水，卯方有小池，兑方有山高而逼。

仲山曰："此地扦后，大主淫乱。"主人曰："先生须看得真。"仲山曰："非此无可断。"主人默然。

沈注：此局葬后主淫乱者，因兑方有山高而逼，旺气不通。五为九离也，离为中女，主妇人掌权；乾为主为夫，六到乾位，已犯伏吟，故家主不管闲事。主淫乱者，卯方池水是五九，艮方大水是四九。《书》云："阴人满地成群，红粉场中快乐。"巽为长女，离为中女，均生欲火，故主淫乱也。

则先谨按：是局可为但知旺山旺向，而不谙形峦者戒。《经》有之曰："阴阳相见两为难，一山一水何足言！"玄空大卦，山上排龙，要当元得令之星，排到实地高山；水里排龙，要当元得令之星，排到三叉水口。形气两合，方为阴阳相见。若排山而偏值水，排水而却遇山，形气两背，是为"阴阳相乘"，虽系旺山旺向，仍犯上山下水，其颠倒错乱，不问可知矣！

伊姓祖墓　癸山丁向　五运扦

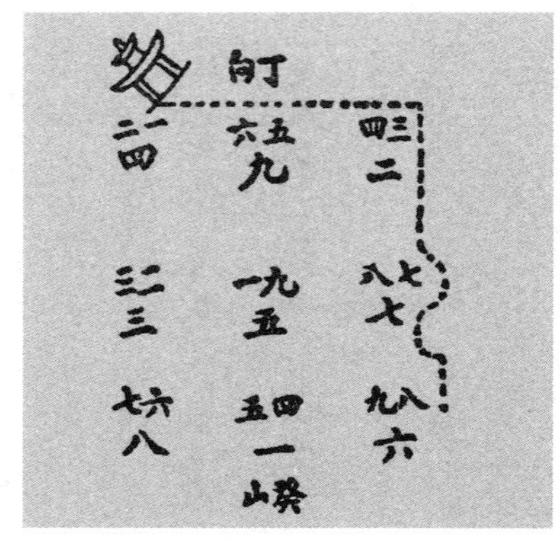

此地巽方溪水来，从离横过，至庚、酉、辛屈曲消出，巽方有节孝坊。

仲山曰："此地葬后，大发财丁，惟无读书人。六运平，七运又大发，然多口舌、官讼。"

沈注：大发财丁者，因旺星到山到向，向上又有水故也。巽方本一四同宫，又有节孝坊高起，主发科名。因地卦二克天卦一，故不出读书人。六运平平，艮方无水故也。七运大发，因水屈曲出兑方也。七运多官讼者，七为兑，为口舌。又运盘到巽是六，六为官事，巽方节孝坊高起故也。

此坟东首有穴相连，山向局运均同，葬后亦大发，惟哑二女一子。因伊姓坟塞于兑方，兑为口，为少女，故主二女哑。一子哑者，八到兑，八为艮，为少男，故一子哑。此"毫厘千里落空亡"之谓也。

华姓祖墓　癸山丁向　五运扞

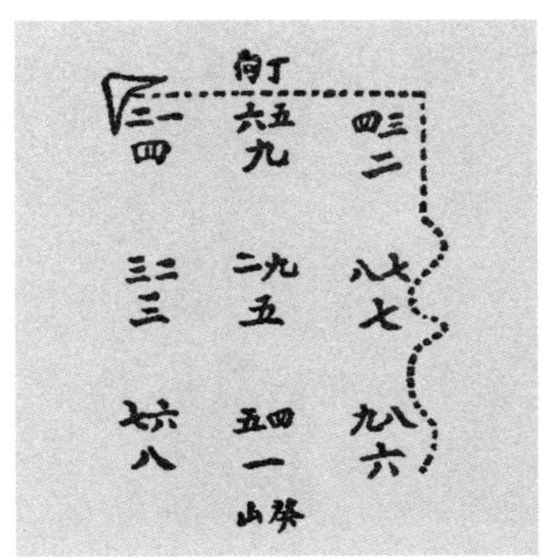

此地巽方来水，至兑方屈曲而去，又巽方水外有尖秀之峰。

仲山曰：“此局葬后，大发财丁科甲。七运大发刑名官。”

沈注：发财丁者，旺星到山到向，向上又有水也。主科甲者，巽方四一同宫，又处水外尖峰之妙，虽二黑同到，不能害也。《书》云：“一四同宫，准发科名之显。”六运平平，因艮方飞星是六，艮方无水故也。七运大发刑名官，位至三品，因双七临于兑，而水又屈曲而去。此即配水法耳。

某姓祖墓　癸山丁向　五运扦

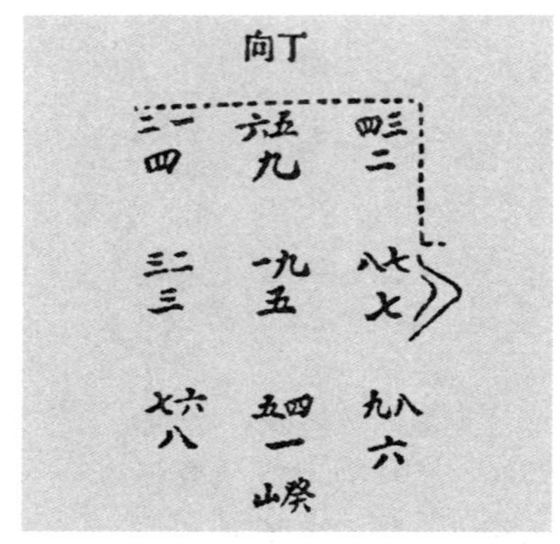

此地水从巽方来，至兑方消出，兑方有尖峰。

仲山曰："此坟葬后，主发财丁，惟两女、一子皆哑。"

沈注：两女一子哑者，因兑方有尖峰，兑为口舌，双七临兑，兑为少女，故主二女哑也；一子哑者，因八到兑，艮为少男，故主一子哑也。发财丁者，旺山旺向，向上有水故也。

则先谨按：以上同运癸丁数局，兑方塞者均哑，有水者均利，可见伏吟以通塞为宜，忌理气仗形峦为印象。明此，则八国间犯伏吟者，得知所取裁矣！且巽方同为一四同宫，与水土相克，伊姓以节孝坊高起之故，竟不出读书之人；而华姓得水外尖秀之峰，则准发科名，位至三品，相去奚止径庭。于此，更可见形峦秀美，足以左右五行，调剂生克，八国星辰，不过司招摄之化机而已。

周姓祖墓　壬山丙向　五运扦

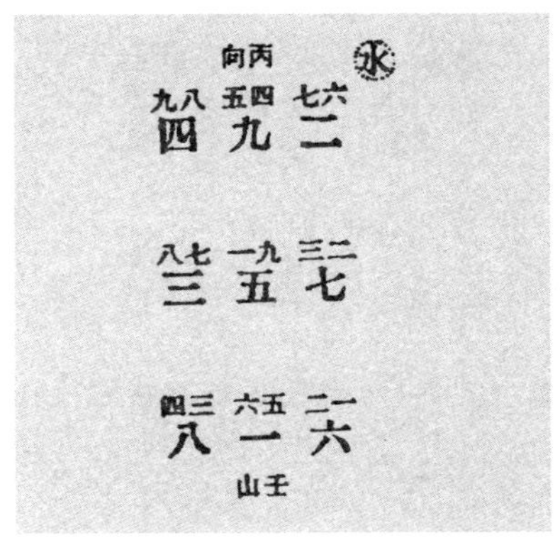

此地坤方有水放光。

仲山曰：“此地初葬不利，交六运山水俱得旺星，大发丁财，八运长房败。”

沈注：初葬不利者，上山下水故也。交六运丁财两旺者，以坤方有水放光。坤方是六，山上飞星又是六，故主六运旺也。一交八运，长房不添丁，财亦败矣。尔时，长房尚有一子，至道光七年丁亥，二黑入中，六白太岁到向，金克木，故长房之子出瘖而亡。

则先谨按：交八运，坤方之六去已久者为死。六属长，故主长房不添丁而败财。且八运五黄飞坤[①]，犯火克金，亦属不利。

校者注　①　八运五黄飞坤：按照八运的星盘，读者看下图即可明白。

八运运星图

坤

七	三	五
六	八	一
二	四	九

余姚徐姓祖墓　丑山未向　五运扦

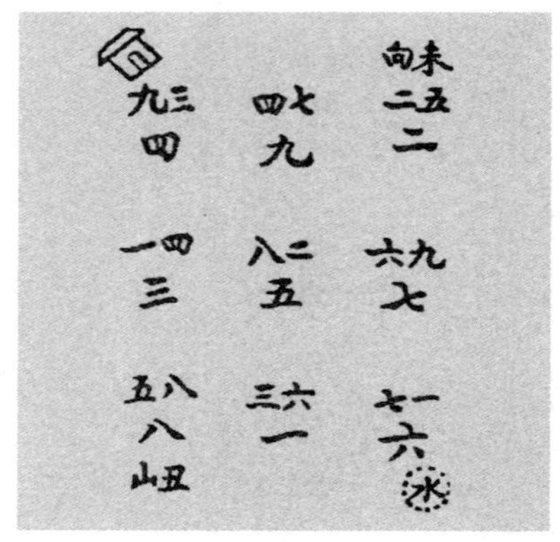

此地乾方有水，巽方有一红庙。

钱蕴岩曰："此坟葬后，富贵两发。六运中乡榜五人，出一神童，年十五，中进士，十九岁吐血而亡。现交八运，长房淫乱。今科名已无，财气甚大。"

沈注：此局大发财丁者，旺山旺向，且中宫是五，向上是五，山上又是五，山向合十，与中宫亦合十故也。发科甲者，乾方开宕之水一六同宫，巽方又四九为友也。中五人者，山上旺星是五故也。吐血而亡者，红庙高耸也。八运无功名者，八白上山，艮方无一四也。八运长房淫乱者，巽为木为长女，故应长房，巽九有九，九为欲火；且有三，为长男为贼星。以欲火之女与贼星之男同居，能免无淫乱耶？财气旺者，合十、合十五故也。

则先谨按：六运中乡榜者，以天盘断也。因八国无水，独乾宫有一卦纯清之水放光，故应在六运。又向上飞星之一亦到乾，一六共宗，乃"趋车朝阙"之义，为催官水，故主发贵。八运长房淫乱者，巽方四九为友，交八运，兑七飞巽，阴神成群，加以红庙高耸，阴神得力，焉得不主淫乱！或且有人面桃花之应。

陈余六祖墓　乙山辛向　六运扦

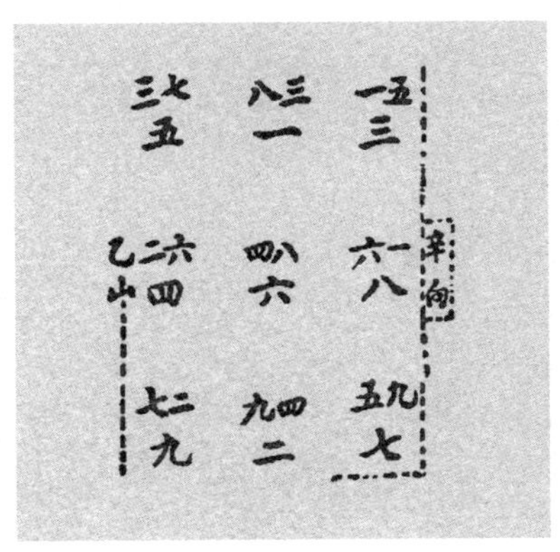

戌、乾、亥有浜，水至庚、酉、辛阔大，坤、申消出，艮方另插一浜，直射穴后。

仲山曰："此等山向，凶多吉少。"主人曰："葬后，六百余亩田一败如灰，寡居五、六人。"仲山曰："上山下水，其祸安得不如此？"

沈注：此局艮方一浜射入，到艮之星是二七，二为寡宿，七为少女，且山上六白为男，男已落水，故主伤男而出寡也。来水去水并克向首，盖向上是一，来水是九，为水克火。向上是一，去水是五，五为廉贞，作火论，亦水克火。飞星又上山下水，故葬后一败如灰也。然此地必无气，如有气之地，虽财丁两败而功名可许，因乾、兑两方有水，一为魁星，九为文明，虽克无碍也。

郑姓祖墓　癸山丁向　六运扦

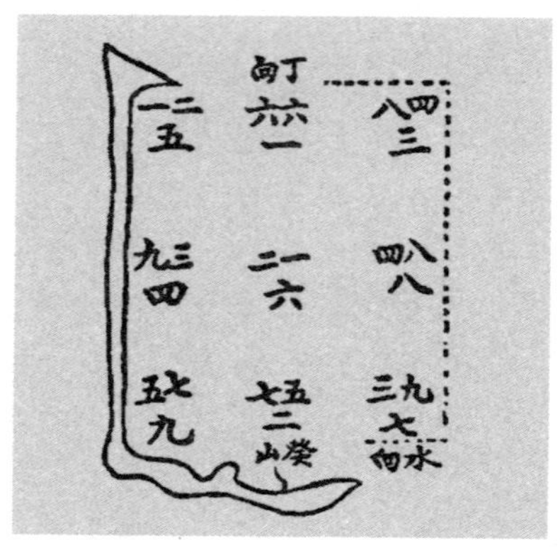

此地由癸、丑、艮高山出脉，乾上涧水声响，从兑、坤流至离方，艮方拖出一条山岗，卯方低，至巽方高起。

仲山曰："此地初葬时，有旺星照穴，离方有水，尚属平顺，一交下元甲子，损丁作贼，且犯血症。盖损丁者，廉贞并临；作贼者，破军失陷故也。"

沈注：此局初葬顺利者，旺星到向，午方有水也。七赤气不通，又有拖出一条穿砂，故交下元甲子主作贼，坐山上亦是七到，作贼者定是少男。坐山上二五交加，又五七同宫，乾上七九同宫，七为口，离火色红，故主吐血，况火克金乎！然此地交八、九两运，应顺利，因乾、兑两宫有水也。但盗祸终不能免，因艮方有穿砂，形不美故也。

则先谨按：穿砂与探头同作贼论，失元主本家应运而出贼，得令亦虑盗贼之觊觎[①]，正不必破军失陷，三碧、五黄亦所同忌，观此则形峦美恶当知所慎矣。二五迭临于坎巽，损丁之征。乾方七九同宫，名曰"火照泽天"，故兼患血症也。

校者注　①　觊觎（jì yú）：希望得到（不应该得到的东西）。

周姓祖墓　壬丙兼亥巳　六运扦

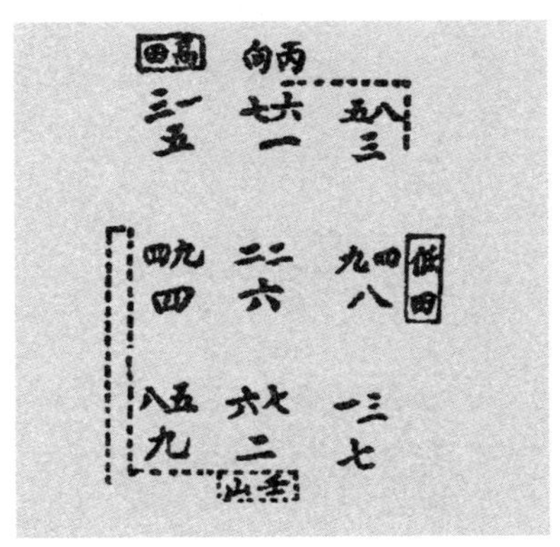

龙从坎方低山穿田至河口，兑方有低田界清脉气，坤方有支水来堂，未方亦有一支水暗来不见，穴前只见辰、巽、巳三位高田。不见水光，坎方有河开宕，由震消艮。

仲山曰："此地惜前朝远而不秀，巽方水未能圆亮放光，否则为状元地也。今状元峰不秀特，贪狼方又无水，富而已矣，恐小功名亦难得。"其言悉符。

沈注：此局壬丙兼亥巳，用"坤壬乙法"（言向上飞星为一，一即壬，壬挨巨门，不用一而用二入中，替卦法也），向上得一、六、八，山上亦得一、六、八，故仲山许为状元地也。然巽方一白是高田而无水，状元峰即朝山，远而不秀，故言小功名亦无有，仅得富而已。若朝山一秀，巽方有水放光，此即六白秀峰，配一白水，有不中状元者哉！

则先谨按：一、六、八三白到山到向，惟替卦六运中得壬丙、丙壬两局，当目为挨星中之珠宝。苟形止气蓄，得自然之阴阳，大发财丁，贵秀复奚疑！

胡姓祖墓　午山子向　六运扦

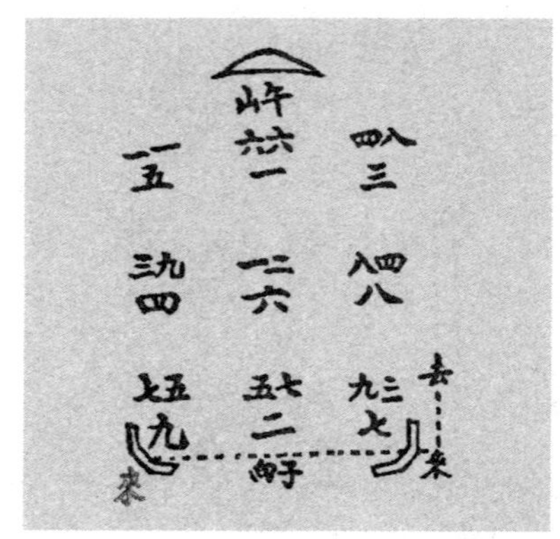

离方有高山，乾方有石桥，艮方亦有石桥。乾方来水，艮方来水，至亥方消去。

仲山曰："此局葬后伤丁，祖业败尽。"

沈注：此局旺星到高山，乾方来水，石桥是三、七、九，向上是二、五、七，艮方石桥是五、七、九，虽山上旺星到山，不旺人丁而反损丁，何也？因乾、艮、坎三方大凶故也。此可参山旺人丁之活法。

则先谨按：此《玄机赋》所谓"众凶克主，独力难支"也。乾、坎、艮三方，凶星棋布，左右石桥冲起衰宫，祸机潜伏，葬时星不当旺，未能慑服诸凶，且犯上山，宜乎丁财两耗，不可救药也。

陈姓祖墓　庚山甲向　六运扦

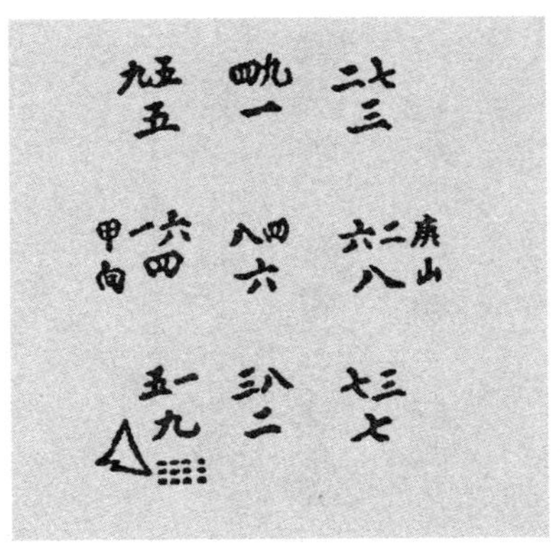

仲山曰："此局寅峰独高，艮宫见水，读书之声三元不绝。（按：此局旺山旺向，向首一四同宫，全局合十故也。）现行八运少丁少财，且主出贼。"

沈注：寅峰高起探头，在阴位，本家应出一贼，其应在二房，以坎为中男，离为中女故也。（按：八运挨星二到寅，亦阴位也。）

孙姓祖墓　癸山丁向　六运扦

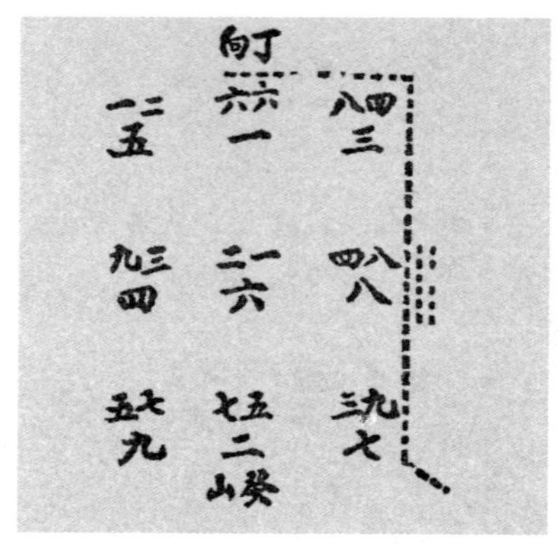

此地午方有坝水响，从未、坤、申转庚、酉、辛阔大，至辛、戌方消去。

仲山曰："葬后财丁大旺，惟子孙多头眩病。七运平，八运财更旺。"

沈注：葬后旺丁财者，因双六到向，向上有逆水故也。山之令星到向上，为下水，然双六为比和，故丁亦旺也。子孙多头眩病者，因向上旺星是六，六为乾、为首，坝水响动，故主头眩。且山上龙神下水，亦主外症也。坤上之水是四六，兑方大水是八四，六金克四木，我克者为财，又土生金，故大旺财也。七运平平，艮方无水故也。八运财更大者，兑方有大水也。

则先谨按：水里龙神上山，逢年月星辰挨来克泄，亦主外症；如乾首、坤腹、震足、巽胆、离目、坎肾、艮手、兑口之类。缘上山下水，星辰原已失所故，凡形峙气流声响之属，易于招摄耳。

金姓祖墓　巽山乾向　六运扦

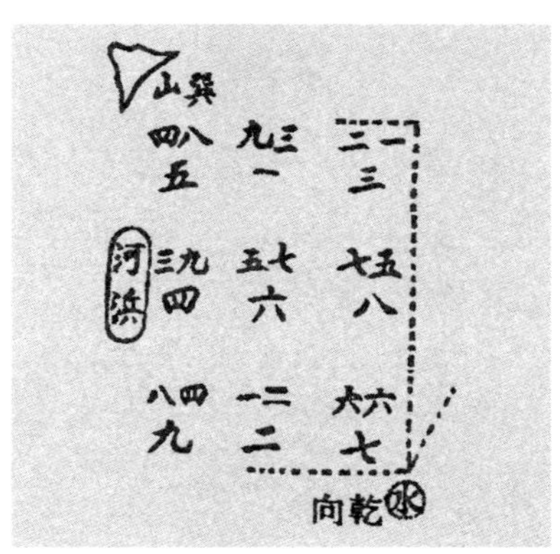

此地来龙由巽入穴，向上湖水如镜，坤方有水，兑方有远水来合，出于坎，震方有河浜。

仲山曰：“此坟主发丁财，兼有秀，只坤上之水，天卦受克，主损男丁。”主人问：“何房承当?”仲山曰：“房房沾着，盖由挨星地卦二克天卦一故也。”

沈注：此谓财丁秀之局，向得旺向，财也；向上亦添丁，故主财丁；六白为官星，故主秀。兑方远水来，兑是五，有水来，地之力反悠久。即七赤运亦不忌其入中矣。坤方地卦是二，天卦是一，谓之下克上，水被土制，此方又有水，故主损丁。况坎方亦是一二，巽四上山，安得不“房房沾着”乎！（按：山上飞星六到向，曰下水，主伤丁。双六到乾向，犯反伏吟；巽四上山，亦犯反伏吟故也。）

则先谨按：六运巽乾系八运入囚，向上湖水如镜，故主悠久。即无兑方来水之五化解，亦囚不住。双六临乾，本犯伏吟，今乾方为湖，其气已空，虽犯无妨。第全盘伏吟中，巽四上山，坤、坎两宫，水被土克，不免房房损丁耳。

徐姓祖墓　癸山丁向　六运附葬

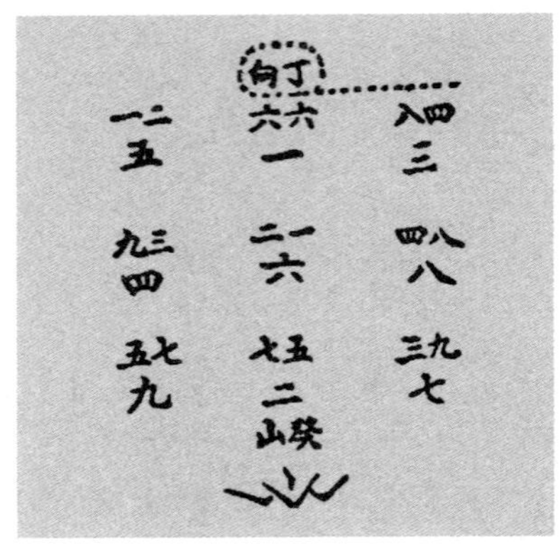

此地坎龙三台落脉，未、坤方有水流入离方，离方有湖，穴前不见湖面，其湖收小如镜。

仲山曰："此坟四运[①]葬后，大败财源，六运用原向附葬，发科甲。四运葬而败者，不得其时，吉地亦凶，由退神管向也。六运葬而发者，由进神管向也。"（按：四运运星八到向，三木克八土，故为退神；六运运星一到向，六金生一水，故为进神。）

校者注　①　此坟四运：请读者参看下图。徐姓祖墓四运图，双星到坐，坐后有山，主大利人丁（山里龙神归山），但主大败财源（水里龙神上山）。

向丁

一　七 三	五　三 八	三　五 一
二　六 二	九　八 四	七　一 六
六　二 七	四　四 九	八　九 五

山癸

沈注：四运中立此向，虽形峦甚美，而水里龙神上山，故大败财源。六运附葬，旺星到向，向上之湖又得一六同宫，《天玉》云："紫微同八武。"《秘旨》云："驱车朝北阙，时闻丹诏频来。"所以发科甲也。（按：紫微为亥六，八武为壬一，即一六同宫也；山上飞星六到向，为下水有一六之吉征而凶，亦不应乾六为午马。壬一为北阙，丹诏频来，亦一六之应也。）

则先谨按：方今四绿主运，常见立此向，而坐后有山者，其家丁日盛而财恒衰。此双星会合于坐山，水神上山之所致也。若云"退神管向"，乃仅指向首一星之失令而言，非败财之主因也。是墓于六运附葬，离方有湖，合双星会合于向首之局，加以一六吉征，遂发科甲。于此可悟"宁犯下水，毋犯上山"之理。盖旺神管向，一贵当权，其力足以消灾致福故也。

郑姓祖墓　戌山辰向　七运扦

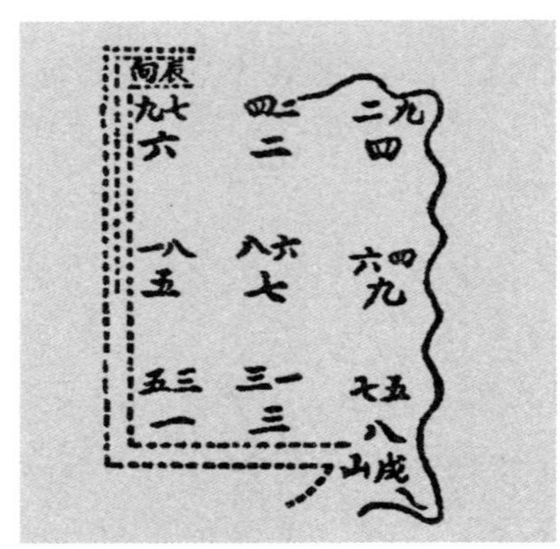

此地龙从离方屈曲而来，由乾入首，内堂水从癸丑方来，外堂辰、巽、巳，甲、卯、乙方水甚大，由艮至坎消出。

仲山曰：“此小财丁地，绵远不败，但子孙必有折足者，尤发。”主人曰：“然！自明迄今大发。清初以来，子孙中代代出一跷子，俗呼为‘跷子坟’。”

沈注：此局旺星到山到向，故主丁财绵远不败。向上旺星是六，若到囚时，须得一百六十年，故言绵远也。小财丁者，峦头形局不大也。子孙出跷足尤发者，因艮方出水处，水去形如跷足，故出跷子。尤发者，水大也。飞星到艮是三，三即震，震为足，更加形峦亦如跷脚，故主足疾无疑矣！

慈溪俞姓祖墓　子山午向　七运扦

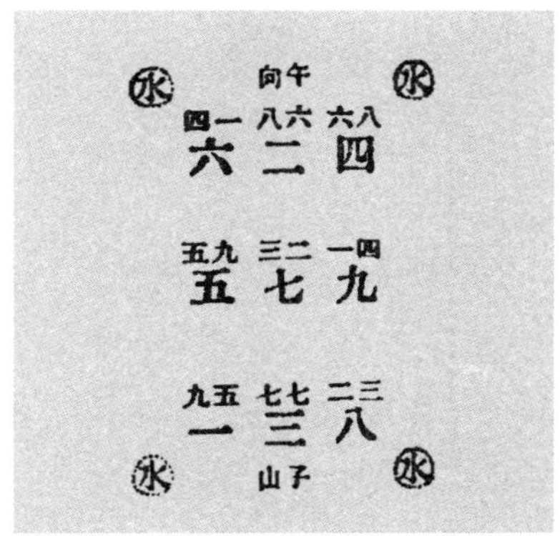

此地平田，龙从子、癸方来，乾、坤、艮、巽四维之方均有水。

钱蕴岩曰："此地主饿死。"后果以中风不得食，饿十余日而死，家业亦萧条。

沈注：前有陆姓坟扦于二运，亦四维之方皆有水，惟水外有山，坐朝与此相同，葬后出名儒巨富。此地亦四维之方有水，特水外无山。致饿死者，彼系旺龙旺向，四方配合有情。此局是衰向，全无生气入门，且向首运星是二，二为坤、为腹；向星是六，六为乾、为头。头腹皆无生气，所以饿死。此与陆氏一局，所谓"吉凶不同断"也。

则先谨按：是局四水开阳，全盘合十，坤方土金相生，巽方一四同宫，形气如此，似可无庸赀议；孰知灾福之柄操于向首一星，其应速而验神，今是局以退神管向之故，致四库之配合失其纲领，不相呼应。衰气所感，遂有饿死零替之应，冤哉。

王御史祖墓　丁山癸向　七运扦

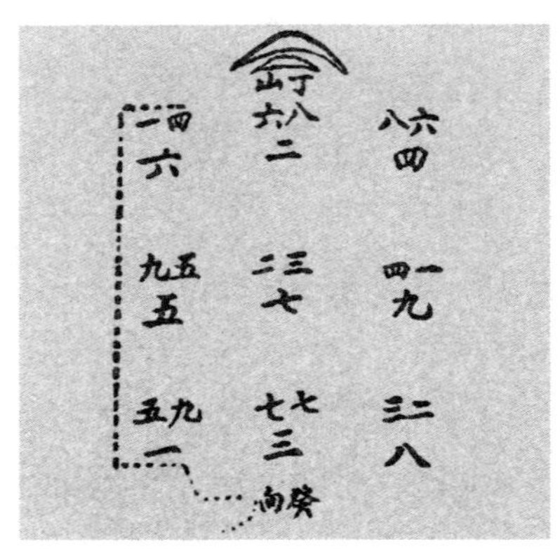

此地离方高山贴身，出脉起墩，坤方低，巽、震涧水，流至坎、艮聚消，无朝案。

仲山曰：“此地葬后有财无贵，得六十年旺气，出御史非此地也。”

沈注：此局两盘七到向，财自旺矣。八运本属不通气，而山上龙神已下水，故不主凶而反吉。九运艮方有水，仲山故云“得六十年旺气”也。不发御史者，因坐后无好峰，朝山无峰，八方又无秀挺之峰，故主富而不贵。发御史，当别有坟耳。

则先谨按：七运用三入中，运与向合十为最吉，全盘合十亦吉。凡合十则气通，八运之化凶为吉，其故殆由于此。若谓山上龙神已下水，故不主凶而反吉。此玄之又玄，可以意会，不可以言传也。

马姓祖墓　辰山戌向　七运扦

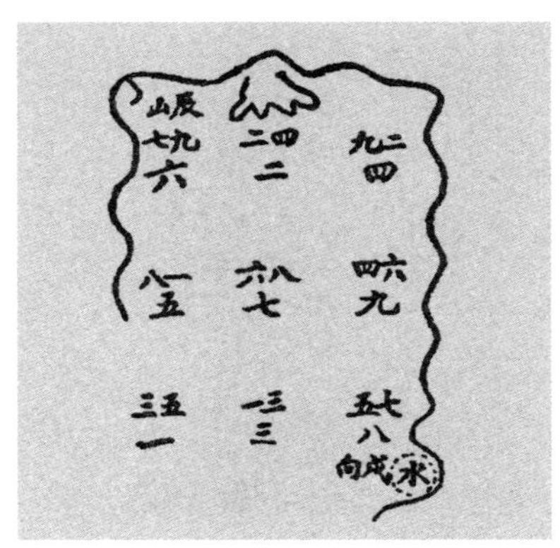

此地龙从卯方、乙方转巽入首，离方山活石巉岩，至坤、兑转至乾方作朝案，案外飞窜不静，穴前有水。

仲山曰："此坟葬后，吉不抵凶，初运财气顺利，至壬申年难免伤丁，现行艮运，财丁两衰。乙未年主有官讼，丁酉亦然。"主人曰："然。"

沈注：初运顺利者，旺星到向，向上又有水也。然形峦巉岩，故吉不抵凶，且运又甚短。壬申年，太岁八白入中，九到向，山上之九移于向上，故损丁。况案外朝山斜飞不静，一交八运，向星入中。乙未年官讼者，太岁三碧入中，七到离，离方巉岩，故主讼。丁酉年，太岁一白入中，七到坤，坤亦巉岩，故又讼也。

则先谨按：是地离方活石巉岩，案外又飞窜不静之煞曜，故虽旺山旺向，吉不抵凶。盖初年吉凶应验，重在峦头，一逢流年凶星加临，其应如响。壬申年，山上之九移于向上，为伤丁之征。然是年，太岁为二黑，八白入中，太岁二黑飞艮，压艮方飞星之五。《紫白赋》云："黄遇黑时出寡"，亦伤丁之明证也。丁酉年，一入中，二到乾，又犯二五叠临，恐人口亦不利。

某姓墓　辰戌兼巽乾　八运扦

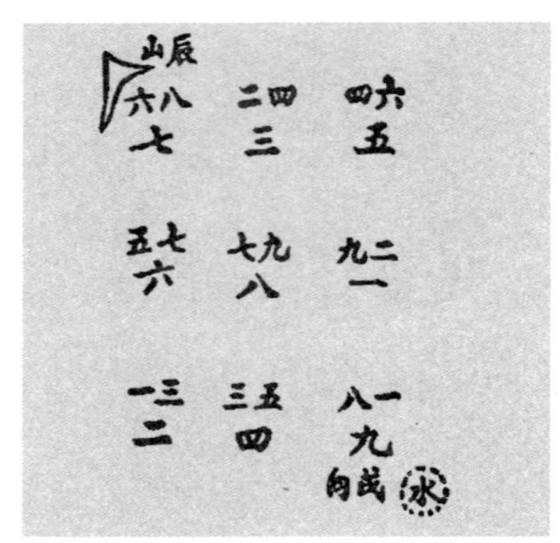

此地龙从辰、巽来，辰、巳方有高峰，戌、乾方有大水放光。

仲山曰："此局上山下水，主凶，且龙运已死，立戌向，龙神交战，主出大盗灭族。"

沈注云：辰巽巳龙，八运已死者，巽方是木，八运到巽，是七犯金克木，故云"死龙"。八运立戌向，向星到辰是八，巽木又来克土，龙神交战已极，此地当出大盗灭族之人。因辰为天罡，戌为地煞，故交一运，必出凶恶之徒。因一到向上大水故也。至二、三运，即犯灭族之祸矣。若坐下无山，向上无大水，只主斩绞、徒流，断不至于灭族耳。

则先谨按：以天罡地煞处高峰、大水，龙运已死，龙神交战，形气两顽，挺生巨盗；加以山颠水倒，运短囚速，交一运，向上令星又吊入中宫，愈演愈烈，驯至灭族。《阴宅秘断》五十余则，以是局为最凶。学者于此，当凛四墓销铄之可畏，形气取舍之宜慎也。

邹状元祖墓　卯山酉向　九运扦

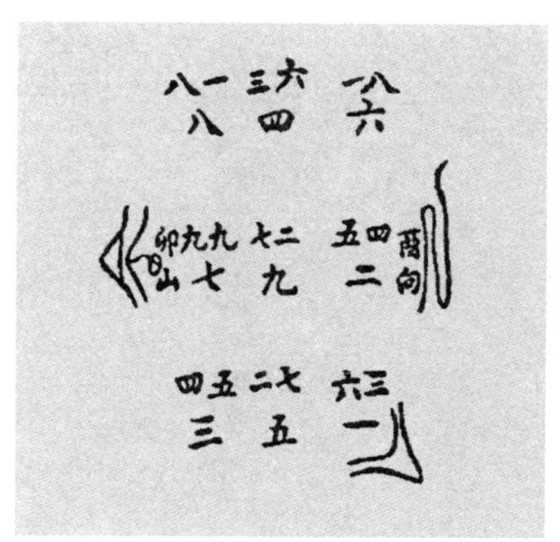

此地卯方高山尖顶，落脉缩细，又耸尖顶，仍落脉生石钳。钳前生土墩，紧靠墩葬，俨如圈椅，上降软砂数层作内衬。乾峰远出十余里，堂气宽大，兑方河水十余里，屈曲来朝。

仲山曰："独取乾峰发贵，向上之水，坐下之山，形局虽甚美，恐财丁不大旺，此不得时之故也。"

沈注：有此美地，使得运得局，定当大发，惜不得其时，但取乾峰发贵而已。可见，单讲峦头者，如不得时，吉地大减力量。乾方一六同宗，又三碧木亦主功名，故三运内发鼎甲也。

则先谨按：秀峰主贵，发在何运，例须从山上飞星断，然有时亦可就向上飞星推也。是局独取乾峰发贵，向星三碧到乾，本主功名，而三运客星四飞乾，与运盘合成四一，实为催贵之征。故交三运，便发鼎甲。或照四运排，虽取向水屈曲来朝，而无奈向星入中，星不得令，向上之水反当作凶煞论矣！

许姓祖墓　丁山癸向　九运扦

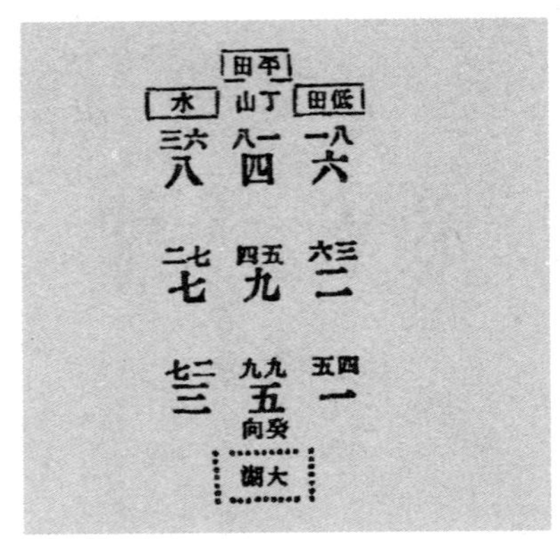

此地平洋，午龙入首，左低田，右河浜，前大湖。

仲山曰："败丁败财，因向上湖水受煞也。"

沈注：前邹姓之坟，因旺星不到向，大减力量。此局旺星到向，乃云败丁败财者，何也？盖九运最难取裁，向上无水，固属不美；向水太旺，火光越盛，亦不宜。况兑方三碧木生火，震方七赤火比和，火会聚助向首，火愈炽矣。此可为但知旺星者戒也。

九紫运，往往双到向，不能到山。大抵山上一盘，取二黑、八白龙入首；向上之水，取田源渠沟，或狭河小港亦可。一白方不通气，固属不可；一白方水大，亦嫌水克火。总之，不宜见大水为是耳。

则先谨按：一、九两运，无到山到向之局，立向较难，然坎一居上元之首，统领诸卦，临方到向，罄无不宜。而离九处下元之末，本元之气不复可通，一、六、八三吉中，仅取贪狼一吉，余均衰死，加以火性燥烈，形气之饶减制化，往往顾此失彼，故立向以九运为最难。是墓双星聚向，面临大湖，火过旺矣。龙神下水，水外无山，丁不保矣。且入中弥速，一运便囚，凶可知矣。或以谓"向上有此大水，当作囚不住论"，孰知双星会合于向首者，以向上飞星到山之字入中为囚，苟坐后有此大湖，犹可疑为囚不住耳。

阳宅秘断（计十七条）

陶姓宅　丑山未向　五运造

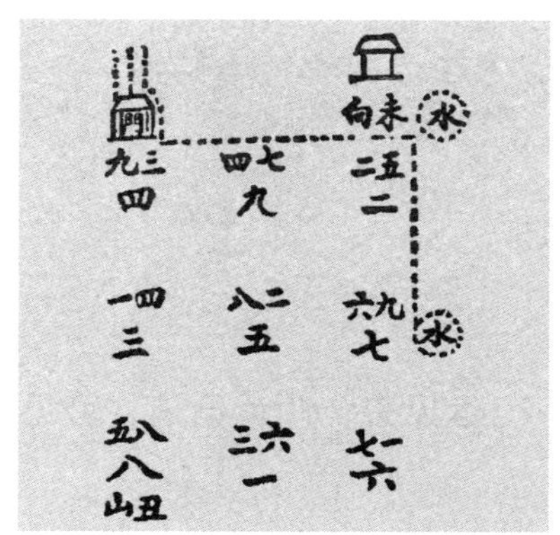

向上有破屋并水，开巽方门，前有三叉水口，兑方有水至巽方门前聚消。

此屋住后，财丁颇好，旺星到向也。至六、七两运，病人常见女鬼，因向上有参差[①]之楼故也。

则先谨按：向上残楼参差，阳和掩蔽。宅中色气，乃祸福之主宰。黑暗阴寒，谓之“死气”。故旺运一过，二本阴卦。五为五鬼，自有病人常见女鬼之应。

校者注　①　参差（cēn cī）：长短、高低、大小不齐；不一致。

某　宅　子午兼癸丁　五运造

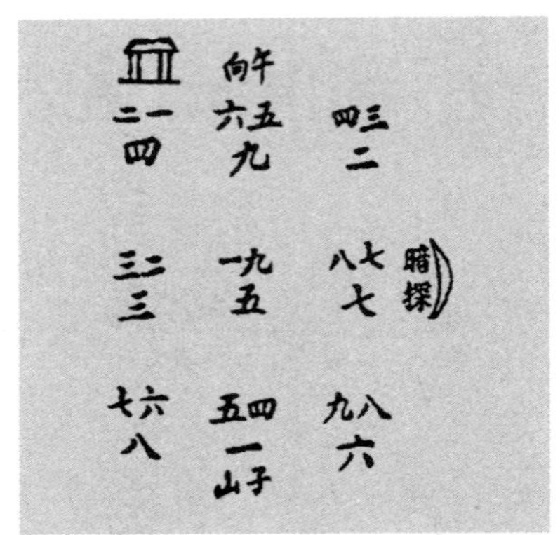

此宅兑方有暗探，七运见鬼，八运已消，可见暗探必主出鬼，不必拘定二黑为鬼也。

此屋住后出寡妇，中年以上人丁克死，因坤土克坎水故也。此从屋向断，不从门向断也。

则先谨按：此屋起造非不合运，但巽方星辰犯“水遭土克”之咎，所以迭损中年者，必是方有邻屋室塞，掩蔽阳和，受克乃烈。否则，辟为门路，通一四之气，亦未尝不主书香也。

某　宅　壬丙兼亥巳　五运造

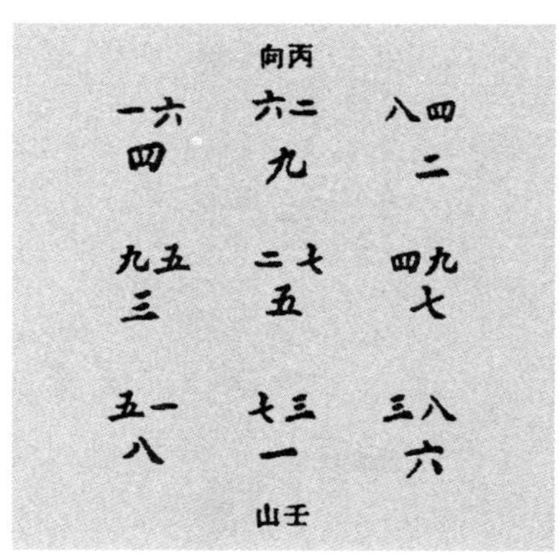

此局用变卦，故七二入中。

按：到山之一为壬，壬挨二巨；到向之九为丙，丙挨七破。故山、向飞星不用一九而用二七。此用替卦之法也。

此屋住后，寡妇当家，如夫人主政。因二为寡宿，七五入中宫，七为少女，故主如夫人主家政也。

则先谨按：二黑到向，主寡鹄；与六白同到，则主寡而得旌，六为官星故也，有水更验。二宅同断，是局从向首中宫合阐取验，凡断衰向或旺向被凶形冲射者，均宜取法，于是并阐中宫也。

某　宅　辛乙兼戌辰　五运造

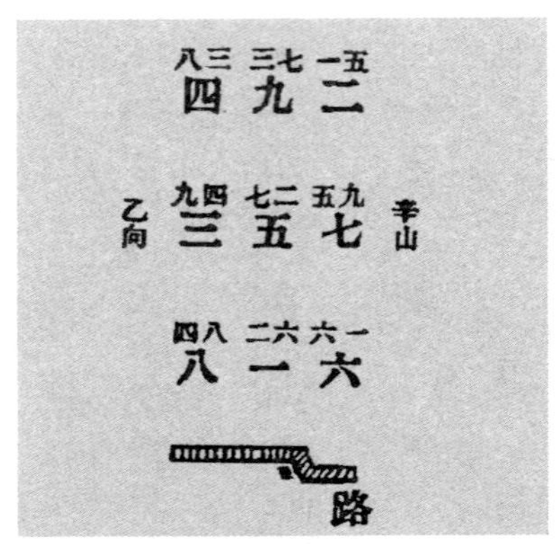

此局用变卦，故二七入中。

按：向上挨星为三，三即乙，乙挨巨，故飞星不用三而用二入中。亦用替卦法也。

此屋住后，多女少男，连产八、九女，只生一男。坎方有路，如夫人生者聪明，正配生者愚鲁，因一六到坎故也。生女者气衰也，即阳卦六生女故也。

则先谨按：此局不当替而用替，气自衰矣。气衰本主生女，阳卦且然，今山向中宫阴卦密布，显系多女之象。连产八、九女者，山上、向上各逢九到故也。只生一男者，运星三到向，震为长男故也。九五临山，火炎土燥，故所产愚鲁。《秘旨》云："火见土而出愚钝[①]顽夫。"虽当元亦应，况衰向乎！

校者注　①　愚钝（yú dùn）：愚笨；不伶俐。

某　宅　子山午向兼癸丁　六运造

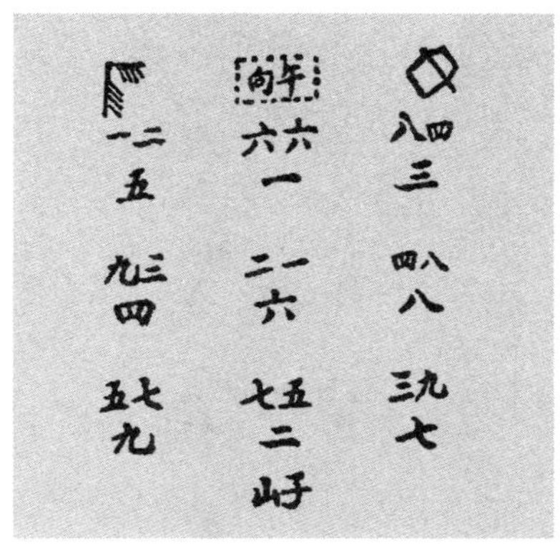

此屋财气大旺，丁气亦佳，因旺星到向，向上有水也。然辰、巽方是一、二，墙外有坟，左边当出一书腐。未、坤方有屋，门临于四、八之位，右边亦出一书腐。因一为魁星，四为文昌，皆被土压故也。若无坟屋，不过出读书之人耳。

则先谨按：观此可悟一四所在，无论山向飞星，均不宜受形质上之逼压，犯则变文秀为书腐。冲射更凶，二宅同忌。

某　宅　子山午向　六运造

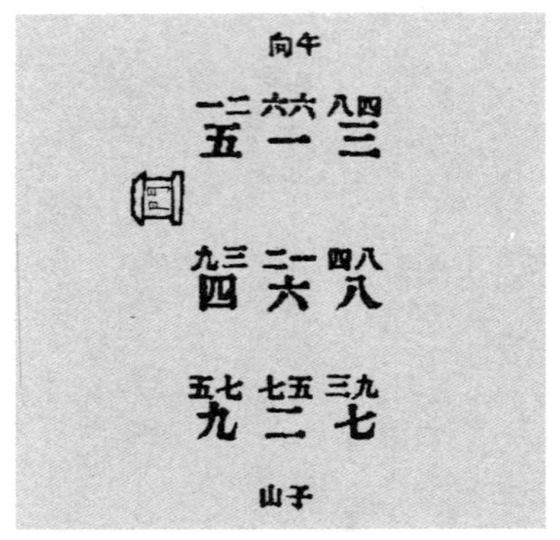

此宅对宫有屋尖冲射，中子当家，因坎入中宫，坎为中男也。然屡被官府暗算，以虽属旺向，因有邻屋冲射，向上是六，六为官星故也。

则先谨按：屋尖冲射，官星高耸，故屡被官府暗算。向上旺神飞到对宫高屋，犯上山，亦主耗财。六为长，长不得力，故主中子当家，取坎入中宫之验。

某　宅　子午兼壬丙　六运造

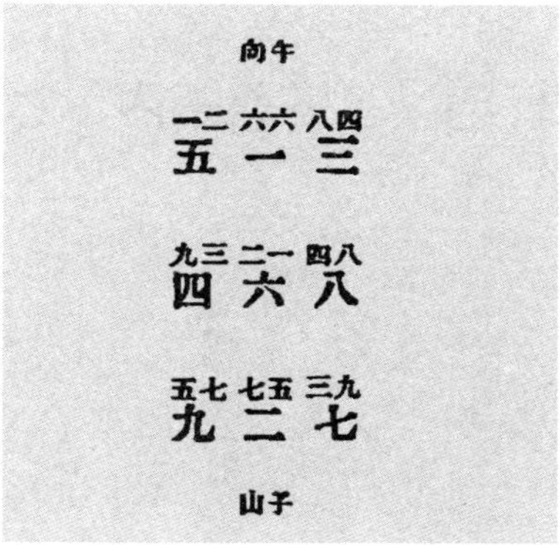

向午

一二 五	六六 一	八四 三
九三 四	二一 六	四八 八
五七 九	七五 二	三九 七

山子

此宅向得六白，双乾到向，乾为阳首，坐子向午，为地画八卦之坎宅，阳六为坎宅生气，金生水也，且合“紫微八武同到”之妙。便门开震，巽方进内屋，巽方二黑为孤阴，为坎宅之难神。坎宅水也，水被土克，故为难神。再见一白同在巽宫，土克水也，一为魁星，主出读书人，今受土克，故读书将成而病，生水亏之症，恐夭天年。

此宅内户门宜开离、艮、兑三方，合成六七八三般卦，因离得六白旺气也，艮得七赤生气也，兑得八白生气也。次走坤路亦妥，四绿门，四为文昌。切忌走巽门路，巽方是二，主病符，且克坎宅。灶为一家之主，此宅灶宜在震方，火门宜向酉，木生火，火生土也。又宜在兑方，火门向震，火生土，木生火也。又宜在坤方，火门向坎，木生火，火生土也。但巽方是宅之病符，坎方是宅之五黄，均宜避。如火门向艮，是火克兑金，主口舌，有肺病血症。如离方，名“火烧天”，主出逆子。书此可通诸宅之法。

则先谨按： 立灶之法，以向上飞星作主，火门朝对为重，其方位可不问衰旺生死。旺方可避，则姑避之。最宜坐木向土或坐土向木，取木生火、火生土为吉。火门向一白，取“水火既济”亦吉。但飞星之二黑五黄方均为坐朝所忌，因巨属病符，廉主瘟瘽故也。九紫方火气太盛，虑患回禄，亦为坐朝所忌。余如向乾六兑七，犯火金相克，主有口舌、肺病、血症之咎，亦非所宜。且乾为天，火烧天门，主出逆子，九六同宫更验。宅内门方以向上飞星取三般或三白为不二法门。二黑为坎宅难神，当运不忌。余虽无一白同临，亦非所宜。因二为病符故也。

会稽任宅　子午兼壬丙　七运造

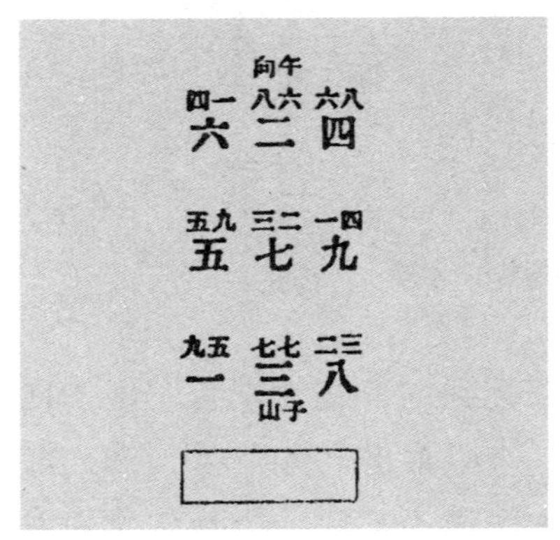

此宅前面地高，后有大河，乾、坎、艮方均现水光。后有大槐照水，一片绿色，屋内多阴暗。住此屋者，财丁两旺，因双七到后，后有大河故也。然屋内有身穿绿衣之女鬼，至申时出现。因双七到坎，七为兑，为少女也；二黑到乾，二为坤母，五黄到艮为廉贞，即九离为中女；五黄又为五鬼，此三方皆有大河水放光，合坐下之七，即“阴神满地成群”，故主出女鬼。于申时出现者，以坎为阴卦，申乃阴时也。穿绿者，因槐映水作绿色也。且屋阴暗，故鬼栖焉。

八运初，钱韫岩于未方为开一门，至今鬼不现矣。因未方得八白旺星，艮方变为二黑，五鬼已化，故无鬼也。此乃“一贵当权，众邪并服”之谓耳。

则先谨按：《易》不言鬼，凡鬼均与卦气有关，然必与环境形态相凑合，其验乃神。但屋得旺向或门开旺方，其形气亦能潜移，此“一贵当权”之义。是宅八运初，钱韫岩为就未方开门，鬼不复现，即旺门之力也。

会稽章宅　子午兼癸丁　七运造

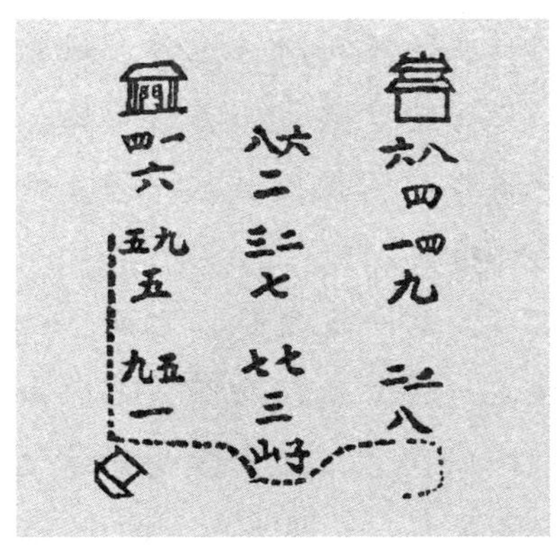

此屋运星到后，定主财丁两旺，双七临坎。至八运财大退，以坤方无水且有高楼压塞，名为上山故也。又有官讼不休，以六到坤，六为官星也。此屋若两家合住，《书》云：“一到分房宅气移，一门换作两门推。”左边所住之人居一五之位是衰方，八运上山，定主萧索；右边所住之人是八位，虽系上山，地盘尚旺，较左边之财大有高下，然总不吉耳。

门开一四之方，书香是好，兑方所住之人一四同宫，定主采芹[①]。屋后之河，乾方有跷足之象，且居于乾之三，三为震、为足，住乾方屋者，必出一跷足。左边所住丑方之人，必出一瞽女，因丑方九五同宫，且有门屋塞压，九为离、为目，五为土，目中有土，故主瞽。《书》云“离位伤残而目瞎”也。

左屋之灶建于震方，震九位火门向午，午即六，定主父子不睦，《书》所云“火烧天”也。然无骂父之儿者，形局无张牙之状耳。

则先谨按：《天元五歌·阳厢篇》云：“一到分房宅气移，一门恒作两门推；有时内路作外路，入室私门是握机。”注曰：分房者，是数家

校者注　①　采芹（cǎi qín）：指入学，或指考中秀才成了县学生员。明·赵振元《为袁氏祭袁石寓宪副》：“自采芹舞象，司马公（袁可立）已庆其有子矣。”清·钮琇《觚賸（shèng）续编·红娘子》：“发其缄，寒暄外，唯惓惓问红娘子无恙，且言红有假子，颇能文，已令采芹于泮否?”

合居一屋之分房也。看法以一家私门为主，诸家往来之路为用，是言九星定于起造之际，不因分房而随之变易，第分房以后，各得一隅，其吉凶以私门乘气，故曰“握机”。内路引气，故转可作外路论耳。后人不察，率以分房后之私门作主，不论所处地位，仅系宅之一部或厢房，余屋各自立极飞布九星，谁知中宫误定，满盘都错。要之宅运以起造定特立星辰，须实际上自辟蹊径。不相关联，方得立极飞布，自成一家，否则只可照全宅八国之局部推也。

本篇详注住左住右。左居一五之位，右处八白之方，即房分而宅运仍旧之明证也。或谓住左边者，私门向西，七运山上飞星西方是一，向上飞星西方是四，门对一四同宫，主出聪明正途之人。住右边者，私门向东，七运山上飞星东方是五，五即土也，向上飞星东方是九，九为火、为文明。门对九五，火炎土燥，顽钝之征，文明被土所压，主出一书腐。此从门向论也。今沈公注云“兑方所住之人定主采芹”，乃就地盘立论。然震方处九五之位，不出书腐者，亦未始非门对一四之补救也。门向地盘融洽饶减之理，观此便不难索解矣。

胡　宅　甲山庚向　七运造

	四八 六	九四 二	二六 四	
甲山	三七 五	五九 七	七二 九	庚向
	八三 一	一五 三	六一 八	

此屋丁方，有一条直路而进，山颠水倒，本主不吉。且离方门前有直路冲进，又是二四同宫，定主姑媳不睦。《书》云：“风行地而硬直难当，定有欺姑之妇。”姑受欺不至气结而死者，以门上有九到，火能生土故也。

则先谨按： 玄空五行之吉凶，必与实地形峦相凑合，其验乃神。风行地上，气也。硬直难当，形也。形气交会，自有悍妇欺姑之应。是屋门开二四之方，苟无路气直冲，其验亦微。然是屋本犯山颠水倒，若就震方得辟便门，亦足以资补救。今不是之图，而辟离门，纵无凌长犯上之应，亦全无生气入门，衰可知矣！

某　宅　申寅兼坤艮　七运造

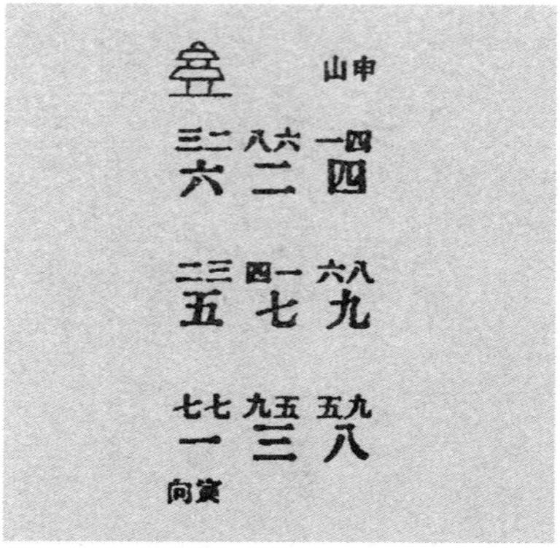

		山申
三二 六	八六 二	一四 四
二三 五	四一 七	六八 九
七七 一	九五 三	五九 八
向寅		

此屋住后，财气颇佳，然巽方有高楼冲射，必有一老寡妇争田涉讼。因六为官星，二为寡宿、为田土故也。又有少女喜伴中男，因向上双七，七为少女，坎一到向，坎为中男故也。

张村丁宅　子午兼癸丁　七运造

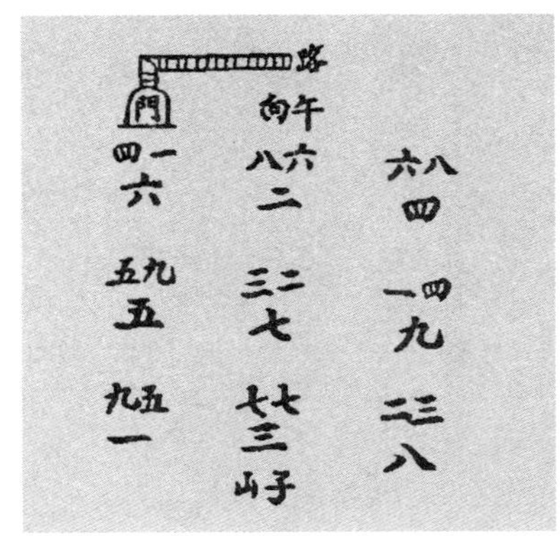

此屋门开巽方，前有直路阔大，从午方引入。

此屋向星上山，后无水，本主不吉。门开巽方，本一四同宫，主发科名，因路气直冲，为水木漂流[①]之象。四为长女，故主妇人贪淫。路从午方引入，直进到门，主外人进来，来者必一光头和尚，因向上之六在于离方，头被火烧，故主光头入于四一之门与妇人交接也。且巽为僧，故主来者为和尚。然此门前必有“抱肩砂”，否则无此病也。

则先谨按：一四同宫，得令主功名，失令主淫乱。然与形态丑恶之砂水相值乃验，犹发科名之必须挨到秀峰秀水方位，同一例也。二宅皆然。

校者注　①　水木漂流：一为水，四为木。木浮水上，故称。

许 宅 子午兼癸丁 七运造

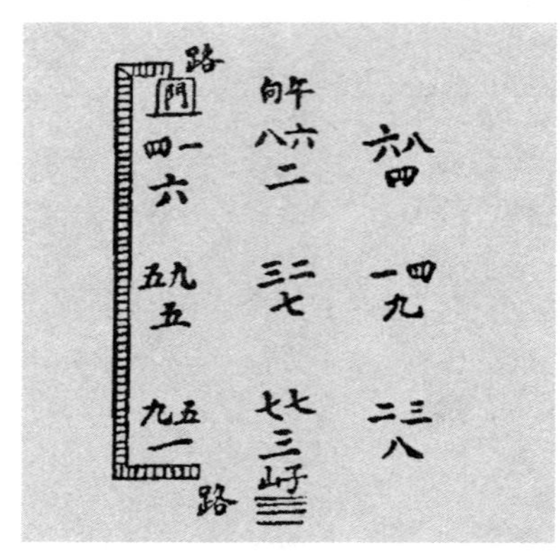

屋后有河，巽方开门，路从艮至震至巽引入门中。

此屋住后，财丁两旺，因旺星到后，后有河水故也。门开巽方，乃一四同宫，准发科名，且向上是六，巽方运盘亦是六，六为首，且六与四合十，又一与六同宫，当为案首，故孟仲两人均考案首而入泮。道光七年丁亥，二入中，一白到巽，二房考一等案首；十五年乙未，三碧入中，二黑太岁到巽，长房考起补廪，皆巽门之力也。进气艮震两方之路，均犯九五同宫，故出瞽目之人。

则先谨按：进气方两犯九五，遂主出瞽。可见阳宅以门为骨，以路为筋。吉门恶路，故有酸浆入酪[①]之喻。

校者注 ① 酪（lào）：用牛、羊、马的乳汁做成的半凝固的食品；用果子或果子的仁做的糊状食品。

湖塘下陈宅　亥山巳向　八运造

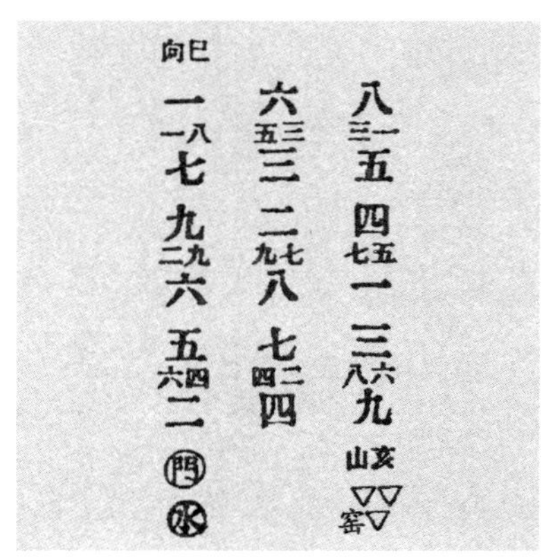

屋后有窑三座，在戌、乾、亥方。巳方照墙，寅方开大门，门前有大湖放光，又有路直冲寅向。

此屋住后，家主即吐血而亡，因乾方六九同宫，犯火克金。又有三窑火光透焰，真火又来克金，离色赤，乾为主，故家主吐血而亡也。寅方门二四同宫，二为姑，四为媳，又有直路冲门，门前大水为五黄，故主姑媳不睦而致讼，以六到艮宫，六为官事也。次子病后而哑，以巽为风、为声，寅门四二五同宫，土塞声上，故主失音。中宫七二九同宫，《书》云："阴神满地成群，红粉场中快乐。"故主姑媳不洁也。此宅若开门向丑，八白旺星到门，主二十年吉利，断无诸患，所谓"一贵当权"耳。

则先谨按：开门之法，固取旺方，而于二十四山随时而在之阴阳，不可不辨。如前会稽任宅，八运初，钱韫岩于未方为开一门，鬼不复现。夫坤宫固为任宅八运之旺方，然不开坤申，而独取未者，何也？盖八运八入中，五到坤，天元龙四维五属阳，坤申阳也，逢阳顺行，八白不能到门，所谓"旺而不旺"；未阴也，可用五入中逆行，则旺星到门，艮方变为二黑矣。是宅艮方运盘为二，二即未坤申，此三字惟未属阴，未与丑为地元一气，故当开丑门丑向，则二入中逢阴逆飞，八白旺星亦到门矣，此"不旺而旺"也。

东溪周宅　酉卯山兼辛乙　八运造

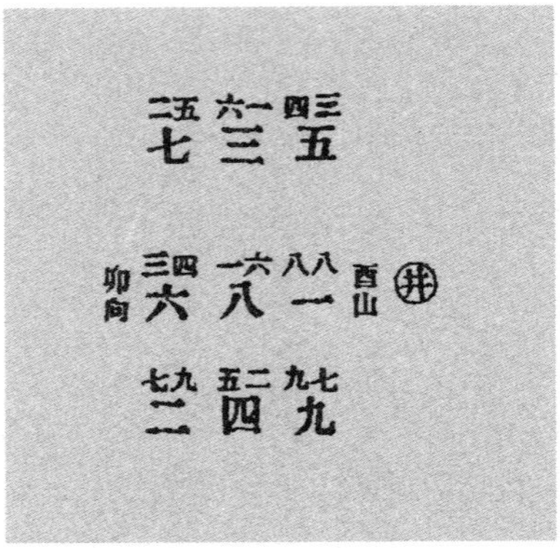

	二五 七	六一 三	四三 五		
卯向	三四 六	一六 八	八八 一	酉山	井
	七九 二	五二 四	九七 九		

此宅坐后辛方有井，作书房，于道光乙未、丙申两年，先生打死两学生，均头上受伤而死。

此屋旺星到山，本主不吉。向上运星之六入中，已泄中宫之土。乾六为首、为师长，巽四为木、为教令，向上三、四、六同宫，故首上加木；中宫八、六、一同宫，故少男头上有血。辛方之井双八到，八为少男，井在运盘之坎，坎为血，必待乙未、丙申年应者。乙未三碧入中，中宫首上加木也。五黄到井，五为大煞，《书》云："五黄到处不留情。"一白到向，一为坎、为血，向上是六，头已出血，故主打死。打死之月，必是二月。四入中，中宫头上重加木也。六白到井，头上见血。二黑到向，太岁临向也，所伤之人必肖虎者。丙申年四绿到井，二黑入中，太岁临中宫，四到井上，木克土也，然必是二月。一入中宫，头上见血，伤者必肖牛也。

则先谨按：此乃令星下水，丁星落在井中之咎。乙未年逢戊己大煞临井，丙申年向上之四亦移到井，故凶祸迭现。所伤之人必主肖虎与牛者，以双八到坐，八即"丑艮寅"，丑为牛，寅为虎故也。此以卦象推祸兆，而以坐山双星断年命也。

某　宅　未山丑向　八运造

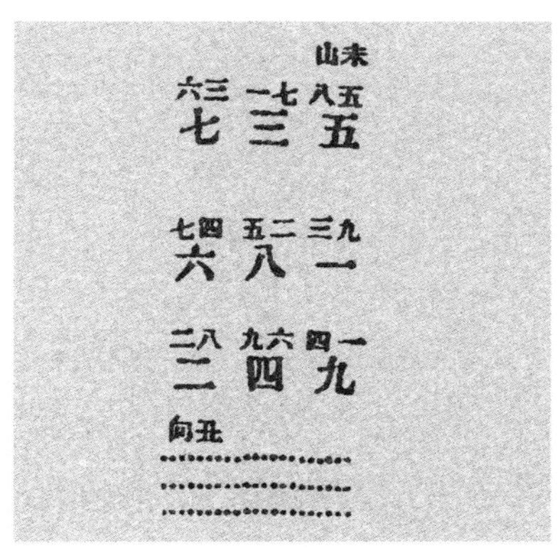

乾坎二方有水放光，至丑方门前横过。

此宅住后丁财颇佳，因旺星到坐到向，向上有水故也。惟嫌乾、坎两宫之水，皆四、六、九同宫，乾方本无六到，而地盘是六，故亦四六也。《书》曰："巽宫水路缠乾，主有悬梁之厄。"故主屋内有一女人身穿红衣黑背心坐而吊死。此因乾方地盘是六，六金也，金重故不能悬起，坐而吊死也。穿红衣黑背心者，因九一同宫，九为离，色红，离中虚，落于坎位，坎色黑且中满，填补离中虚，故穿红衣黑背心也。若六在上，四在下，即主悬吊矣。

则先谨按：巽为索，乾为首，索系于首，缢之象也，故巽宫水路缠乾，失元主有悬梁之厄。应在女子者，乾金克巽木，四九为阴卦故也。然有水或路，其克乃力，否则亦不验。是篇合乾、坎两宫解释卦象，惟妙惟肖[①]，为断法精到之作。或云水路缠乾，兼形局断，如阳宅乾方有曲水缠绕，亦主此厄，然亦须太岁或年月星辰加临，其祸斯应。

校者注　①　惟妙惟肖：形容描写或模仿得非常逼真。惟：语气助词，无实际意义；妙：精妙；肖：相似，像。

宁波府基　癸丁兼丑未　八运修造

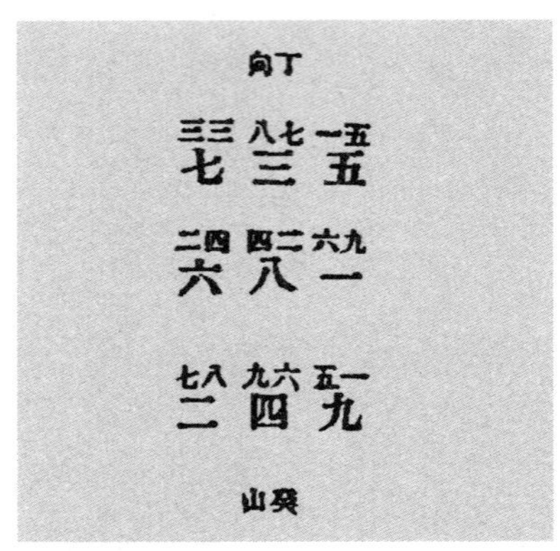

此图向上挨星为三，三即乙，乙挨巨门飞星，不用三而用二入中者，用替卦法也。

府基兼未，应用变卦，丁即乙，乙即巨门，乙阴逆行，二入中，七到向，八白运修造，用变卦，七到向，向上犯“三七叠临”，主劫盗，故夷人来劫财也。未、坤、申方双五廉贞与一白同宫，一水贼也，廉贞火也；庚、酉、辛方离火独焰，一六又在同宫，一为水贼，六为兵刃，故主海盗从西门而入，尽烧屋宇。戌、乾、亥方上加离，离上加廉贞；壬、子、癸方，六九同度；辰、巽、巳方，三七叠临；丑、艮、寅方，亦二七同度，二为火星，七为兵刃；震方亦是风火同宫，故主满城皆火贼也。

则先谨按：官廨[①]为民牧发号施令之所，辖境盛衰所系，得失休咎，动关治理，非私人宅墓之仅系一家祸福者，所堪拟其万一。其堂局宜取雄壮整严，气象万千，而修造尤当合乎天心正运。向首一星，宜得生旺贵秀之气，和平悠远之神，切忌厉气煞神到向。盖其承接之气所关过钜，故论宅以此为最严。是局八运用替，退神管向，令星落于艮宫，贵不当权。筑室方新，而星气已衰，为阳宅所切忌。矧[②]以府基之重，而可不得

校者注　①　廨（xiè）：官吏办事的地方。

②　矧（shěn）：况且。

旺星者乎？且全盘星辰，其吉凶以向首所纳之气为转移。煞神厉气宁有一定，要在乘时合运，自然罄无不宜。震为天禄，庚号武爵，用得其时，震庚会局，主“文臣而兼武将之权”，于三七乎何尤？一六、二七、九六，廉贞亦何莫不然？所以造成烽火满城之局者，不当替而用替，向居衰败之位故也。观此可悟修造不合天心之可畏矣！

以上断语，阴阳二宅皆须心灵目巧，形气兼观，若拘拘呆法者，不足语于玄空之道也。但求地必先积德，不善之家，须慎用之。

钱塘沈竹礽识

增广沈氏玄空学卷四

九运挨星立成图

九宫挨星掌诀

下诀："一坎、二坤、三震、四巽、五中、六乾、七兑、八艮、九离。"一为壬子癸，二为未坤申，三为甲卯乙，四为辰巽巳，五为戊己，六为戌乾亥，七为庚酉辛，八为丑艮寅，九为丙午丁。以上二十四山分为天、人、地三元。

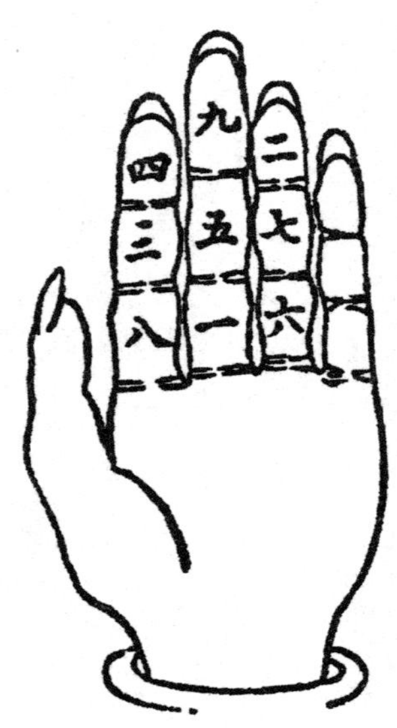

天元之子午卯酉为阴，乾巽艮坤为阳；

人元之乙辛丁癸为阴，寅申巳亥为阳；

地元之辰戌丑未为阴，甲庚壬丙为阳。

挨星时，先将用事之元运入中宫，顺行，名曰：挨星。再将山上、向上挨得之星入中宫，分阳顺阴逆飞去，名曰：飞星。

顺飞者，由中五至乾六、兑七、艮八、离九、坎一、坤二、震三、巽四是；

逆飞者，由中五至巽四、震三、坤二、坎一、离九、艮八、兑七、乾六是。

故山，向飞星在天元之一为子，人元之一为癸，均阴逆行。若地元之一为壬，则为阳顺行。余星照此例推。盖一二三四六七八九星之数虽同，而由阴阳分顺逆则异。所谓“有珠宝、有火坑”也。若中宫五数戊阳己阴，此阴阳视山向为准。如子山午向，飞星遇五则为己阴土而逆行；乾山巽向，飞星遇五则为戊阳土而顺行。天元如此，人、地两元亦照此例推。

下《挨星图》一卷，每山每运逐一挨明，所有旺山旺向、地运长短、合十、打劫、城门诀、反伏吟、上山下水诸法，均由先生《地理丛说》中录出，列于各山之前。其飞星之生、克、比和，则录自华氏《天心正运》，俾学者了然心目，庶免为庸术伪诀所惑。至于吉凶断验，自有仲山《宅断》与《玄空古义》在。神而明之，存乎其人耳。

岁在乙丑夏五月　后学江志伊谨识

天元子山午向挨星图

地运八十年。

五运独旺。

三、七运：全局合十。

一、三、六、八运：离宫打劫。

城门：五、七、九运不用。一、四运坤巽吉。二、八运巽、三六运坤吉。

一运挨星：

六到山，五到向。飞星山顺向逆，犯下水。向比和，吉；山生入，吉。

向

五 六 **九**	一 一 **五**	三 八 **七**
四 七 **八**	六 五 **一**	八 三 **三**
九 二 **四**	二 九 **六**	七 四 **二**

山

二运挨星：

七到山，六到向。飞星山逆向顺，犯上山。向生出，凶；山比和，吉。

向

八 五 **一**	三 一 **六**	一 三 **八**
九 四 **九**	七 六 **二**	五 八 **四**
四 九 **五**	二 二 **七**	六 七 **三**

山

三运挨星：

八到山，七到向。飞星山顺向逆，犯下水。向比和，吉；山克出，凶。

向

七 八 二	三 三 七	五 一 九
六 九 一	八 七 三	一 五 五
二 四 六	四 二 八	九 六 四

山

四运挨星：

九到山，八到向。飞星山逆向顺，犯上山。向克出，凶；山比和，吉。

向

一 七 三	五 三 八	三 五 一
二 六 二	九 八 四	七 一 六
六 二 七	四 四 九	八 九 五

山

五运挨星：

一到山，九到向。飞星山向均逆，当旺。向生出，凶；山克入，吉。

向

二 一 四	六 五 九	四 三 二
三 二 三	一 九 五	八 七 七
七 六 八	五 四 一	九 八 六

山

六运挨星：

二到山，一到向。飞星山顺向逆，犯下水。向比和，吉；出生入，吉。

向

一 二 **五**	六 六 **一**	八 四 **三**
九 三 **四**	二 一 **六**	四 八 **八**
五 七 **九**	七 五 **二**	三 九 **七**

山

七运挨星：

三到山，二到向。飞星山逆向顺，犯上山。向生入，吉；山比和，吉。

向

四 一 **六**	八 六 **二**	六 八 **四**
五 九 **五**	三 二 **七**	一 四 **九**
九 五 **一**	七 七 **三**	二 三 **八**

山

八运挨星：

四到山，三到向。飞星山顺向逆，犯下水。向比和，吉；山克出，凶。

向

三 四 **七**	八 八 **三**	一 六 **五**
二 五 **六**	四 三 **八**	六 一 **一**
七 九 **二**	九 七 **四**	五 二 **九**

山

九运挨星：

五到山，四到向。飞星山逆向顺，犯上山。向克出，凶；山比和，吉。

向

六 三 **八**	一 八 **四**	八 一 **六**
七 二 **七**	五 四 **九**	三 六 **二**
二 七 **三**	九 九 **五**	四 五 **一**

山

天元午山子向挨星图

地运一百年。

五运独旺。

三、七运：全局合十。

二、四、七、九运：坎宫打劫。

城门：一、三、五运不用。六、九运艮吉。四、七运艮，二、八运乾吉。

一运挨星：

五到山，六到向。飞星山逆向顺，犯上山。向生入，吉；山生入，吉。

山

六 五 **九**	一 一 **五**	八 三 **七**
七 四 **八**	五 六 **一**	三 八 **三**
二 九 **四**	九 二 **六**	四 七 **二**

向

二运挨星：

六到山，七到向。飞星山顺向逆，犯下水。向比和，吉；山生出，凶。

山

<table>
<tr><td>五 八
一</td><td>一 三
六</td><td>三 一
八</td></tr>
<tr><td>四 九
九</td><td>六 七
二</td><td>八 五
四</td></tr>
<tr><td>九 四
五</td><td>二 二
七</td><td>七 六
三</td></tr>
</table>

向

三运挨星：

七到山，八到向。飞星山逆向顺，犯上山。向克出，凶；山比和，吉。

山

<table>
<tr><td>八 七
二</td><td>三 三
七</td><td>一 五
九</td></tr>
<tr><td>九 六
一</td><td>七 八
三</td><td>五 一
五</td></tr>
<tr><td>四 二
六</td><td>二 四
八</td><td>六 九
四</td></tr>
</table>

向

四运挨星：

八到山，九到向。飞星山顺向逆，犯下水。向比和，吉；山克出，凶。

山

<table>
<tr><td>七 一
三</td><td>三 五
八</td><td>五 三
一</td></tr>
<tr><td>六 二
二</td><td>八 九
四</td><td>一 七
六</td></tr>
<tr><td>二 六
七</td><td>四 四
九</td><td>九 八
五</td></tr>
</table>

向

五运挨星：

九到山，一到向。飞星山向均逆，当旺。向克入，吉；山生出，凶。

山

一 二 **四**	五 六 **九**	三 四 **二**
二 三 **三**	九 一 **五**	七 八 **七**
六 七 **八**	四 五 **一**	八 九 **六**

向

六运挨星：

一到山，二到向，飞星山逆向顺，犯上山。向生入，吉；山比和，吉。

山

二 一 **五**	六 六 **一**	四 八 **三**
三 九 **四**	一 二 **六**	八 四 **八**
七 五 **九**	五 七 **二**	九 三 **九**

向

七运挨星：

二到山，三到向。飞星山顺向逆，犯下水。山生入、向比和，吉。

山

一 四 **六**	六 八 **二**	八 六 **四**
九 五 **五**	二 三 **七**	四 一 **九**
五 九 **一**	七 七 **三**	三 二 **八**

向

八运挨星：

三到山，四到向。飞星山逆向顺，犯上山。山比和，吉；向克出，凶。

山

四 三 **七**	八 八 **三**	六 一 **五**
五 二 **六**	三 四 **八**	一 六 **一**
九 七 **二**	七 九 **四**	二 五 **九**

向

九运挨星：

四到山，五到向。飞星山顺向逆，犯下水。山克出，凶；向比和，吉。

山

三 六 **八**	八 一 **四**	一 八 **六**
二 七 **七**	四 五 **九**	六 三 **二**
七 二 **三**	九 九 **五**	五 四 **一**

向

天元卯山酉向挨星图

地运四十年。

三、五、七运独旺。

一、八运：坎宫打劫。

城门：五、七运不用。六运乾坤吉。一、三、四运坤吉。二、八、九运乾吉。

一运挨星：

八到山，三到向。飞星山顺向逆，犯下水。向比和、山生入，吉。

	七 四 九	三 八 五	五 六 七	
山	六 五 八	八 三 一	一 一 三	向
	二 九 四	四 七 六	九 二 三	

二运挨星：

九到山，四到向。飞星山逆向顺，犯上山。山、向均比和，吉。

	一 三 一	五 八 六	三 一 八	
山	二 二 九	九 四 二	七 六 四	向
	六 七 五	四 九 七	八 五 三	

三运挨星：

一到山，五到向。飞星山向均逆，当旺。山克入，吉；向克出，吉。

	二 六 二	六 一 七	四 八 九	
山	三 七 一	一 五 三	八 三 五	向
	七 二 六	五 九 八	九 四 四	

四运挨星：

二到山，六到向。飞星山向均逆，犯上山下水。山生入，吉；向克入，吉。

	一 五 **三**	六 一 **八**	八 三 **一**	
山	九 四 **二**	二 六 **四**	四 八 **六**	向
	五 九 **七**	七 二 **九**	三 七 **五**	

五运挨星：

三到山，七到向，飞星山向均逆，当旺。向克出，凶；山生入，吉。

	四 八 **四**	八 三 **九**	六 一 **二**	
山	五 九 **三**	三 七 **五**	一 五 **七**	向
	九 四 **八**	七 二 **一**	二 六 **六**	

六运挨星：

四到山，八到向。飞星山向均顺，犯上山下水。山生出，凶；向生入，吉。

	三 七 **五**	八 三 **一**	一 五 **三**	
山	二 六 **四**	四 八 **六**	六 一 **八**	向
	七 二 **九**	九 四 **二**	五 九 **七**	

七运挨星：

五到山，九到向。飞星山向均逆，当旺。向克出，凶；山生入，吉。

	六 一 **六**	一 五 **二**	八 三 **四**	
山	七 二 **五**	五 九 **七**	三 七 **九**	向
	二 六 **一**	九 四 **三**	四 八 **八**	

八运挨星：

六到山，一到向。飞星山顺，向逆，犯下水。山向均比和，吉。

	五 二 **七**	一 六 **三**	三 四 **五**	
山	四 三 **六**	六 一 **八**	八 八 **一**	向
	九 七 **二**	二 五 **四**	七 九 **九**	

九运挨星：

七到山，二到向。飞星山逆，向顺，犯上山。向克出，凶；山比和，吉。

	八 一 **八**	三 六 **四**	一 八 **六**	
山	九 九 **七**	七 二 **九**	五 四 **二**	向
	四 五 **三**	二 七 **五**	六 三 **一**	

天元酉山卯向挨星图

地运一百四十年

三、五、七运当旺。

二、九运：离宫打劫。

城门：三运不用。四运巽、艮吉。一、二、八运巽吉。六、七、九运艮吉。

<table>
<tr><td rowspan="3">一运挨星：
三到山，八到向，飞星山逆，向顺，犯上山。山比和，吉；向生入，吉。</td><td rowspan="3">山</td><td>四 七
九</td><td>八 三
五</td><td>六 五
七</td><td rowspan="3">向</td></tr>
<tr><td>五 六
八</td><td>三 八
一</td><td>一 一
三</td></tr>
<tr><td>九 二
四</td><td>七 四
六</td><td>二 九
二</td></tr>
</table>

<table>
<tr><td rowspan="3">二运挨星：
四到山，九到向。飞星山顺向逆，犯下水。山向均比和，吉。</td><td rowspan="3">山</td><td>三 一
一</td><td>八 五
六</td><td>一 三
八</td><td rowspan="3">向</td></tr>
<tr><td>二 二
九</td><td>四 九
二</td><td>六 七
四</td></tr>
<tr><td>七 六
五</td><td>九 四
七</td><td>五 八
三</td></tr>
</table>

三运挨星：

五到山，一到向。飞星山向均逆，当旺。山克出，凶；向克入，吉。

	六 二 二	一 六 七	八 四 九	
山	七 三 一	五 一 三	三 八 五	向
	二 七 六	八 五 八	四 九 四	

四运挨星：

六到山，二到向。飞星山向均顺，犯上山下水。山克入，吉；向生入，吉。

	五 一 三	一 六 八	三 八 一	
山	四 九 二	六 二 四	八 四 六	向
	九 五 七	二 七 九	七 三 五	

五运挨星：

七到山，三到向。飞星山向均逆，当旺。山克出、向生入，吉。

	八 四 四	三 八 九	一 六 二	
山	九 五 三	七 三 五	五 一 七	向
	四 九 八	二 七 一	六 二 六	

六运挨星：

八到山，四到向，飞星山向均顺，犯上山下水。山生入，吉；向生出，凶。

	七 三 五	三 八 一	五 一 三	
山	六 二 四	八 四 六	一 六 八	向
	二 七 九	四 九 二	九 五 七	

七运挨星：

九到山，五到向，飞星山向均逆，当旺。山克出、向山入，吉。

	一 六 六	五 一 二	三 八 四	
山	二 七 五	九 五 七	七 三 九	向
	六 二 一	四 九 三	八 四 八	

八运挨星：

一到山，六到向，飞星山逆，向顺，犯上山。山向均比和，吉。

	二 五 七	六 一 三	四 三 五	
山	三 四 六	一 六 八	八 八 一	向
	七 九 二	五 二 四	九 七 九	

九运挨星：

二到山，七到向，飞星山顺，向逆，犯下水。山克出，凶；向比和，吉。

	一　八 **八**	六　三 **四**	八　一 **六**	
山	九　九 **七**	二　七 **九**	四　五 二	向
	五　四 三	七　二 **五**	三　六 一	

天元乾山巽向挨星图

地运一百六十年。

二、八运当旺。

一、九运：全局合十。

一、四运：坎宫打劫。

城门：一、四、七运不用。三、五运卯午吉。二、七、九运卯言。一、六、八运午吉。

四、六运：犯反吟伏吟。

一运挨星：

二到山，九到向。飞星山顺向逆，犯下水。向比和，吉；山克出，凶。

向		
一　一 **九**	六　五 **五**	八　三 **七**
九　二 **八**	二　九 一	四　七 三
五　六 **四**	七　四 **六**	三　八 二
		山

二运挨星：

三到山，一到向。飞星山向均逆，当旺。向克入，吉；山生入，吉。

向

四　二 一	八　六 **六**	六　四 **八**
五　三 **九**	三　一 二	一　八 **四**
九　七 **五**	七　五 **七**	二　九 三

山

三运挨星：

四到山，二到向。飞星山向均顺，犯上山下水。向生出，凶；山克入，吉。

向

三　一 二	八　六 **七**	一　八 **九**
二　九 一	四　二 三	六　四 **五**
七　五 **六**	九　七 **八**	五　三 **四**

山

四运挨星：

五到山，三到向。飞星山顺向逆，犯下水。山生入，吉；向比和，吉。

向

四　四 三	九　八 **八**	二　六 一
三　五 二	五　三 **四**	七　一 **六**
八　九 **七**	一　七 **九**	六　二 **五**

山

五运挨星：

六到山，四到向。飞星山向均顺，犯上山下水。山生入，吉；向克出，凶。

向

五　三 **四**	一　八 **九**	三　一 **二**
四　二 **三**	六　四 **五**	八　六 **七**
九　七 **八**	二　九 **一**	七　五 **六**

山

六运挨星：

七到山，五到向。飞星山逆向顺，犯上山。向克入、山比和，吉。

向

八　四 **五**	三　九 **一**	一　二 **三**
九　三 **四**	七　五 **六**	五　七 **八**
四　八 **九**	二　一 **二**	六　六 **七**

山

七运挨星：

八到山，六到向，飞星山向均顺，犯上山下水。山克出，凶；向生出，凶。

向

七　五 **六**	三　一 **二**	五　三 **四**
六　四 **五**	八　六 **七**	一　八 **九**
二　九 **一**	四　二 **三**	九　七 **八**

山

八运挨星：

九到山，七到向。飞星山向均逆，当旺。山生出，凶；向克出，凶。

向

一　八 **七**	五　三 **三**	三　一 **五**
二　九 **六**	九　七 **八**	七　五 **一**
六　四 **二**	四　二 **四**	八　六 **九**

山

九运挨星：

一到山，八到向。飞星山逆，向顺，犯上山。山比和，吉；向生入，吉。

向

二　七 **八**	六　三 **四**	四　五 **六**
三　六 **七**	一　八 **九**	八　一 **二**
七　二 **三**	五　四 **五**	九　九 **一**

山

天元巽山乾向挨星图

地运二十年。

二、八运当旺。

一、九运：全局合十。

六、九运：离宫打劫。

城门：六运不用。五、七运子酉吉。一、三、八运酉吉。二、四、九运子吉。

四、六运：犯反伏吟凶。

一运挨星：

九到山，二到向。飞星山逆，向顺，犯上山。山比和、向克出，凶。

山

一 一 **九**	五 六 **五**	三 八 **七**
二 九 **八**	九 二 **一**	七 四 **三**
六 五 **四**	四 七 **六**	八 三 **二**

向

二运挨星：

一到山，三到向，飞星山向均逆，当旺。山克入，吉；向生入，吉。

山

二 四 **一**	六 八 **六**	四 六 **八**
三 五 **九**	一 三 **二**	八 一 **四**
七 九 **五**	五 七 **七**	九 二 **三**

向

三运挨星：

二到山，四到向，飞星山向均顺，犯上山下水。山生出、向克入，吉。

山

一 三 **二**	六 八 **七**	八 一 **九**
九 二 **一**	二 四 **三**	四 六 **五**
五 七 **六**	七 九 **八**	三 五 **四**

向

四运挨星：

三到山，五到向。飞星山逆，向顺，犯上山。山比和，吉；向生入，吉。

山

四　四 三	八　九 **八**	六　二 一
五　三 二	三　五 **四**	一　七 **六**
九　八 **七**	七　一 **九**	二　六 **五**

向

五运挨星：

四到山，六到向。飞星山向均顺，犯上山下水。山克出、向生入，吉。

山

三　五 **四**	八　一 **九**	一　三 二
二　四 三	四　六 **五**	六　八 **七**
七　九 **八**	九　二 一	五　七 **六**

向

六运挨星：

五到山，七到向。飞星山顺向逆，犯下水。山克出，凶；向比和，吉。

山

四　八 **五**	九　三 一	二　一 三
三　九 **四**	五　七 **六**	七　五 **八**
八　四 **九**	一　二 二	六　六 **七**

向

七运挨星：

六到山，八到向。飞星山向均顺，犯上山下水。山生出，凶；向克出，凶。

山

五　七 **六**	一　三 二	三　五 **四**
四　六 **五**	六　八 **七**	八　一 **九**
九　二 一	二　四 三	七　九 **八**

向

八运挨星：

七到山，九到向。飞星山向均逆，当旺。山克出，凶；向生出，凶。

山

八　一 **七**	三　五 三	一　三 **五**
九　二 **六**	七　九 **八**	五　七 一
四　六 二	二　四 **四**	六　八 **九**

向

九运挨星：

八到山，一到向。飞星山顺，向逆，犯下水。山生入、向比和，吉。

山

七　二 **八**	三　六 **四**	五　四 **六**
六　三 **七**	八　一 **九**	一　八 二
二　七 三	四　五 **五**	九　九 一

向

天元艮山坤向挨星图

地运一百二十年。

四、六运当旺。

城门：二、四、九运不用。一、三、五、八运午酉吉。

二、五、八运：犯反伏吟，凶。然全局合成三般卦。

一运挨星：

四到山，七到向。飞星山顺向逆，犯下水。山克出，凶；向比和，吉。

向

三 八 **九**	八 三 **五**	一 一 **七**
二 九 **八**	四 七 **一**	六 五 **三**
七 四 **四**	九 二 **六**	五 六 **二**

山

二运挨星：

五到山，八到向。飞星山向均顺，犯上山下水。山、向均比和，吉。

向

四 七 **一**	九 三 **六**	二 五 **八**
三 六 **九**	五 八 **二**	七 一 **四**
八 二 **五**	一 四 **七**	六 九 **三**

山

三运挨星：

六到山，九到向。飞星山顺向逆，犯下水。山克出，凶；向比和，吉。

向

五 一 二	一 五 **七**	三 三 **九**
四 二 一	六 九 三	八 七 **五**
九 六 **六**	二 四 **八**	七 八 **四**

山

四运挨星：

七到山，一到向，飞星山向均逆，当旺。山克入，吉；向生入，吉。

向

八 二 三	三 六 **八**	一 四 一
九 三 二	七 一 **四**	五 八 **六**
四 七 **七**	二 五 **九**	六 九 **五**

山

五运挨星：

八到山，二到向。飞星山向均顺，犯上山下水。山、向均比和，吉。

向

七 一 **四**	三 六 **九**	五 八 二
六 九 三	八 二 **五**	一 四 **九**
二 五 **八**	四 七 一	九 三 **六**

山

<table>
<tr><td>

六运挨星：

九到山，三到向。飞星山向均逆，当旺。山克入，吉；向克出，凶。

</td><td>

向

一　四 **五**	五　八 **一**	三　六 **三**
二　五 **四**	九　三 **六**	七　一 **八**
六　九 **九**	四　七 **二**	八　二 **七**

山

</td></tr>
<tr><td>

七运挨星：

一到山，四到向。飞星山逆，向顺，犯上山。山比和，吉；向生出，凶。

</td><td>

向

二　三 **六**	六　八 **二**	四　一 **四**
三　二 **五**	一　四 **七**	八　六 **九**
七　七 **一**	五　九 **三**	九　五 **八**

山

</td></tr>
<tr><td>

八运挨星：

二到山，五到向。飞星山向均顺，犯上山下水。山、向均比和，吉。

</td><td>

向

一　四 **七**	六　九 **三**	八　二 **五**
九　三 **六**	二　五 **八**	四　七 **一**
五　八 **二**	七　一 **四**	三　六 **九**

山

</td></tr>
</table>

<table>
<tr>
<td>九运挨星：
三到山，六到向。飞星山逆向顺，犯上山。山比和，吉；向克入，吉。</td>
<td>
<table>
<tr><td></td><td></td><td>向</td></tr>
<tr><td>四　五
八</td><td>八　一
四</td><td>六　三
六</td></tr>
<tr><td>五　四
七</td><td>三　六
九</td><td>一　八
二</td></tr>
<tr><td>九　九
三</td><td>七　二
五</td><td>二　七
一</td></tr>
<tr><td>山</td><td></td><td></td></tr>
</table>
</td>
</tr>
</table>

天元坤山艮向挨星图

地运六十年。

四、六运当旺。

城门：一、六、八运不用。二、五、七、九运子卯吉。三运卯吉。四运子吉。

二、五、八运：犯反伏吟，凶。然全局合成三般卦。

<table>
<tr>
<td>一运挨星：
七到山，四到向。飞星山逆，向顺，犯上山。山比和、向克出，凶。</td>
<td>
<table>
<tr><td></td><td></td><td>山</td></tr>
<tr><td>八　三
九</td><td>三　八
五</td><td>一　一
七</td></tr>
<tr><td>九　二
八</td><td>七　四
一</td><td>五　六
三</td></tr>
<tr><td>四　七
四</td><td>二　九
六</td><td>六　五
二</td></tr>
<tr><td>向</td><td></td><td></td></tr>
</table>
</td>
</tr>
</table>

二运挨星：

八到山，五到向。飞星山向均顺，犯上山下水，山、向均比和，吉。

山

七 四 一	三 九 六	五 三 八
六 三 九	八 五 二	一 七 四
二 八 五	四 一 七	九 六 三

向

三运挨星：

九到山，六到向。飞星山逆，向顺，犯上山。山比和，(吉)；向克出，凶。

山

一 五 二	五 一 七	三 三 九
二 四 一	九 六 三	七 八 五
六 九 六	四 二 八	八 七 四

向

四运挨星：

一到山，七到向。飞星山向均逆，当旺。山克入，吉；向克入，吉。

山

二 八 三	六 三 八	四 一 一
三 九 二	一 七 四	八 五 六
七 四 七	五 二 九	九 六 五

向

五运挨星：

二到山，八到向。飞星山向均顺，犯上山下水。山、向均比和，吉。

山

一 七 **四**	六 三 **九**	八 五 **二**
九 六 **三**	二 八 **五**	四 一 **七**
五 二 **八**	七 四 **一**	三 九 **六**

向

六运挨星：

三到山，九到向。飞星山向均逆，当旺。山克出，凶；向克入，吉。

山

四 一 **五**	八 五 **一**	六 三 **三**
五 二 **四**	三 九 **六**	一 七 **八**
九 六 **九**	七 四 **二**	二 八 **七**

向

七运挨星：

四到山，一到向。飞星山顺，向逆，犯下水。山生出，凶；向比和，吉。

山

三 二 **六**	八 六 **二**	一 四 **四**
二 三 **五**	四 一 **七**	六 八 **九**
七 七 **一**	九 五 **二**	五 九 **八**

向

八运挨星：

五到山，二到向。飞星山向均顺，犯上山下水。山、向均比和，吉。

		山
四 一 **七**	九 六 **三**	二 八 **五**
三 九 **六**	五 二 **八**	七 四 **一**
八 五 **二**	一 七 **四**	六 三 **九**
向		

九运挨星：

六到山，三到向。飞星山顺，向逆，犯下水。山克入、向比和，吉。

		山
五 四 **八**	一 八 **四**	三 六 **六**
四 五 **七**	六 三 **九**	八 一 **二**
九 九 **三**	二 七 **五**	七 二 **一**
向		

人元寅山申向挨星图

地运一百二十年。

四、六运当旺。

城门：二、四、九运不用。一、三、五、八运丁辛吉。一、七运辛吉，六运丁吉。

二、五、八运：犯反伏吟，凶。然全局合成三般卦。

一运挨星：

四到山，七到向。飞星山顺，向逆，犯下水。向比和，吉；山克出，凶。

向

三 八 **九**	八 三 **五**	一 一 **七**
二 九 **八**	四 七 一	六 五 三
七 四 **四**	九 二 **六**	五 六 二

山

二运挨星：

五到山，八到向。飞星山向均顺，犯上山下水。山、向均比和，吉。

向

四 七 一	九 三 **六**	二 五 **八**
三 六 **九**	五 八 二	七 一 **四**
八 二 **五**	一 四 **七**	六 九 三

山

三运挨星：

六到山，九到向。飞星山顺，向逆，犯下水。山克出，凶；向比和，吉。

向

五 一 二	一 五 **七**	三 三 **九**
四 二 一	六 九 三	八 七 **五**
九 六 **六**	二 四 **八**	七 八 **四**

山

四运挨星：

七到山，一到向。飞星山向均逆，当旺。山克入，吉；向生入，吉。

		向
八　二 **三**	三　六 **八**	一　四 **一**
九　三 **二**	七　一 **四**	五　八 **六**
四　七 **七**	二　五 **九**	六　九 **五**
山		

五运挨星：

八到山，二到向。飞星山向均顺，犯上山下水。山、向均比和，吉。

		向
七　一 **四**	三　六 **九**	五　八 **二**
六　九 **三**	八　二 **五**	一　四 **七**
二　五 **八**	四　七 **一**	九　三 **六**
山		

六运挨星：

九到山，三到向。飞星山向均逆，当旺。山克入，吉；向克出，凶。

		向
一　四 **五**	五　八 **一**	三　六 **三**
二　五 **四**	九　三 **六**	七　一 **八**
六　九 **九**	四　七 **二**	八　二 **七**
山		

七运挨星：

一到山，四到向。飞星山逆，向顺，犯上山。山比和，吉；向生出，凶。

向

二 三 **六**	六 八 **二**	四 一 **四**
三 二 **五**	一 四 **七**	八 六 **九**
七 七 **一**	五 九 **三**	九 五 **八**

山

八运挨星：

二到山，五到向。飞星山向均顺，犯上山下水。山、向均比和，吉。

向

一 四 **七**	六 九 **三**	八 二 **五**
九 三 **六**	二 五 **八**	四 七 **一**
五 八 **二**	七 一 **四**	三 六 **九**

山

九运挨星：

三到山，六到向。飞星山逆向顺，犯上山。山比和，吉；向克入，吉。

向

四 五 **八**	八 一 **四**	六 三 **六**
五 四 **七**	三 六 **九**	一 八 **二**
九 九 **三**	七 二 **五**	二 七 **一**

山

人元申山寅向挨星图

地运六十年。

四、六运当旺。

城门：一、六、八运不用。二、五、七、九运乙癸吉。三运乙，四运癸吉。

二、五、八运：犯反伏吟，凶。然全局合成三般卦。

一运挨星：

七到山，四是向。飞星山逆，向顺，犯上山。山比和，（吉）；向克出，凶。

山

八　三 **九**	三　八 **五**	一　一 **七**
九　二 **八**	七　四 **一**	五　六 **三**
四　七 **四**	二　九 **六**	六　五 **二**

向

二运挨星：

八到山，五到向。飞星山向均顺，犯上山下水。山、向均比和，吉。

山

七　四 **一**	三　九 **六**	五　二 **八**
六　三 **九**	八　五 **二**	一　七 **四**
二　八 **五**	四　一 **七**	九　六 **三**

向

三运挨星：

九到山，六到向。飞星山逆，向顺，犯上山。山比和，吉；向克出，凶。

山

一　五 **二**	五　一 **七**	三　三 **九**
二　四 **一**	九　六 **三**	七　八 **五**
六　九 **六**	四　二 **八**	八　七 **四**

向

四运挨星：

一到山，七到向。飞星山向均逆，当旺。出生入，吉；向克入，吉。

山

二　八 **三**	六　三 **八**	四　一 **一**
三　九 **二**	一　七 **四**	八　五 **六**
七　四 **七**	五　二 **九**	九　六 **五**

向

五运挨星：

二到山，八到向。飞星山向均顺，犯上山下水。山、向均比和，吉。

山

一　七 **四**	六　三 **九**	八　五 **二**
九　六 **三**	二　八 **五**	四　一 **七**
五　二 **八**	七　四 **一**	三　九 **六**

向

六运挨星：

三到山，九到向。飞星山向均逆，当旺。山克出，凶；向克入，吉。

山

四　一 五	八　五 一	六　三 三
五　二 四	三　九 六	一　七 八
九　六 九	七　四 二	二　八 七

向

七运挨星：

四到山，一到向。飞星山顺，向逆，犯下水。山生出，凶；向比和，吉。

山

三　二 六	八　六 二	一　四 四
二　三 五	四　一 七	六　八 九
七　七 一	九　五 三	五　九 八

向

八运挨星：

五到山，二到向。飞星山向均顺，犯上山下水。山、向均比和，吉。

山

四　一 七	九　六 三	二　八 五
三　九 六	五　二 八	七　四 一
八　五 二	一　七 四	六　三 九

向

<table>
<tr><td rowspan="1">

九运挨星：

六到山，三到向。飞星山顺，向逆，犯下水。山克入、向比和，吉。

</td><td>

山

五　四 **八**	一　八 **四**	三　六 **六**
四　五 **七**	六　三 **九**	八　一 **二**
九　九 **三**	二　七 **五**	七　二 **一**

向

</td></tr>
</table>

人元巳山亥向挨星图

地运二十年。

二、八运当旺。

一、九运：全局合十。

六、九运：离宫打劫。

城门：六运不用。五、七运癸辛吉。一、三、八运辛吉。二、四、九运癸吉。

四、六运：犯反伏吟，凶。

<table>
<tr><td>

一运挨星：

九到山，二到向。飞星山逆，向顺，犯上山。山比和，(吉)；向克出，凶。

</td><td>

山

一　一 **九**	五　六 **五**	三　八 **七**
二　九 **八**	九　二 **一**	七　四 **三**
六　五 **四**	四　七 **六**	八　三 **二**

向

</td></tr>
</table>

二运挨星：

一到山，三到向。飞星山向均逆，当旺。山克入，吉；向生入，吉。

山

<table>
<tr><td>二 四
一</td><td>六 八
六</td><td>四 六
八</td></tr>
<tr><td>三 五
九</td><td>一 三
二</td><td>八 一
四</td></tr>
<tr><td>七 九
五</td><td>五 七
七</td><td>九 二
三</td></tr>
</table>

向

三运挨星：

二到山，四到向。飞星山向均顺，犯上山下水。山生出，凶；向克入，吉。

山

<table>
<tr><td>一 三
二</td><td>六 八
七</td><td>八 一
九</td></tr>
<tr><td>九 二
一</td><td>二 四
三</td><td>四 六
五</td></tr>
<tr><td>五 七
六</td><td>七 九
八</td><td>三 五
四</td></tr>
</table>

向

四运挨星：

三到山，五到向。飞星山逆，向顺，犯上山。山比和，吉；向生入，吉。

山

<table>
<tr><td>四 四
三</td><td>八 九
八</td><td>六 二
一</td></tr>
<tr><td>五 三
二</td><td>三 五
四</td><td>一 七
六</td></tr>
<tr><td>九 八
七</td><td>七 一
九</td><td>二 六
五</td></tr>
</table>

向

五运挨星：

四到山，六到向。飞星山向均顺，犯上山下水。山克出，凶；向生入，吉。

山

三　五 **四**	八　一 **九**	一　三 **二**
二　四 **三**	四　六 **五**	六　八 **七**
七　九 **八**	九　二 **一**	五　七 **六**

向

六运挨星：

五到山，七到向。飞星山顺，向逆，犯下水。山克出，凶；向比和，吉。

山

四　八 **五**	九　三 **一**	二　一 **三**
三　九 **四**	五　七 **六**	七　五 **八**
八　四 **九**	一　二 **二**	六　六 **七**

向

七运挨星：

六到山，八到向。飞星山向均顺，犯上山下水。山生出，凶；向克出，凶。

山

五　七 **六**	一　三 **二**	三　五 **四**
四　六 **五**	六　八 **七**	八　一 **九**
九　二 **一**	二　四 **三**	七　九 **八**

向

<table>
<tr><td rowspan="4">八运挨星：
七到山，九到向。飞星山向均逆，当旺。山克出，凶；向生出，凶。</td><td colspan="3">山</td></tr>
<tr><td>八 一
七</td><td>三 五
三</td><td>一 三
五</td></tr>
<tr><td>九 二
六</td><td>七 九
八</td><td>五 七
一</td></tr>
<tr><td>四 六
二</td><td>二 四
四</td><td>六 八
九
向</td></tr>
</table>

<table>
<tr><td rowspan="4">九运挨星：
八到山，一到向。飞星山顺，向逆，犯下水。山生入，吉；向比和，吉。</td><td colspan="3">山</td></tr>
<tr><td>七 二
八</td><td>三 六
四</td><td>五 四
六</td></tr>
<tr><td>六 三
七</td><td>八 一
九</td><td>一 八
二</td></tr>
<tr><td>二 七
三</td><td>四 五
五</td><td>九 九
一
向</td></tr>
</table>

人元亥山巳向挨星图

地运一百六十年。

二、八运当旺。

一、九运：全局合十。

一、四运：坎宫打劫。

城门：四运不用。三、五运乙丁吉。二、七、九运乙，一、六、八运丁吉。

四、六运：犯反伏吟，凶。

一运挨星：

二到山，九到向。飞星山顺，向逆，犯下水。向比和，吉；山克出，凶。

向

一 一 **九**	六 五 **五**	八 三 **七**
九 二 **八**	二 九 **一**	四 七 **三**
五 六 **四**	七 四 **六**	三 八 **二**

山

二运挨星：

三到山，一到向。飞星山向均逆，当旺。山生入，吉；向克入，吉。

向

四 二 **一**	八 六 **六**	六 四 **八**
五 三 **九**	三 一 **二**	一 八 **四**
九 七 **五**	七 五 **七**	二 九 **三**

山

三运挨星：

四到山，二到向。飞星山向均顺，犯上山下水。山克入，吉；向生出，凶。

向

三 一 **二**	八 六 **七**	一 八 **九**
二 九 **一**	四 二 **三**	六 四 **五**
七 五 **六**	九 七 **八**	五 三 **四**

山

四运挨星：

五到山，三到向。飞星山顺向逆，犯下水。向比和、山生入，吉。

向

四　四 **三**	九　八 **八**	二　六 **一**
三　五 **二**	五　三 **四**	七　一 **六**
八　九 **七**	一　七 **九**	六　二 **五**

山

五运挨星：

六到山，四到向。飞星山向均顺，犯上山下水。山生入，吉；向克出，凶。

向

五　三 **四**	一　八 **九**	三　一 **二**
四　二 **三**	六　四 **五**	八　六 **七**
九　七 **八**	二　九 **一**	七　五 **六**

山

六运挨星：

七到山，五到向。飞星山逆向顺，犯上山。山比和，吉；向克出，凶。

向

八　四 **五**	三　九 **一**	一　二 **三**
九　三 **四**	七　五 **六**	五　七 **八**
四　八 **九**	二　一 **二**	六　六 **七**

山

七运挨星：

八到山，六到向。飞星山向均顺，犯上山下水。山克出，凶；向生出，凶。

向

七 五 **六**	三 一 **二**	五 三 **四**
六 四 **五**	八 六 **七**	一 八 **九**
二 九 **一**	四 二 **三**	九 七 **八**

山

八运挨星：

九到山，七到向。飞星山向均逆，当旺。山生出，凶；向克出，凶。

向

一 八 **七**	五 三 **三**	三 一 **五**
二 九 **六**	九 七 **八**	七 五 **一**
六 四 **二**	四 二 **四**	八 六 **九**

山

九运挨星：

一到山，八到向。飞星山逆向顺，犯上山。山比和，吉；向生入，吉。

向

二 七 **八**	六 三 **四**	四 五 **六**
三 六 **七**	一 八 **九**	八 一 **二**
七 二 **三**	五 四 **五**	九 九 **一**

山

人元乙山辛向挨星图

地运四十年。

三、五、七运当旺。

一、八运：坎宫打劫。

城门：五、七运不用。六运申亥吉。一、三、四运申，二、八、九运亥吉。

<table>
<tr><td rowspan="3">一运挨星：
八到山，三到向。飞星山顺向逆，犯下水。出生入，吉；向比和，吉。</td><td rowspan="3">山</td><td>七　四
九</td><td>三　八
五</td><td>五　六
七</td><td rowspan="3">向</td></tr>
<tr><td>六　五
八</td><td>八　三
一</td><td>一　一
三</td></tr>
<tr><td>二　九
四</td><td>四　七
六</td><td>九　二
二</td></tr>
</table>

<table>
<tr><td rowspan="3">二运挨星：
九到山，四到向。飞星山逆，向顺，犯上山。山、向均比和，吉。</td><td rowspan="3">山</td><td>一　三
一</td><td>五　八
六</td><td>三　一
八</td><td rowspan="3">向</td></tr>
<tr><td>二　二
九</td><td>九　四
二</td><td>七　六
四</td></tr>
<tr><td>六　七
五</td><td>四　九
七</td><td>八　五
三</td></tr>
</table>

三运挨星：

一到山，五到向。飞星山向均逆，当旺。山克入，吉；向克出，吉。

	二　六 **二**	六　一 **七**	四　八 **九**	
山	三　七 **一**	一　五 **三**	八　三 **四**	向
	七　二 **六**	五　九 **八**	九　四 **四**	

四运挨星：

二到山，六到向。飞星山向均顺，犯上山下水。山生入，吉；向克入，吉。

	一　五 **三**	六　一 **八**	八　三 **一**	
山	九　四 **二**	二　六 **四**	四　八 **六**	向
	五　九 **七**	七　二 **九**	三　七 **五**	

五运挨星：

三到山，七到向。飞星山向均逆，当旺。山生入，吉；向克出，凶。

	四　八 **四**	八　三 **九**	六　一 **二**	
山	五　九 **三**	三　七 **五**	一　五 **七**	向
	九　四 **八**	七　二 **一**	二　六 **六**	

六运挨星：

四到山，八到向。飞星山向均顺，犯上山下水。山生出，凶；向生入，吉。

	三 七 **五**	八 三 **一**	一 五 **三**	
山	二 六 **四**	四 八 **六**	六 一 **八**	向
	七 二 **九**	九 四 **二**	五 九 **七**	

七运挨星：

五到山，九到向。飞星山向均逆，当旺。山生入吉；向克出，凶。

	六 一 **六**	一 五 **二**	八 三 **四**	
山	七 二 **五**	五 九 **七**	三 七 **九**	向
	二 六 **一**	九 四 **三**	四 八 **八**	

八运挨星：

六到山，一到向。飞星山顺向逆，犯下水。山、向均比和，吉。

	五 二 **七**	一 六 **三**	三 四 **五**	
山	四 三 **六**	六 一 **八**	八 八 **一**	向
	九 七 **二**	二 五 **四**	七 九 **九**	

九运挨星：

七到山，二到向。飞星山逆，向顺，犯上山。山比和，吉；向克出，凶。

	八 一 **八**	三 六 **四**	一 八 **六**	
山	九 九 **七**	七 二 **九**	五 四 **二**	向
	四 五 **三**	二 七 **五**	六 三 **一**	

人元辛山乙向挨星图

地运一百四十年。

三、五、七运当旺。

二、九运：离宫打劫。

城门：三、五运不用。四运寅巳吉。一、二、八运巳，六、七、九运寅吉。

一运挨星：

三到山，八到向。飞星山逆向顺，犯上山。山比和，吉；向生入，吉。

	四 七 **九**	八 三 **五**	六 五 **七**	
向	五 六 **八**	三 八 **一**	一 一 **三**	山
	九 二 **四**	七 四 **六**	二 九 **二**	

二运挨星：

四到山，九到向。飞星山顺，向逆，犯下水。山、向均比和，吉。

	三 一 **一**	八 五 **六**	一 三 **八**	
向	二 二 **九**	四 九 **二**	六 七 **四**	山
	七 六 **五**	九 四 **七**	五 八 **三**	

三运挨星：

五到山，一到向：飞星山向均逆，当旺。山克出，凶；向克入，吉。

	六 二 **二**	一 六 **七**	八 四 **九**	
向	七 三 **一**	五 一 **三**	三 八 **五**	山
	二 七 **六**	九 五 **八**	四 九 **四**	

四运挨星：

六到山，二到向。飞星山向均顺，犯上山下水。山克入，吉；向生入，吉。

	五 一 **三**	一 六 **八**	三 八 **一**	
向	四 九 **二**	六 二 **四**	八 四 **六**	山
	九 五 **七**	二 七 **九**	七 三 **五**	

五运挨星：

七到山，三到向。飞星山向均逆，当旺。山克出，凶；向生入，吉。

	八 四 **四**	三 八 **九**	一 六 **二**	
向	九 五 三	七 三 **五**	五 一 **七**	山
	四 九 **八**	二 七 一	六 二 **六**	

六运挨星：

八到山，四到向。飞星山向均顺，犯上山下水。山生入，吉；向生出，凶。

	七 三 **五**	三 八 一	五 一 三	
向	六 二 **四**	八 四 **六**	一 六 **八**	山
	二 七 **九**	四 九 二	九 五 **七**	

七运挨星：

九到山，五到向。飞星山向均逆，当旺。山克出，凶；向生入，吉。

	一 六 **六**	五 一 二	三 八 **四**	
向	二 七 **五**	九 五 **七**	七 三 **九**	山
	六 二 一	四 九 三	八 四 **八**	

<table>
<tr><td>八运挨星：
一到山，六到向。飞星山逆，向顺，犯上山。山、向均比和，吉。</td><td>
<table>
<tr><td></td><td>二 五
七</td><td>六 一
三</td><td>四 三
五</td><td></td></tr>
<tr><td>向</td><td>三 四
六</td><td>一 六
八</td><td>八 八
一</td><td>山</td></tr>
<tr><td></td><td>七 九
二</td><td>五 二
四</td><td>九 七
九</td><td></td></tr>
</table>
</td></tr>
<tr><td>九运挨星：
二到山，七到向。飞星山顺，向逆，犯下水。山克出，凶；向比和，吉。</td><td>
<table>
<tr><td></td><td>一 八
八</td><td>六 三
四</td><td>八 一
六</td><td></td></tr>
<tr><td>向</td><td>九 九
七</td><td>二 七
九</td><td>四 五
二</td><td>山</td></tr>
<tr><td></td><td>五 四
三</td><td>七 二
五</td><td>三 六
一</td><td></td></tr>
</table>
</td></tr>
</table>

人元丁山癸向挨星图

地运一百年。

五运独旺。

三、七运：全局合十。

二、四、七、九运：坎宫打劫。

城门：一、三、五运不用。六、九运寅亥吉。四、七运寅，二、八运亥吉。

一运挨星：

五到山，六到向。飞星山逆，向顺，犯上山。山比和，吉；向生入，吉。

山

六 五 **九**	一 一 **五**	八 三 **七**
七 四 **八**	五 六 一	三 八 三
二 九 **四**	九 二 **六**	四 七 二

向

二运挨星：

六到山，七到向。飞星山顺，向逆，犯下水。山生出，凶；向比和，吉。

山

五 八 一	一 三 **六**	三 一 **八**
四 九 **九**	六 七 二	八 五 **四**
九 四 **五**	二 二 **七**	七 六 三

向

三运挨星：

七到山，八到向。飞星山逆，向顺，犯上山。山比和，吉；向克出，凶。

山

八 七 二	三 三 **七**	一 五 **九**
九 六 一	七 八 三	五 一 **五**
四 二 **六**	二 四 **八**	六 九 **四**

向

四运挨星：

八到山，九到向。飞星山顺向逆，犯下水。山克出，凶；向比和，吉。

山

七　一 **三**	三　五 **八**	五　三 **一**
六　二 **二**	八　九 **四**	一　七 **六**
二　六 **七**	四　四 **九**	九　八 **五**

向

五运挨星：

九到山，一到向。飞星山向均逆，当旺。山生出，凶；向克入，吉。

山

一　二 **四**	五　六 **九**	三　四 **二**
二　三 **三**	九　一 **五**	七　八 **七**
六　七 **八**	四　五 **一**	八　九 **六**

向

六运挨星：

一到山，二到向。飞星山逆，向顺，犯上山。山比和，吉；向生入，吉。

山

二　一 **五**	六　六 **一**	四　八 **三**
三　九 **四**	一　二 **六**	八　四 **八**
七　五 **九**	五　七 **二**	九　三 **七**

向

七运挨星：

二到山，三到向。飞星山顺，向逆，犯下水。山生入，吉；向比和，吉。

山

一 四 **六**	六 八 二	八 六 **四**
九 五 **五**	二 三 **七**	四 一 **九**
五 九 一	七 七 三	三 二 **七**

向

八运挨星：

三到山，四到向。飞星山逆，向顺，犯上山。山比和，吉；向克出，凶。

山

四 三 **七**	八 八 三	六 一 **五**
五 二 **六**	三 四 **八**	一 六 一
九 七 二	七 九 **四**	二 五 **九**

向

九运挨星：

四到山，五到向。飞星山顺，向逆，犯下水。山克出，凶；向比和，吉。

山

三 六 **八**	八 一 **四**	一 八 **六**
二 七 **七**	四 五 **九**	六 三 二
七 二 三	九 九 **五**	五 四 一

向

人元癸山丁向挨星图

地运八十年，五运独旺。

三、七运：全局合十。

一、三、六、八运：离宫打劫。

城门：五、七、九运不用。一、四运巳申吉。二、八运巳吉。三、六运申吉。

一运挨星：

六到山，五到向，飞星山顺，向逆，犯下水。山生入，吉；向比和，吉。

向

五 六 **九**	一 一 **五**	三 八 **七**
四 七 **八**	六 五 一	八 三 三
九 二 **四**	二 九 **六**	七 四 二

山

二运挨星：

七到山，六到向。飞星山逆，向顺，犯上山。山比和，吉；向生出，凶。

向

八 五 一	三 一 **六**	一 三 **八**
九 四 **九**	七 六 二	五 八 **四**
四 九 **五**	二 二 **七**	六 七 三

山

三运挨星：

八到山，七到向。飞星山顺，向逆，犯下水。山克出，凶；向比和，吉。

	向	
七 八 二	三 三 七	五 一 九
六 九 一	八 七 三	一 五 五
二 四 六	四 二 八	九 六 四
	山	

四运挨星：

九到山，八到向。飞星山逆，向顺，犯上山。山比和，吉；向克出，凶。

	向	
一 七 三	五 三 八	三 五 一
二 六 二	九 八 四	七 一 六
六 二 七	四 四 九	八 九 五
	山	

五运挨星：

一到山，九到向。飞星山向均逆，当旺，山克入吉；向生出凶。

	向	
二 一 四	六 五 九	四 三 二
三 二 三	一 九 五	八 七 七
七 六 八	五 四 一	九 八 六
	山	

六运挨星：

二到山，一到向。飞星山顺向逆，犯下水。山生入，吉；向比和，吉。

向

一　二 **五**	六　六 **一**	八　四 **三**
九　三 **四**	二　一 **六**	四　八 **八**
五　七 **九**	七　五 **二**	三　九 **七**

山

七运挨星：

三到山，二到向。飞星山逆向顺，犯上山。山比和，吉；向生入，吉。

向

一　四 **六**	八　六 **二**	六　八 **四**
五　九 **五**	三　二 **七**	一　四 **九**
九　五 **一**	七　七 **三**	二　三 **八**

山

八运挨星：

四到山，三到向。飞星山顺向逆，犯下水。山克出，凶；向比和，吉。

向

三　四 **七**	八　八 **三**	一　六 **五**
二　五 **六**	四　三 **八**	六　一 **一**
七　九 **二**	九　七 **四**	五　二 **九**

山

九运挨星：

五到山，四到向。飞星山逆向顺，犯上山。山比和，吉；向克出，凶。

向

六 三 **八**	一 八 **四**	八 一 **六**
七 二 **七**	五 四 **九**	三 六 二
二 七 三	九 九 **五**	四 五 一

山

地元辰山戌向挨星图

地运二十年。

三、五、七运当旺。

一、四运：离宫打劫。

城门：五、七运不用。六运壬庚吉。一、三、八运壬，二、四、九运庚吉。

一运挨星：

九到山，二到向。飞星山顺向逆，犯下水。山克入，吉；向比和，吉。

山

八 三 **九**	四 七 **五**	六 五 **七**
七 四 **八**	九 二 一	二 九 三
三 八 **四**	五 六 **六**	一 一 二

向

二运挨星：

一到山，三到向。飞星山向均顺，犯上山下水。山生出，凶；向克出，凶。

山

九 二 **一**	五 七 **六**	七 九 **八**
八 一 **九**	一 三 **二**	三 五 **四**
四 六 **五**	六 八 **七**	二 四 **三**

向

三运挨星：

二到山，四到向。飞星山向均逆，当旺。山克出，凶；山生入，吉。

山

三 五 **二**	七 九 **七**	五 七 **九**
四 六 **一**	二 四 **三**	九 二 **五**
八 一 **六**	六 八 **八**	一 三 **四**

向

四运挨星：

三到山，五到向。飞星山顺向逆，犯下水。山生出，凶；向比和，吉。

山

二 六 **三**	七 一 **八**	九 八 **一**
一 七 **二**	三 五 **四**	五 三 **六**
六 二 **七**	八 九 **九**	四 四 **五**

向

五运挨星：

四到山，六到向。飞星山向均逆，当旺。出生出，凶；向克入，吉。

山

五　七 **四**	九　二 **九**	七　九 **二**
六　八 **三**	四　六 **五**	二　四 **七**
一　三 **八**	八　一 **一**	三　五 **六**

向

六运挨星：

五到山，七到向。飞星山逆向顺，犯上山。山比和，吉；向克入，吉。

山

六　六 **五**	一　二 **一**	八　四 **三**
七　五 **四**	五　七 **六**	三　九 **八**
二　一 **九**	九　三 **二**	四　八 **七**

向

七运挨星：

六到山，八到向。飞星山向均逆，当旺。山克入，吉；向生入，吉。

山

七　九 **六**	二　四 **二**	九　二 **四**
八　一 **五**	六　八 **七**	四　六 **九**
三　五 **一**	一　三 **三**	五　七 **八**

向

八运挨星：

七到山，九到向。飞星山向均顺，犯上山下水。山生入，吉；向克入，吉。

山

六 八 **七**	二 四 **三**	四 六 **五**
五 七 **六**	七 九 **八**	九 二 **一**
一 三 **二**	三 五 **四**	八 一 **九**

向

九运挨星：

八到山，一到向。飞星山逆向顺，犯上山。山比和，吉；向生出，凶。

山

九 九 **八**	四 五 **四**	二 七 **六**
一 八 **七**	八 一 **九**	六 三 **二**
五 四 **三**	三 六 **五**	七 二 **一**

向

地元戌山辰向挨星图

地运一百六十年。

三、五、七运当旺。

六、九运：坎宫打劫。

城门：三、五运不用。四运丙甲吉。二、七、九运丙，一、六、八运甲吉。

一运挨星：

二到山，九到向。飞星山逆，向顺，犯上山。山比和，吉；向克入，吉。

向

三　八 **九**	七　四 **五**	五　六 **七**
四　七 **八**	二　九 一	九　二 三
八　三 **四**	六　五 **六**	一　一 二

山

二运挨星：

三到山，一到向。飞星山向均顺，犯上山下水。山克出，凶；向生出，凶。

向

二　九 一	七　五 **六**	九　七 **八**
一　八 **九**	三　一 二	五　三 **四**
六　四 **五**	八　六 **七**	四　二 三

山

三运挨星：

四到山，二到向。飞星山向均逆，当旺。山生入，吉；向克出，凶。

向

五　三 二	九　七 **七**	七　五 **九**
六　四 一	四　二 三	二　九 **五**
一　八 **六**	八　六 **八**	三　一 **四**

山

四运挨星：

五到山，三到向。飞星山逆向顺，犯上山。山比和，吉；向生出，凶。

向

<table>
<tr><td>六 二
三</td><td>一 七
八</td><td>八 九
一</td></tr>
<tr><td>七 一
二</td><td>五 三
四</td><td>三 五
六</td></tr>
<tr><td>二 六
七</td><td>九 八
九</td><td>四 四
五</td></tr>
</table>

山

五运挨星：

六到山，四到向。飞星山向均逆，当旺。山克入，吉；向生出，凶。

向

<table>
<tr><td>七 五
四</td><td>二 九
九</td><td>九 七
二</td></tr>
<tr><td>八 六
三</td><td>六 四
五</td><td>四 二
七</td></tr>
<tr><td>三 一
八</td><td>一 八
一</td><td>五 三
六</td></tr>
</table>

山

六运挨星：

七到山，五到向。飞星山顺向逆，犯下水。山克入，吉；向比和，吉。

向

<table>
<tr><td>六 六
五</td><td>二 一
一</td><td>四 八
三</td></tr>
<tr><td>五 七
四</td><td>七 五
六</td><td>九 三
八</td></tr>
<tr><td>一 二
九</td><td>三 九
二</td><td>八 四
七</td></tr>
</table>

山

七运挨星：

八到山，六到向。飞星山向均逆，当旺。山生入，吉；向克入，吉。

向

九 七 **六**	四 二 **二**	二 九 **四**
一 八 **五**	八 六 **七**	六 四 **九**
五 三 **一**	三 一 **三**	七 五 **八**

山

八运挨星：

九到山，七到向。飞星山向均顺，犯上山下水。山克入，吉；向生入，吉。

向

八 六 **七**	四 二 **三**	六 四 **五**
七 五 **六**	九 七 **八**	二 九 **一**
三 一 **二**	五 三 **四**	一 八 **九**

山

九运挨星：

一到山，八到向。飞星山顺向逆，犯下水。山生出，凶；向比和，吉。

向

九 九 **八**	五 四 **四**	七 二 **六**
八 一 **七**	一 八 **九**	三 六 **二**
四 五 **三**	六 三 **五**	二 七 **一**

山

地元丑山未向挨星图

地运一百二十年。

二、五、八运当旺。

二、八运：全局合十。

城门：一、三、五、八运不用。二、四、九运丙庚吉。七运丙吉，六运庚吉。

四、六运：全局合三般卦。

一运挨星：

四到山，七到向。飞星山逆向顺，犯上山。山比和，吉；向克入，吉。

		向
五　六 **九**	九　二 **五**	七　四 **七**
六　五 **八**	四　七 **一**	二　九 **三**
一　一 **四**	八　三 **六**	三　八 **二**
山		

二运挨星：

五到山，八到向。飞星山向均逆，当旺。山、向均比和，吉。

		向
六　九 **一**	一　四 **六**	八　二 **八**
七　一 **九**	五　八 **二**	三　六 **四**
二　五 **五**	九　三 **七**	四　七 **三**
山		

三运挨星：

六到山，九到向。飞星山逆向顺，犯上山。山比和，吉；向克入，吉。

向

七　八 **二**	二　四 **七**	九　六 **九**
八　七 **一**	六　九 **三**	四　二 **五**
三　三 **六**	一　五 **八**	五　一 **四**

山

四运挨星：

七到山，一到向。飞星山向均顺，犯上山下水。山生出，凶；向克出，凶。

向

六　九 **三**	二　五 **八**	四　七 **一**
五　八 **二**	七　一 **四**	九　三 **六**
一　四 **七**	三　六 **九**	八　二 **五**

山

五运挨星：

八到山，二到向。飞星山向均逆，当旺。山、向均比和，吉。

向

九　三 **四**	四　七 **九**	二　五 **二**
一　四 **三**	八　二 **五**	六　九 **七**
五　八 **八**	三　六 **一**	七　一 **六**

山

六运挨星：

九到山，三到向。飞星山向均顺，犯上山下水。山克入，吉；向克出，吉。

向

八 二 **五**	四 七 一	六 九 三
七 一 **四**	九 三 **六**	二 五 **八**
三 六 **九**	五 八 二	一 四 **七**

山

七运挨星：

一到山，四到向。飞星山顺向逆，犯下水。山生入，吉；向比和，吉。

向

九 五 **六**	五 九 二	七 七 **四**
八 六 **五**	一 四 **七**	三 二 **九**
四 一 一	六 八 三	二 三 **八**

山

八运挨星：

二到山，五到向。飞星山向均逆，当旺。山、向均比和，吉。

向

三 六 **七**	七 一 三	五 八 **五**
四 七 **六**	二 五 **八**	九 三 一
八 二 二	六 九 **四**	一 四 **九**

山

九运挨星：

三到山，六到向。飞星山顺向逆，犯下水。山克出，凶；向比和，吉。

向（右上）

二　七 **八**	七　二 **四**	九　九 **六**
一　八 **七**	三　六 **九**	五　四 **二**
六　三 **三**	八　一 **五**	四　五 **一**

山（左下）

地元未山丑向挨星图

地运六十年。二、五、八运当旺。

二、八运：全局合十。

城门：二、五、七、九运不用。一、六、八运甲壬吉。三运壬，四运甲吉。

四、六运：全局合三般卦。

一运挨星：

七到山，四到向。飞星山顺向逆，犯下水。山克入，吉；向比和，吉。

山（右上）

六　五 **九**	二　九 **五**	四　七 **七**
五　六 **八**	七　四 **一**	九　二 **三**
一　一 **四**	三　八 **六**	八　三 **二**

向（左下）

二运挨星：

八到山，五到向。飞星山向均逆，当旺。山、向均比和，吉。

山

九 六 **一**	四 一 **六**	二 八 **八**
一 七 **九**	八 五 **二**	六 三 **四**
五 二 **五**	三 九 **七**	七 四 **三**

向

三运挨星：

九到山，六到向。飞星山顺向逆，犯下水。山克入，吉；向比和，吉。

山

八 七 **二**	四 二 **七**	六 九 **九**
七 八 **一**	九 六 **三**	二 四 **五**
三 三 **六**	五 一 **八**	一 五 **四**

向

四运挨星：

一到山，七到向，飞星山向均顺，犯上山下水。山克出，凶；向生出，凶。

山

九 六 **三**	五 二 **八**	七 四 **一**
八 五 **二**	一 七 **四**	三 九 **六**
四 一 **七**	六 三 **九**	二 八 **五**

向

五运挨星：

二到山，八到向。飞星山向均逆，当旺。山、向均比和，吉。

山

<table>
<tr><td>三　九
四</td><td>七　四
九</td><td>五　二
二</td></tr>
<tr><td>四　一
三</td><td>二　八
五</td><td>九　六
七</td></tr>
<tr><td>八　五
八</td><td>六　三
一</td><td>一　七
六</td></tr>
</table>

向

六运挨星：

三到山，九到向。飞星山向均顺，犯上山下水。山克出，凶；向克入，吉。

山

<table>
<tr><td>二　八
五</td><td>七　四
一</td><td>九　六
三</td></tr>
<tr><td>一　七
四</td><td>三　九
六</td><td>五　二
八</td></tr>
<tr><td>六　三
九</td><td>八　五
二</td><td>四　一
七</td></tr>
</table>

向

七运挨星：

四到山，一到向。飞星山逆向顺，犯上山。山比和，吉；向生入，吉。

山

<table>
<tr><td>五　九
六</td><td>九　五
二</td><td>七　七
四</td></tr>
<tr><td>六　八
五</td><td>四　一
七</td><td>二　三
九</td></tr>
<tr><td>一　四
一</td><td>八　六
三</td><td>三　二
八</td></tr>
</table>

向

<table>
<tr><td>八运挨星：
五到山，二到向。飞星山向均逆，当旺。山、向均比和，吉。</td><td>山
<table><tr><td>六 三
七</td><td>一 七
三</td><td>八 五
五</td></tr><tr><td>七 四
六</td><td>五 二
八</td><td>三 九
一</td></tr><tr><td>二 八
二</td><td>九 六
四</td><td>四 一
九</td></tr></table>向</td></tr>
<tr><td>九运挨星：
六到山，三到向。飞星山逆向顺，犯上山。山比和，吉；向克出，凶。</td><td>山
<table><tr><td>七 二
八</td><td>二 七
四</td><td>九 六
六</td></tr><tr><td>八 一
七</td><td>六 三
九</td><td>四 五
二</td></tr><tr><td>三 六
三</td><td>一 八
五</td><td>五 四
一</td></tr></table>向</td></tr>
</table>

地元甲山庚向挨星图

地运四十年。四、六运当旺。

四、六运：全局合十。

二、九运：坎宫打劫。

城门：六运不用。五、七运未戌宫。一、三、四运戌，二、八、九运未吉。

三、七运：犯反伏吟，凶。

一运挨星：

八到山，三到向。飞星山逆向顺，犯上山。山比和，吉；向生出，凶。

	九　二 **九**	四　七 **五**	二　九 **七**	
山	一　一 **八**	八　三 **一**	六　五 **三**	向
	五　六 **四**	三　八 **六**	七　四 **二**	

二运挨星：

九到山，四到向。飞星山顺向逆，犯下水。山、向均比和，吉。

	八　五 **一**	四　九 **六**	六　七 **八**	
山	七　六 **九**	九　四 **二**	二　二 **四**	向
	三　一 **五**	五　八 **七**	一　三 **三**	

三运挨星：

一到山，五到向。飞星山向均顺，犯上山下水。山克入，吉；向克出，凶。

	九　四 **二**	五　九 **七**	七　二 **九**	
山	八　三 **一**	一　五 **三**	三　七 **五**	向
	四　八 **六**	六　一 **八**	二　六 **四**	

四运挨星：

二到山，六到向。飞星山向均逆，当旺。山克出，凶；向生出，凶。

	三 七 三	七 二 **八**	五 九 一	
山	四 八 二	二 六 **四**	九 四 **六**	向
	八 三 **七**	六 一 **九**	一 五 **五**	

五运挨星：

三到山，七到向。飞星山向均顺，犯上山下水。山克入，吉；向生出，凶。

	二 六 **四**	七 二 **九**	九 四 二	
山	一 五 三	三 七 **五**	五 九 **七**	向
	六 一 **八**	八 三 一	四 八 **六**	

六运挨星：

四到山，八到向。飞星山向均逆，当旺。山生出，凶；向生入，吉。

	五 九 **五**	九 四 一	七 二 三	
山	六 一 **四**	四 八 **六**	二 六 **八**	向
	一 五 **九**	八 三 二	三 七 **七**	

七运挨星：

五到山，九到向。飞星山向均顺，犯上山下水。山克入，吉；向生出，凶。

	四 八 **六**	九 四 **二**	二 六 **四**	
山	三 七 **五**	五 九 **七**	七 二 **九**	向
	八 三 **一**	一 五 **三**	六 一 **八**	

八运挨星：

六到山，一到向。飞星山逆向顺，犯上山。山、向均比和，吉。

	七 九 **七**	二 五 **三**	九 七 **五**	
山	八 八 **六**	六 一 **八**	四 三 **一**	向
	三 四 **二**	一 六 **四**	五 二 **九**	

九运挨星：

七到山，二到向。飞星山顺向逆，犯下水。山克入，吉；向比和，吉。

	六 三 **八**	二 七 **四**	四 五 **六**	
山	五 四 **七**	七 二 **九**	九 九 **二**	向
	一 八 **三**	三 六 **五**	八 一 **一**	

地元庚山甲向挨星图

地运一百四十年。四、六运当旺。

四、六运：全局合十。

一、八运：离宫打劫。

城门：四运不用。三、五运辰丑吉。一、二、八运丑，六、七、九运辰吉。

三、七运：犯反伏吟凶。

一运挨星：

三到山，八到向。飞星山顺向逆，犯下水。出生出，凶；向比和，吉。

	二　九 **九**	七　四 **五**	九　二 **七**	
向	一　一 **八**	三　八 一	五　六 三	山
	六　五 **四**	八　三 **六**	四　七 二	

二运挨星：

四到山，九到向。飞星山逆向顺，犯上山。山、向均比和，吉。

	五　八 一	九　四 **六**	七　六 **八**	
向	六　七 **九**	四　九 二	二　二 **四**	山
	一　三 **五**	八　五 **七**	三　一 三	

三运挨星：

五到山，一到向。飞星山向均顺，犯上山下水。山克出，凶；向克入，吉。

<table>
<tr><td></td><td>四 九
二</td><td>九 五
七</td><td>二 七
九</td><td></td></tr>
<tr><td>向</td><td>三 八
一</td><td>五 一
三</td><td>七 三
五</td><td>山</td></tr>
<tr><td></td><td>八 四
六</td><td>一 六
八</td><td>六 二
四</td><td></td></tr>
</table>

四运挨星：

六到山，二到向。飞星山和均逆，当旺。山生出，凶；向克出，凶。

<table>
<tr><td></td><td>七 三
三</td><td>二 七
八</td><td>九 五
一</td><td></td></tr>
<tr><td>向</td><td>八 四
二</td><td>六 二
四</td><td>四 九
六</td><td>山</td></tr>
<tr><td></td><td>三 八
七</td><td>一 六
九</td><td>五 一
五</td><td></td></tr>
</table>

五运挨星：

七到山，三到向。飞星山向均顺，犯上山下水。山生出，凶；向克入，吉。

<table>
<tr><td></td><td>六 二
四</td><td>二 七
九</td><td>四 九
二</td><td></td></tr>
<tr><td>向</td><td>五 一
三</td><td>七 三
五</td><td>九 五
七</td><td>山</td></tr>
<tr><td></td><td>一 六
八</td><td>三 八
一</td><td>八 四
六</td><td></td></tr>
</table>

六运挨星：

八到山，四到向。飞星山向均逆，当旺。山生入，吉；向生出，凶。

	九 五 **五**	四 九 **一**	二 七 **三**	
向	一 六 **四**	八 四 **六**	六 二 **八**	山
	五 一 **九**	三 八 **二**	七 三 **七**	

七运挨星：

九到山，五到向。飞星山向均顺，犯上山下水。出生出，凶；向克入，吉。

	八 四 **六**	四 九 **二**	六 二 **四**	
向	七 三 **五**	九 五 **七**	二 七 **九**	山
	三 八 **一**	五 一 **三**	一 六 **八**	

八运挨星：

一到山，六到向。飞星山顺向逆，犯下水。山、向均比和，吉。

	九 七 **七**	五 二 **三**	七 九 **五**	
向	八 八 **六**	一 六 **八**	三 四 **一**	山
	四 三 **二**	六 一 **四**	二 五 **九**	

九运挨星：

二到山，七到向。飞星山逆向顺，犯上山。山比和，吉；向克入，吉。

	三 六 **八**	七 二 **四**	五 四 **六**	
向	四 五 **七**	二 七 **九**	九 九 **二**	山
	八 一 **三**	六 三 **五**	一 八 **一**	

地元壬山丙向挨星图

地运八十年，无当旺运。

二、四、七、九运：离宫打劫。

城门：一、四、六运不用。五、七、九运未辰吉。二、八运未，三运辰吉。

一、九运：犯反伏吟，凶。

一运挨星：

六到山，五到向。飞星山逆向顺，犯上山。山比和，吉；向生出，凶。

	向	
七 四 **九**	二 九 **五**	九 二 **七**
八 三 **八**	六 五 **一**	四 七 **三**
三 八 **四**	一 一 **六**	五 六 **二**
	山	

二运挨星：

七到山，六到向。飞星山顺向逆，犯下水。山生入，吉；向比和，吉。

向

六　七 一	二　二 六	四　九 八
五　八 九	七　六 二	九　四 四
一　三 五	三　一 七	八　五 三

山

三运挨星：

八到山，七到向。飞星山逆向顺，犯上山。山比和，吉；向克入，吉。

向

九　六 二	四　二 七	二　四 九
一　五 一	八　七 三	六　九 五
五　一 六	三　三 八	七　八 四

山

四运挨星：

九到山，顺行，犯下水；八到向，逆行。向比和、山克入，吉。

向

八　九 三	四　四 八	六　二 一
七　一 二	九　八 四	二　六 六
三　五 七	五　三 九	一　七 五

山

五运挨星：

一到山，九到向。飞星山向均顺，犯上山下水，凶。山生入，吉；向克出，凶。

向

九　八 **四**	五　四 **九**	七　六 **二**
八　七 **三**	一　九 **五**	三　二 **七**
四　三 **八**	六　五 **一**	二　一 **六**

山

六运挨星：

二到山，逆行；一到向，顺行，犯上山，凶；向克入、山比和，吉。

向

三　九 **五**	七　五 **一**	五　七 **三**
四　八 **四**	二　一 **六**	九　三 **八**
八　四 **九**	六　六 **二**	一　二 **七**

山

七运挨星：

三到山，二到向。飞星山顺向逆，犯下水，凶。山生出，凶；向比和，吉。

向

二　三 **六**	七　七 **二**	九　五 **四**
一　四 **五**	三　二 **七**	五　九 **九**
六　八 **一**	八　六 **三**	四　一 **八**

山

八运挨星：

四到山，三到向。飞星山逆向顺，犯上山。山比和，吉；向克入，吉。

向

五 二 **七**	九 七 **三**	七 九 **五**
六 一 **六**	四 三 **八**	二 五 **一**
一 六 **二**	八 八 **四**	三 四 **九**

山

九运挨星：

五到山，四到向。飞星山顺向逆，犯下水。山克入，吉；向比和，吉。

向

四 五 **八**	九 九 **四**	二 七 **六**
三 六 **七**	五 四 **九**	七 二 **二**
八 一 **三**	一 八 **五**	六 三 **一**

山

地元丙山壬向挨星图

地运一百年，无当旺运。

一、三、六、八运：坎宫打劫。

城门：六、九运不用。一、三、五运丑戌吉。四、七运戌，二、八运丑吉。

一、九运：犯反伏吟，凶。

一运挨星：

五到山，六到向。飞星山顺向逆，犯下水。山生出，凶；向比和，吉。

山

四 七 **九**	九 二 **五**	二 九 **七**
三 八 **八**	五 六 **一**	七 四 **三**
八 三 **四**	一 一 **六**	六 五 **二**

向

二运挨星：

六到山，七到向。飞星山逆向顺，犯上山。山比和，吉；向生入，吉。

山

七 六 **一**	二 二 **六**	九 四 **八**
八 五 **九**	六 七 **二**	四 九 **四**
三 一 **五**	一 三 **七**	五 八 **三**

向

三运挨星：

七到山，八到向。飞星山顺向逆，犯下水。山克入，吉；向比和，吉。

山

六 九 **二**	二 四 **七**	四 二 **九**
五 一 **一**	七 八 **三**	九 六 **五**
一 五 **六**	三 三 **八**	八 七 **四**

向

四运挨星：

八到山，九到向。飞星山逆向顺，犯上山。山比和，吉；向克入，吉。

山

九 八 三	四 四 八	二 六 一
一 七 二	八 九 四	六 二 六
五 三 七	三 五 九	七 一 五

向

五运挨星：

九到山，一到向。飞星山向均顺，犯上山下水。山克出，凶；向生入，吉。

山

八 九 四	四 五 九	六 七 二
七 八 三	九 一 五	二 三 七
三 四 八	五 六 一	一 二 六

向

六运挨星：

一到山，二到向。飞星山顺向逆，犯下水。山生出，凶；向比和，吉。

山

九 三 五	五 七 一	七 五 三
八 四 四	一 二 六	三 九 八
四 八 九	六 六 二	二 一 七

向

七运挨星：

二到山，三到向。飞星山逆向顺，犯上山。山比和，吉；向生出，凶。

山

三 二 **六**	七 七 **二**	五 九 **四**
四 一 **五**	二 三 **七**	九 五 **九**
八 六 **一**	六 八 **三**	一 四 **八**

向

八运挨星：

三到山，四到向。飞星山顺向逆，犯下水。山克入，吉；向比和，吉。

山

二 五 **七**	七 九 **三**	九 七 **五**
一 六 **六**	三 四 **八**	五 二 **一**
六 一 **二**	八 八 **四**	四 三 **九**

向

九运挨星：

四到山，五到向。飞星山逆向顺，犯上山。山比和，吉；向克入，吉。

山

五 四 **八**	九 九 **四**	七 二 **六**
六 三 **七**	四 五 **九**	二 七 **二**
一 八 **三**	八 一 **五**	三 六 **一**

向

则先谨按：向旁天盘遇五黄，江氏原版不分阴阳，概作城门。盖其意以为与本元之气已通，可弗复论阳顺阴逆，而飏民先生则以不分阴阳为非，一一为之改正。间尝推原其故，而深信阴阳之不容或混。何也？试举一运之辰、巽、巳三向以例其余。天盘一白入中，五黄到离，此五黄即变相之坎一，亦即流行之壬子癸，子为天元，癸为人元，均属阴，逆行。立巽向、巳向，亦天、人也，自可作城门论。若立辰向，辰乃地元，应配同元之壬，壬属阳，顺行，则旺气不能挨到城门矣。味乎此，则阴阳之当分也明甚。蒋杜陵谓此气无异中宫之气，以同元可用，其意亦不外辨山向与中宫同元之阴阳，以定取舍耳。盖城门以用阴逆飞取旺，为不易之定理，非特五黄为然，余字亦莫不然也。恐初学不明其所以然，特为剖晰言之，俾举一反三，并以知先生改正之真铨耳。

又按：五行生克，山向为重。《青囊奥语》之所谓“从外生入，从内生出”者，系指穴内所向之气为对象，乃从具体立论，非仅就山、向两星互辨生克也。然欲论山、向之生克，必先辨宾、主之谁属。论山当以山盘为主，向盘为宾；论向则以向盘为主，山盘为宾，此《地理精纂·生克篇》之所言为不谬也。江氏原版纯以山为主，向为客，以定生克，是山合而向背矣。顾江氏于宾、主之义，殆泥于后、先之说，似犹未深思而明辨也。今亦为之一一更正，幸阅者察之。然生克之说不仅止此，更有以山、向飞星与天盘相较量者，是在阅者之实地印证而已。以吉凶论世，固以生入、克入、比和为吉，而以生出、克出为凶。然克出亦不一其词，有以向首克出为吉者，其说基于“我克者为财”，似亦言之成理也。总之，宅兆以向星为君，五行生克之蕴酿休咎，其力远逊于向星之衰旺，则不移之理也。

九运二十四山向中宫飞星配卦分金表

谨案：先生与袁香溪《论分金法》，系将中宫及山、向飞星配成一卦，即以此卦爻与先天六十四卦爻互校，无反伏吟者用之，有则避之。飞星逢五，则一运寄坎，二坤，三震，四巽，六乾，七兑，八艮，九离。五运逢五，则子午寄坎离，壬癸丙丁同；卯酉寄震兑，甲乙庚辛同；巽乾寄巽乾，辰巳戌亥同；艮坤寄艮坤，寅丑申未同。兹将山、向、中宫每运飞星所配之卦列表如下，八国从略，学者可例推也。

子山午向，向首先天卦为乾、姤二卦，夬、大过半卦

元运	一	二	三	四	五	六	七	八	九
向首	一一 坎	三一 屯	三三 震	五三 恒	六五 大有	六六 乾	八六 遁	八八 艮	一八 蒙
中宫	六五 需	七六 履	八七 咸	九八 贲	一九 未济	二一 比	三二 复	四三 恒	五四 家人
坐山	九二 晋	二二 坤	四二 升	四四 巽	五四 涣	七五 履	七七 兑	九七 革	九九 离
五寄宫	坎	坤	震	巽	离坎	乾	兑	艮	离

午山子向，向首先天卦为坤、复二卦，剥、颐半卦

元运	一	二	三	四	五	六	七	八	九
向首	九二 明夷	二二 坤	二四 观	四四 巽	四五 井	五七 夬	七七 兑	七九 睽	九九 离
中宫	五六 讼	六七 夬	七八 损	八九 旅	九一 既济	一二 师	二三 豫	三四 益	四五 鼎
坐山	一一 坎	一三 解	三三 震	三五 益	六五 同人	六六 乾	六八 大畜	八八 艮	八一 蹇
五寄宫	坎	坤	震	巽	坎离	乾	兑	艮	离

卯山酉向，向首先天卦为师、遁二卦，蒙、咸半卦

元运	一	二	三	四	五	六	七	八	九
向首	一一 坎	七六 履	八三 小过	四八 蛊	一五 困	六一 需	三七 随	八八 艮	五四 家人
中宫	八三 小过	九四 家人	一五 解	二六 否	三七 随	四八 蛊	五九 睽	五九 需	七二 临
坐山	六五 需	二二 坤	三七 随	九四 家人	五九 噬嗑	二六 否	七二 临	四三 恒	九九 离
五寄宫	坎	坤	震	巽	兑震	乾	兑	艮	离

酉山卯向，向首先天卦为同人、临二卦，革、损半卦

元运	一	二	三	四	五	六	七	八	九
向首	五六 讼	二二 坤	七三 归妹	四九 鼎	九五 丰	六二 泰	二七 萃	三四 益	九九 离
中宫	三八 颐	四九 鼎	五一 屯	六二 泰	七三 归妹	八四 渐	九五 革	一六 讼	二七 萃
坐山	一一 坎	六七 夬	三八 颐	八四 渐	五一 节	一六 讼	七三 归妹	八八 艮	四五 鼎
五寄宫	坎	坤	震	巽	震兑	乾	兑	艮	离

乾山巽向，向首先天卦为履、泰二卦，兑、大畜半卦

元运	一	二	三	四	五	六	七	八	九
向首	一一 坎	四二四 升	三一三 屯	四四 巽	五三五 大壮	八四八 渐	七五七 兑	一八一 蒙	二七二 萃
中宫	二九 晋	三一 屯	四二 升	五三 恒	六四 小畜	七五 履	八六 遁	九七 革	一八 蒙
坐山	三八 颐	二九 晋	五三 震	六二 泰	七五 中孚	六六 乾	九七 革	八六 遁	九九 离
五寄宫	坎	坤	震	巽	巽乾	乾	兑	艮	离

巽山乾向，向首先天卦为谦、否二卦，艮、萃半卦

元运	一	二	三	四	五	六	七	八	九
向首	八三 小过	九二 明夷	三五 震	二六 否	五七 大过	六六 乾	七九 睽	六八 大畜	九九 离
中宫	九二 明夷	一三 解	二四 观	三五 益	四六 姤	五七 夬	六八 大畜	九七 睽	八一 蹇
坐山	一一 坎	二四 观	一三 解	四四 巽	三五 无妄	四八 蛊	五七 兑	八一 蹇	七二 临
五寄宫	坎	坤	震	巽	乾巽	乾	兑	艮	离

艮山坤向，向首先天卦为升、讼二卦，蛊、困半卦

元运	一	二	三	四	五	六	七	八	九
向首	一一 坎	二五 坤	三三 震	一四 涣	五八 艮	三六 无妄	四一 井	八二 谦	六三 大壮
中宫	四七 大过	五八 剥	六九 大有	七一 节	八二 谦	九三 丰	一四 涣	二五 剥	三六 无妄
坐山	七四 中孚	八二 谦	九六 同人	四七 大过	二五 坤	六九 大有	七七 兑	五八 艮	九九 离
五寄宫	坎	坤	震	巽	坤艮	乾	兑	艮	离

坤山艮向，向首先天卦为无妄、明夷二卦，随、贲半卦

元运	一	二	三	四	五	六	七	八	九
向首	四七 大过	二八 剥	六九 大有	七四 中孚	五二 坤	九六 同人	七七 兑	八五 艮	九九 离
中宫	七四 中孚	八五 谦	九六 同人	一七 困	二八 剥	三九 噬嗑	四一 井	五二 谦	六三 大壮
坐山	一一 坎	五二 坤	三三 震	四一 井	八五 艮	六三 大壮	一四 涣	二八 剥	三六 无妄
五寄宫	坎	坤	震	巽	艮坤	乾	兑	艮	离

寅山申向，向首先天卦为未济、解二卦，困半卦

元运	一	二	三	四	五	六	七	八	九
向首	一一 坎	二五 坤	三三 震	一四 涣	五八 艮	三六 无妄	四一 井	八二 谦	六三 大壮
中宫	四七 大过	五八 剥	六九 大有	七一 节	八二 谦	九三 丰	一四 涣	二五 剥	三六 无妄
坐山	七四 中孚	八二 谦	九六 同人	四七 大过	二五 坤	六九 大有	七七 兑	五八 艮	九九 离
五寄宫	坎	坤	震	巽	坤艮	乾	兑	艮	离

申山寅向，向首先天卦为既济、家人二卦，贲半卦

元运	一	二	三	四	五	六	七	八	九
向首	四七 大过	二八 剥	六九 大有	七四 中孚	五二 坤	九六 同人	七七 兑	八五 艮	九九 离
中宫	七四 中孚	八五 谦	九六 同人	一七 困	二八 剥	三九 噬嗑	四一 井	五二 谦	六三 大壮
坐山	一一 坎	五二 坤	三三 震	四一 井	八五 艮	六三 大壮	一四 涣	二八 剥	三六 无妄
五寄宫	坎	坤	震	巽	艮坤	乾	兑	艮	离

巳山亥向，向首先天卦为晋、豫二卦，萃半卦

元运	一	二	三	四	五	六	七	八	九
向首	八三 小过	九二 明夷	三五 震	二六 否	五七 大过	六六 乾	七九 睽	六八 大畜	九九 离
中宫	九二 明夷	一三 解	二四 观	三五 益	四六 姤	五七 夬	六八 大畜	七九 睽	八一 蹇
坐山	一一 坎	二四 观	一三 解	四四 巽	三五 无妄	四八 蛊	五七 兑	八一 蹇	七二 临
五寄宫	坎	坤	震	巽	乾巽	乾	兑	艮	离

亥山巳向，向首先天卦为需、小畜二卦，大畜半卦

元运	一	二	三	四	五	六	七	八	九
向首	一一 坎	四二 升	三一 屯	四四 巽	五三 大壮	八四 渐	七五 兑	一八 蒙	二七 萃
中宫	二九 晋	三一 屯	四二 升	五三 恒	六四 小畜	七五 履	八六 遁	九七 革	一八 蒙
坐山	三八 颐	二九 晋	五三 震	六二 泰	七五 中孚	六六 乾	九七 革	八六 遁	九九 离
五寄宫	坎	坤	震	巽	巽乾	乾	兑	艮	离

乙山辛向，向首先天卦为小过、旅二卦，咸半卦

元运	一	二	三	四	五	六	七	八	九
向首	一一 坎	七六 履	八三 小过	四八 蛊	一五 困	六一 需	三七 随	八八 艮	五四 家人
中宫	八三 小过	九四 家人	一五 解	二六 否	三七 随	四八 蛊	五九 睽	六一 需	七二 临
坐山	六五 需	二二 坤	三七 随	九四 家人	五九 噬嗑	二六 否	七二 临	四三 恒	九九 离
五寄宫	坎	坤	需	巽	兑震	乾	兑	艮	离

辛山乙向，向首先天卦为节、中孚二卦，损半卦

元运	一	二	三	四	五	六	七	八	九
向首	五六 讼	二二 坤	七三 归妹	四九 鼎	九五 丰	六二 泰	二七 萃	三四 益	九九 离
中宫	三八 颐	四九 鼎	五一 屯	六二 泰	七三 归妹	八四 渐	九五 革	一六 讼	二七 萃
坐山	一一 坎	六七 夬	三八 颐	八四 渐	五一 节	一六 讼	七三 归妹	八八 艮	四五 鼎
五寄宫	坎	坤	震	巽	震兑	乾	兑	艮	离

丁山癸向，向首先天卦为屯、益二卦，颐半卦

元运	一	二	三	四	五	六	七	八	九
向首	九二 明夷	二二 坤	二四 观	四四 巽	四五 井	五七 夬	七七 兑	七九 睽	九九 离
中宫	五六 讼	六七 夬	七八 损	八九 旅	九一 既济	一二 师	二三 豫	三四 益	四五 鼎
坐山	一一 坎	一三 解	三三 震	三五 益	五六 同人	六六 乾	六八 大畜	八八 艮	八一 蹇
五寄宫	坎	坤	震	巽	坎离	乾	兑	艮	离

癸山丁向，向首先天卦为鼎、恒二卦，大过半卦

元运	一	二	三	四	五	六	七	八	九
向首	一一 坎	三一 屯	三三 震	五三 恒	六五 大有	六六 乾	八六 遁	八八 艮	一八 蒙
中宫	六五 需	七六 履	八七 咸	九八 贲	一九 未济	二一 比	三二 复	四三 恒	五四 家人
坐山	二九 晋	二二 坤	四二 升	四四 巽	五四 涣	七五 履	七七 兑	九七 革	九九 离
五寄宫	坎	坤	震	巽	离坎	乾	兑	艮	离

辰山戌向，向首先天卦为渐、蹇二卦，艮半卦

元运	一	二	三	四	五	六	七	八	九
向首	一一 坎	二四 观	一三 解	四四 巽	三五 无妄	四八 蛊	五七 兑	八一 蹇	七二 临
中宫	九二 明夷	一三 解	二四 观	三五 益	四六 姤	五七 夬	六八 大畜	七九 睽	八一 蹇
坐山	八三 小过	九二 明夷	三五 震	二六 否	五七 大过	六六 乾	七九 睽	六八 大畜	九九 离
五寄宫	坎	坤	震	巽	乾巽	乾	兑	艮	离

戌山辰向，向首先天卦为归妹、蹇二卦，兑半卦

元运	一	二	三	四	五	六	七	八	九
向首	三八 颐	二九 晋	五三 震	六二 泰	七五 中孚	六六 乾	九七 革	八六 遁	九九 离
中宫	二九 晋	三一 屯	四二 升	五三 恒	六四 小畜	七五 履	八六 遁	九七 革	一八 蒙
坐山	一一 坎	四三 升	三一 屯	四四 巽	五三 大壮	八四 渐	七五 兑	一八 蒙	二七 萃
五寄宫	坎	坤	震	巽	巽乾	乾	兑	艮	离

丑山未向，向首先天卦为巽、井二卦，蛊半卦

元运	一	二	三	四	五	六	七	八	九
向首	七四 中孚	八二 谦	九六 同人	四七 大过	二五 坤	六九 大有	七七 兑	五八 艮	九九 离
中宫	四七 大过	五八 剥	六九 大有	七一 节	八二 谦	九三 丰	一四 涣	二五 剥	三六 无妄
坐山	一一 坎	二五 坤	三三 震	一四 涣	五八 艮	三六 无妄	四一 井	八二 谦	六三 大壮
五寄宫	坎	坤	震	巽	坤艮	乾	兑	艮	离

未山丑向，向首先天卦为震、噬嗑二卦，随半卦

元运	一	二	三	四	五	六	七	八	九
向首	一一 坎	五二 坤	三三 震	四一 井	八五 艮	六三 大壮	一四 涣	二八 剥	三六 无妄
中宫	七四 中孚	八五 谦	九六 同人	一七 困	二八 剥	三九 噬嗑	四一 井	五二 谦	六三 大壮
坐山	四七 大过	二八 剥	六九 大有	七四 中孚	五二 坤	九六 同人	七七 兑	八五 艮	九九 离
五寄宫	坎	坤	震	巽	艮坤	乾	兑	艮	离

甲山庚向，向首先天卦为涣、坎二卦，蒙半卦

元运	一	二	三	四	五	六	七	八	九
向首	六五 需	二二 坤	三七 随	九四 家人	五九 噬嗑	二六 否	七二 临	四三 恒	九九 离
中宫	八三 小过	九四 家人	一五 解	二六 否	三七 随	四八 蛊	五九 节	六一 需	七二 临
坐山	一一 坎	七六 履	八三 小过	四八 蛊	一五 困	六一 需	三七 随	八八 艮	五四 家人
五寄宫	坎	坤	震	巽	兑震	乾	兑	艮	离

庚山甲向，向首先天卦为丰、离二卦，革半卦

元运	一	二	三	四	五	六	七	八	九
向首	一一 坎	六七 夬	三八 颐	八四 渐	五一 节	一六 讼	七三 归妹	八八 艮	四五 鼎
中宫	三八 颐	四九 鼎	五一 屯	六二 泰	七三 归妹	八四 渐	九五 革	一六 讼	二七 萃
坐山	五六 讼	二二 坤	七三 归妹	四九 鼎	九五 丰	六二 泰	二七 萃	三四 益	九九 离
五寄宫	坎	坤	震	巽	震兑	乾	兑	艮	离

壬山丙向，向首先天卦为大壮、大有二卦，夬半卦

元运	一	二	三	四	五	六	七	八	九
向首	二九 晋	二二 坤	四二 升	四四 巽	五四 涣	七五 履	七七 兑	九七 革	九九 离
中宫	六五 需	七六 履	八七 咸	九八 贲	一九 未济	二一 比	三二 复	四三 恒	五四 家人
坐山	一一 坎	三一 屯	三三 震	五三 恒	六五 大有	六六 乾	八六 遁	八八 艮	一八 蒙
五寄宫	坎	坤	震	巽	离坎	乾	兑	艮	离

丙山壬向，向首先天卦为观、比二卦，剥半卦

元运	一	二	三	四	五	六	七	八	九
向首	一一 坎	一三 解	三三 震	三五 益	五六 同人	六六 乾	八八 大畜	八八 艮	八一 蹇
中宫	五六 讼	六七 夬	七八 损	八九 旅	九一 既济	一二 师	二三 豫	三四 益	四五 鼎
坐山	九二 明夷	二二 坤	二四 观	四四 巽	四五 井	五七 夬	七七 兑	七九 睽	九九 离
五寄宫	坎	坤	震	巽	坎离	乾	兑	艮	离

上表山、向、中宫飞星配卦尽此矣！惟分金时与先天卦爻互校，必明卦之顺逆排法，始知犯反、伏吟者为内卦、为外卦。

按张心言卦爻排法，以乾、坤、坎、离四卦为阳，震、巽、艮、兑四卦为阴。

内卦、外卦，阳见阳，阴见阴，则顺排。顺排者，如乾卦初爻近丁，上爻近丙者是。

内卦、外卦，阳见阴，阴见阳，则逆排。逆排者，如姤卦初爻近丙，上爻近丁者是。

六十四卦，每卦六爻，照此顺逆排去。其于避反、伏吟也，可无遗憾矣！

志伊识

甲山庚向向首先天卦為渙坎二卦蒙半卦

一	六五需	八三小過	一坎	坎
二	二二坤	九四家人	七六履	坤
三	三七隨	一五解	八三小過	震
四	九四家人	二六否	四八蠱	巽
五	五九噬嗑	三七隨	一五困	兌震
六	二六否	四八蠱	六一需	乾
七	七二臨	五九節	三七隨	兌
八	四三恆	六一需	八八艮	艮
九	九九離	七二臨	五四家人	離

庚山甲向向首先天卦為豐離二卦革半卦

《增广沈氏玄空学》古书书影